中亚与丝路文明研究丛书

刘进宝 主编

西北史地与丝路文明

刘进宝 —— 著

读者出版传媒股份有限公司
甘 肃 教 育 出 版 社

图书在版编目（CIP）数据

西北史地与丝路文明 / 刘进宝著. --兰州：甘肃教育出版社，2023.3（2024.4 重印）
（中亚与丝路文明研究丛书 / 刘进宝主编）
ISBN 978-7-5423-5585-0

Ⅰ. ①西… Ⅱ. ①刘… Ⅲ. ①西北地区-地方史-研究②丝绸之路-历史-研究 Ⅳ. ①K294②K928.6

中国国家版本馆 CIP 数据核字(2023)第 037840 号

西北史地与丝路文明
刘进宝 著

策　　划　马永强　薛英昭　孙宝岩
项目负责　伏文东
责任编辑　刘正东　卢政
封面设计　MM 末末美书

出　版　甘肃教育出版社
社　址　兰州市读者大道 568 号　730030
电　话　0931-8436489(编辑部)　0931-8773056(发行部)
传　真　0931-8435009
淘宝官方旗舰店　http://shop111038270.taobao.com

发　行　甘肃教育出版社　印　刷　山东新华印务有限公司
开　本　787 毫米×1092 毫米　1/16　印　张　19.75　插　页　2　字　数　265 千
版　次　2023 年 3 月第 1 版
印　次　2024 年 4 月第 2 次印刷
印　数　2001—3000
书　号　ISBN 978-7-5423-5585-0　定　价　78.00 元

总　序

浙江是我国名闻遐迩的丝绸故乡，敦煌则是丝绸之路的“咽喉之地”。自唐代开始，浙江又因丝绸经海上运输日本，成为海上丝路的起点之一。1900年，敦煌学兴起后，中国学者首先“预流”者，即是浙江籍的学者罗振玉与王国维，随后几代浙江学人奋随其后，为敦煌学的发展与丝路文化的发扬光大做出了巨大贡献。

浙江大学关于中亚等丝绸之路沿线区域的研究起步较早。1939年初，向达先生受聘为浙江大学史地系教授，从事西域历史文化与丝绸之路研究；1942年8月，方豪先生受聘为浙江大学史地系教授，主讲“中西交通史”和“元史”课程，后来出版的史学名著《中西交通史》，就是在浙江大学历年讲义的基础上增补修订而成的。20世纪80年代，黄时鉴先生在历史系带领团队成员从事中西关系史研究，出版了大量学术论著，培养了一批中外关系史方向的研究生。

2013年，国家提出“一带一路”倡议后，浙江大学充分发挥自身在敦煌学与丝绸之路研究方面的优势，于2015年发起成立“一带一路”合作与发展协同创新中心，主编出版了《“一带一路”读本》和《“一带一路”一百问》。经过几年的建设，形成了丝路文明研究的核心学术团队，于2016年组建成立了浙江大学人文学院丝路文明研究中心。丝路文明研究团队的成员承担了一批国家社科基金重大、重点项目和一般项目、青年项目，发表了一批有影响的学术论文，团队的集体成果“敦煌学与丝路文明”还入选浙江大学“十大学术进展”。

此外，丝路文明研究团队编辑出版的《浙江学者丝路敦煌学术书系》，全套计划出版40种，目前已经出版25种，且有多种重印。其中5种入选国家社科基金中华学术外译项目（将以11个语种出版），1种入选“经典中国国际出版工程”，并整体向台湾万卷楼图书股份有限公司输出了繁体字版权，已在台湾出版中文繁体字版13种。实现了社会效益和经济效益的双丰收。从2016年开始创办《丝路文明》学刊，每年一辑，已经出版7辑，得到了国内外学术界的高度赞扬和好评。同时还以学术研究反哺教学，主持承担“敦煌学与‘一带一路’”通识核心课程群，在全校开设通识核心课程和专业课程。

正是在这种良好的基础上，2020年8月，浙江大学中亚与丝路文明研究中心成功入选国家民委“一带一路”国别和区域研究中心名单。

中亚与丝路文明研究中心成立后，我们在继续编辑出版《丝路文明》学刊和《浙江学者丝路敦煌学术书系》的基础上，还主办了“敦煌学与丝路文明”系列讲座，邀请海内外著名学者前来切磋学术，加强本团队成员对国内外学术前沿动态的把握。

《丝路文明》学刊的编辑出版和“敦煌学与丝路文明”系列讲座的开办，得到了海内外学者的大力支持，也进一步加强了我们与国内外学界的联系与交流。为了感谢海内外学者对我们的信任与支持，我们编辑了《中亚与丝路文明研究》丛书。

本套丛书的作者，既有浙江大学中亚与丝路文明研究中心成员的成果，如冯培红《鱼国之谜——从葱岭东西到黄河两岸》、余欣《西域文献与中古中国知识-信仰世界》、罗帅《丝绸之路南道的历史变迁——塔里木盆地南缘绿洲史地考索》、刘进宝《西北史地与丝路文明》，更有海内外知名学者的论著，如南京大学刘迎胜教授的《古代中国与亚洲文明》、中国人民大学王子今教授的《汉代丝绸之路文化史》、北京大学荣新江教授的《唐宋于阗史探研》、日本大阪大学荒川正晴教授的《欧亚交通、贸易与唐帝国》。刘迎胜先生、王子今先生、荣新江先生和荒川正晴先生，都是海内外最著名的丝绸之路研究专家，浙江大学的诸位中青年学者，也在国内外学术界有较好的影响和地位，从而保证了丛书的质量。

《中亚与丝路文明研究》丛书，研究的内容涉及历史、地理、政治、经济、文化等各个方面，较为系统地反映了中亚与丝绸之路的历史变迁，多元文化的交流碰撞，多民族、多文明的交汇融合和共同繁荣，为读者进一步了解、认识中亚与丝绸之路的历史地理、民族文化、社会生态及其在东西方文明交流过程中的历史面貌和历史地位提供了全新的视角。

丛书既有对国内新成果、新资料的继承和利用，又有对国际学术界相关研究成果、研究方法的吸收和借鉴；既注意将中亚与丝绸之路研究置于中西政治、经济、文化交流的研究视角之下，对各种考古发现和文献文本材料进行精细解读、微观探讨，又注意将其置于国际学术视野中，从更长更大的时空维度来探讨“丝路文明”的价值和意义。

在本丛书即将出版之际，对各位作者表示衷心的感谢！尤其感谢刘迎胜先生、王子今先生、荣新江先生和荒川正晴先生对我们的信任，同意将其大著收入本丛书出版！感谢浙江大学亚洲文明研究院和社会科学研究院的大力支持！感谢甘肃教育出版社一如既往的倾力支持。

刘进宝

2022 年 12 月 18 日

目　录

序论　东方学视野下的“丝绸之路”

自从萨义德的《东方学》出版以来，东方学成了一门世界关注的学问。通览萨义德的《东方学》，可以看出他所谓的“东方学”是指西方“帝国主义”者在文字表述中用他们的眼光加诸欧洲人眼中被侵略和被殖民地区之东方，主要是埃及和印度。后来“东方学”的范围不断扩大，逐渐包含了亚洲、北非。“东方学”是一个包含范围很广，没有系统、没有体系，缺乏理论建构的学科。与此相关的“丝绸之路”“敦煌学”“西北史地学”等，既是在“东方学”的背景下产生的，又与“东方学”有许多相似之处。

一、张骞通西域

由于西域地处连接中国与欧洲的“丝绸之路”要冲，西域研究与“丝绸之路”的研究也就无法截然分开，历来研究中西交通史、中外关系史和“丝绸之路”也就离不开对西域的探讨。

西域是一个与历史有密切联系的地理名词，这里的“西”是指在中国的西方。一般来说，西域有广狭二义。广义的西域包括今天中国的新疆、独联体的中亚、阿富汗、伊朗、阿拉伯国家，以及更远的地方。甚至连印度、巴基斯坦、孟加拉国、尼泊尔、斯里兰卡、不丹、马尔代夫以及非洲东部的一些国家和地区，都包括在里面。这从唐代玄奘的《大唐西域记》就可得到证明。狭义的西域，就是指中国新疆一带。

“西域”一名，在《史记》卷一百一十一《卫将军骠骑列传》中就已出现，占据河西的匈奴浑邪王等降汉后，汉武帝在褒奖霍去病的谕旨中就有“骠骑将军去病率师攻匈奴西域王浑邪，王及厥众萌咸相犇”[①]之句，这里的“匈奴西域王浑邪”，就是指管辖匈奴西域地区的浑邪王。从汉匈之间的战争和当时匈奴的历史推测，这里所说的匈奴之西域，很可能就是河西地区，即今天甘肃河西走廊。

《史记》中出现的“西域”，可能并不是一般所说的西域地区。后世所说的“西域”即新疆的南疆地区，在当时称为“西北国”，如《史记》卷一百二十三《大宛列传》说汉“初置酒泉郡以通西北国”。当张骞去世后，“骞所遣使通大夏之属者皆颇与其人俱来，于是西北国始通于汉矣”。[②]“张骞通西域”，在当时称张骞通西北国。“通西域”是后来的说法。从现有史料可知，汉武帝以后，可能从汉宣帝任命郑吉为“西域都护”开始，才正式使用“西域”这个词。

在《汉书》《后汉书》中就有了《西域列传》，其地理范围是西域三十六国“皆在匈奴之西，乌孙之南。南北有大山，中央有河，东西六千余里，南北千余里。东则接汉，阸以玉门、阳关，西则限以葱岭”。[③]这里的西域三十六国，都是指狭义的西域，其地理范围主要是今天新疆的南疆。因此，汉代的“西域”就是指今天新疆的南疆地区，也包括东疆的哈密和吐鲁番。而从玉门关、阳关（今敦煌市）到葱岭（今帕米尔高原）正是今天所说的丝绸之路的中段，即我国的新疆地区。

在后来的正史中，或有西域传，或没有西域传，或有其他的名称，如《西戎传》等，《旧唐书》有《西戎传》，《新唐书》则有《西域传》。虽然名称不同，但都有关于西域的记载，而且同一时代的史书所

---

① 《史记》，北京：中华书局，1982 年，第 2933 页。

② 《史记》，第 3169 页。

③ 《汉书》，北京：中华书局，1962 年，第 3871 页。

记载的地域和内容大体一致。历代正史《西域传》所叙述的西域地区，与“西域”的含义并不完全相同，因为各代对西域的理解和地域范围的认识并不一致。而且按照我国史书的书写传统，某传以某一人或某一问题冠名，同时在此传中也可以包含其他问题。从汉到唐，狭义的西域逐渐扩大，即汉代仅仅是指中国新疆的南疆和东疆的吐鲁番和哈密，唐代时已包括了今天新疆的大部分地区。清朝乾隆时，西域已被称作新疆，嘉庆时，新疆一名已经完全代替了西域。

新旧《唐书》所记载的“西域”与《大唐西域记》一样，是广义的西域，其中就包括了天竺、波斯、大食等国。这与人们的地理眼光越来越扩大，中国与西域国家的关系越来越密切有关。①

交通起源于交换。早在张骞出使西域之前，中西之间就已经有了经济、文化的交流，丝绸之路就已经存在了。但从历史研究的需要出发，如果我们提取一个事件或年代，张骞出使西域在中西交通史上显然是一个标志性的事件，因此，学界一般将张骞出使西域作为丝绸之路开通的标志。也正是从这个意义上，司马迁在《史记》中将张骞通西域称为“张骞凿空”。南朝刘宋裴骃的《史记集解》认为这就是张骞“开通西域道”；唐代司马贞的《史记索隐》案：“谓西域险阸，本无道路，今凿空而通之也。”②

张骞出使西域的目的是劝说月氏东归以共同对付匈奴，但已在巴克特利亚（位于兴都库什和乌浒水之间）定居的月氏不愿东归。张骞的

① 参见杨建新《“西域”辩正》，原载《新疆大学学报》1981 年第 1 期，后见《陇上学人文存·杨建新卷》，兰州：甘肃人民出版社，2012 年；季羡林《西域在文化交流中的地位》，见王岳川编《季羡林学术精粹》第一卷《中国思想与跨文化卷》，济南：山东友谊出版社，2006 年；荣新江、文欣《“西域”概念的变化与唐朝“边境”的西移——兼谈安西都护府在唐政治体系中的地位》，《北京大学学报》2012 年第 4 期；徐文堪《现代学术精品精读：西域研究卷》导言，上海：上海人民出版社，2014 年。

② 《史记》，第 3169—3170 页。阸：音 e，指阻塞、阻隔；艰危。音 ai，指险要之地；同“隘”。唐颜师古注《汉书》曰：阸：塞也。

直接目的虽然没有达到，但他的出使却得到了一个意想不到的成果：使中国发现了欧洲。①

在《汉书》卷九十六《西域传》中，就记载了汉代丝绸之路的走向，即“自玉门、阳关出西域有两道。从鄯善傍南山北，波河（师古曰：波河，循河也）西行至莎车，为南道；南道西逾葱岭则出大月氏、安息。自车师前王廷随北山（即天山），波河西行至疏勒，为北道；北道西逾葱岭则出大宛、康居、奄蔡焉（耆）。”② 从长安开始，经河西走廊，再从敦煌的阳关、玉门关出发，就进入了西域的南北两道，经葱岭西去到达中亚、欧洲，就是古代中西交通的基本路线。

二、“丝绸之路”的提出

19 世纪初，在以法、英为主的西方学术界，出现了一门新的学

① 关于张骞的材料，除《史记》《汉书》外，留存下来的很少。据清乾隆时期任职新疆伊犁等地的格琫额在其著作《伊江汇览》山川部分记载曾有《汉张骞碑》：“惠远城之西南四百余里乱山之巅，茂林丰草，间有古石幢危立焉。披荆棘、履岩巉梯而登之，视其迹，历年久远，石性浸蚀，雕龙湮没，鲜花剥落，仅存二十四字，仿佛可识，其文曰：‘去鸿钧以七五，远华西以八千，南达火藏，北接大宛。’盖张骞题也，笔锋活泼，飞舞可爱，诚古迹耳。”（参见郭丽萍《绝域与绝学：清代中叶西北史地学研究》，北京：三联书店，2007 年，第 90 页）徐松在《西域水道记》卷五记载：“淖尔南岸山中，有旧碑，松公筠之初帅伊犁，遣协领德厶访之。其人摹其可辨者数字，曰‘进鸿钧於七五，远华西以八千，南接火藏，北抵大宛。’土人名之曰《张骞碑》，而搨（拓）本不可得见。德厶今八十余，多遗忘，不能举其地。余三度寻觅，终莫能得。”（徐松著、朱玉麒整理《西域水道记》，北京：中华书局，2005 年，第 288 页）。徐松“三度寻觅，终莫能得”的《张骞碑》地点，应该是在热河（伊塞克湖），今吉尔吉斯斯坦境内。1938 年，西北联大历史学系考古委员会曾对陕西城固的张骞墓进行了发掘，增修了墓道。次年，西北联大在张骞墓前竖立发掘碑，碑刻由吴世昌撰稿、黎锦熙教授书丹《增修汉博望侯张公墓道碑记》，碑阴由许寿裳教授书写《汉书·张骞传》全文，参阅丁虎生《西北联大西迁办学始末》，《丝绸之路》2014 年第 20 期；西北大学西北联大研究所编《西北联大史料汇编》，西安：西北大学出版社，2012 年，第 281—282、286 页。

② 《汉书》，第 3872 页。

科——东方学。东方学及其有关的学科之所以能够在19世纪大放异彩，是因为历史比较语言学是当时西方学术的主流，对各种新发现的东方文献进行比较研究和解读，恰是当时世界学术的新潮流。东方学是在西方殖民主义向东方侵略过程中逐渐形成、发展起来的。在其发展过程中，中国受到了西方殖民主义的侵略，加之我国学者提倡“经世致用”之学，展开了有关问题的研究，如“西北史地研究”就是显著的一例。

随着西北史地学的兴起，与其有关的学科如敦煌学、丝绸之路学、吐鲁番学、藏学等也渐渐发展起来。但丝绸之路的提出或“丝路学”的产生与“西北史地学”不同，它是在近代中亚探险的背景下由西方学者提出的，“由西方学者开创、建立的丝路学研究，其丰富内涵和广阔外延，与同时期中国学者的西北史地之学具有根本的区别。”[①] 西北史地学是我国学者面对边疆危机的“经世致用”之学，而丝绸之路的研究则主要是法、英、德等国的西方学者和日本学者，就是第一部以《丝绸之路》命名的著作也是瑞典探险家斯文赫定于1936年出版的。

1. 伊西多尔《帕提亚驿程志》

在张骞出使西域前，中西经济文化交往就已存在。当时在中国的输出物品中，最受西方人喜爱的是中国的丝绸，从而使西方以“丝”来称呼中国。古希腊、罗马人将“丝”字音译为“赛尔”（Ser），称中国为“赛里斯”（Seres），意为“丝国”。

早在公元前1世纪后期，罗马皇帝奥古斯都（公元前27—公元14年在位）欲确立在帕提亚（汉文史籍中的安息）和阿拉伯方面的支配权，想不穿越帕提亚领土直接与西汉、印度交易。为此，奥古斯都曾几次派遣探险队和军队去收集情报。希腊地理学家伊西多尔等人便于公元前25年左右，被派遣调查波斯湾头。

---

① 张克非《中外学术界对丝绸之路的“发现”及其启示》，见郑炳林、尹伟先主编《2010丝绸之路与西北历史文化学术讨论会论文集》，兰州：甘肃人民出版社，2013年，第81页。

伊西多尔的调查报告之一就是《帕提亚驿程志》（另外还有《帕提亚周游记》）。《帕提亚驿程志》是帕提亚波斯王朝东西交通的记载，即自美索不达米亚穿越伊朗高原北部到达中亚的主要交通道路。汉文史籍所载当时经安息（帕提亚）赴大秦（罗马帝国）的道路与伊西多尔《帕提亚驿程志》的记载有一些相同之处。《帕提亚驿程志》所描述的年代一般认为是在公元前 26 年之后，可能还采用了亚历山大和塞琉古时代的史料。①

亚历山大死后，他的将军们为争夺帝国而发生战争，其中塞琉古在大约公元前 300 年夺得了从爱琴海到印度河、从乌浒水到波斯湾的整个亚洲省。约 50 年后，作为一个文化混合体的塞琉古帝国崩溃。在东边，巴克特利亚的希腊总督宣布独立，几乎与此同时，帕提亚的伊朗总督也建立了自己的王朝。希腊人立刻杀过了兴都库什，至公元前 2 世纪已将印度河谷和旁遮普并入了自己的王国。②

2. 托勒密《地理志》

从公元 1 世纪开始，西方就出现了一些与赛里斯国有关的记录。其中最为可信的就是古希腊地理学家马利奴斯记录下的一条通往赛里斯国的道路，即从幼发拉底河渡口出发，向东前往赛里斯国的一条商路。这条商路途经一个叫“石塔”的中转站，最终到达赛里斯国都城赛拉（东汉首都洛阳）。关于“石塔”的位置，多数学者倾向于认为在今塔什库尔干附近。

公元 1 世纪后，生长于埃及的古希腊地理学家克劳德·托勒密（约公元 98—168 年）撰写《地理志》时，依据马利奴斯的记录并有所修正，记载了自幼发拉底河流域至 Serica（丝国，即中国）的路线。其中

---

① 参见余太山《伊西多尔〈帕提亚驿程志〉译介》，见《早期丝绸之路文献研究》，上海：上海人民出版社，2009 年，第 124—144 页。

② 参见［英］珍妮特·米斯基《斯坦因：考古与探险》，田卫疆等译，乌鲁木齐：新疆美术摄影出版社，1992 年，第 69—70 页。

提到了敦煌和洛阳。《地理志》所载 Serica 的范围，大致相当于今天中国的西部，具体说就包括新疆、西藏和部分甘肃地区。

马利奴斯和托勒密记录下来的这条为丝绸而前往丝国的商道，后来成为创造“丝绸之路”一词的基础。[①]

3. 亨利·裕尔《契丹及其通往那里的路》

16 世纪后期，欧洲资本主义势力兴起后，殖民主义不断向东方扩张，并将中国纳入它们的活动范围。另外，耶稣会在对抗新教改革运动失利后，也将传教活动转向东方。随着传教事业的大规模展开，欧洲对中国的认识不断扩大和深化。

从 17、18 世纪开始，基督教教士、外交家、商人、探险家、旅行家和学者不断来到中国等东方国家，在欧洲殖民主义对东方国家的军事、经济侵略中，还不断从事有关国家的文化研究，从而在欧洲形成了一门新的学问——东方学。

在欧洲东方学家中，英国东方学家亨利·裕尔的经历颇具典型。他 1820 年 5 月 1 日出生于苏格兰，其父威廉·裕尔（1764—1839 年）曾是英国驻印度军队驻防孟加拉部队的一名少校军官，后来成为一名优秀的精通波斯文和阿拉伯文的教授，具有丰富的东方学知识。他的东方学经历和情调可能对其儿子的未来志趣有一定的影响。亨利·裕尔少年时代在爱丁堡中学读书，1837 年进入设在阿第斯康比的东印度公司辖下的军事学院学习，1839 年加入皇家工兵部队。1840 年被派往印度，开始了长达 22 年的东方军旅生涯。在印度服役期间，他广泛游历了印度次大陆和马来半岛，获得了详细而实际的东方地理知识。1862 年作为上校退役的亨利·裕尔，并没有进入相关的政府机关或研究机构，而是移居意大利西西里岛的首府巴勒莫，专心从事东方学的研究。他的两部

---

① 参见余太山《托勒密〈地理志〉所见丝绸之路的记载》，见《早期丝绸之路文献研究》，第 145—164 页；王冀青《“丝绸之路”是怎样提出的?》，《团结报》2014 年 7 月 10 日，第 7 版。

东方学名著——《契丹及其通往那里的路——中世纪中国闻见汇编》[①]和《马可波罗游记译注》就完成于居留巴勒莫时期（1863—1875 年）。1875 年裕尔返回英国，在伦敦定居。裕尔除继续从事东方学研究外，也参加了一些政治和学术组织，如曾担任哈克路特学会主席多年，任印度议会议员（1875—1889 年）。1889 年 12 月 30 日死于伦敦。

裕尔的《契丹及其通往那里的路》两卷本于 1866 年由哈克路特学会出版，1913—1915 年，法国东方学家亨利·考迪埃（1849—1925 年）又对其进行了补充修订，加入了大量新的东方学研究成果，分为四卷出版。《契丹及其通往那里的路》汇集了古代西方有关中国的所有记载和译注，在摘录托勒密的《地理志》时，就披露了马利努斯所记赛里斯之路的全部信息。裕尔在《契丹及其通往那里的路》中虽然没有使用“丝绸之路”之类的词语，但他第一次对赛里斯之路即中国和通往中国之路进行了详细考证，为后来“丝绸之路”一词的出现奠定了基础。

1871 年，裕尔还在伦敦出版了其东方学的另一著作《马可波罗游记译注》，该书被西方的东方学家认为是最好的注释本。通过《契丹及其通往那里的路》和《马可波罗游记译注》，裕尔基本完成了西方古代、中世纪所有主要学者、作家关于中国记载的搜集与译注，为了表彰裕尔在此领域的杰出贡献，英国皇家地理学会于 1872 年将该学会的最高奖——“奠基者”奖章授予他，他也被誉为中西交通史学科的奠基人。[②]

裕尔的著作出版后即受到许多欧洲东方学家的关注，夏德、伯希

---

① 张绪山将其译作《东域纪程录丛——古代中国闻见录》，田卫疆等将其译作《前往契丹之路：中世纪有关中国资料辑录》，见［英］珍妮特·米斯基《斯坦因：考古与探险》，第 35 页；王冀青将其译为《中国和通往中国之路——中世纪关于中国的记载汇编》，见王冀青《“丝绸之路”是怎样提出的?》。

② 参见张绪山《亨利·裕尔与〈东域纪程录丛〉》，见裕尔撰《东域纪程录丛——古代中国闻见录》，考迪埃修订、张绪山译，北京：中华书局，2008 年，译者引言；王冀青《“丝绸之路”是怎样提出的?》。

和、斯坦因、赫德逊、李约瑟等都加以引用。英国考古学家斯坦因读研究生期间，对其以后西域考察产生重要影响的两部著作就是中国唐代僧人玄奘的《大唐西域记》和意大利旅行家马可波罗的《马可波罗游记》。作为著名东方学家裕尔的东方学知识主要来自印度服役期间，因此，斯坦因特别崇拜裕尔的经历和学问，也特别希望去印度并通过印度到东方考察。

当斯坦因的学业结束时，英国东方学家亨利·罗林森向印度理事会提出，斯坦因可以充任旁遮普大学的注册员和刚刚建立的拉合尔东方学院的负责人。罗林森的提议得到了既是哈克路特学会主席和印度议会议员，又是著名东方学家亨利·裕尔的认可，因此，这一提议很快生效并付诸实行，斯坦因便踏上了赴印度之路，并为以后的中亚考察奠定了基础。

裕尔的著作是斯坦因的行动指南和中亚探险的伙伴。作为斯坦因精神导师和中亚考察引路人的裕尔，斯坦因给予了充分的尊重和感激。1907年，斯坦因出版了第一次中亚考察后的考古报告——两卷本《古代和阗》。斯坦因将这本写给整个国际学术界的中亚探险报告献给了裕尔。他在书中写道：

> 本书是为纪念中亚历史地理早期旅行情况的伟大阐述者和拓荒者亨利·裕尔爵士而作。正是他的有关古代文物的报告引发了我的旅行，并且是我旅途中最好的指南，谨将此书献给他，以表达对这位学者、作家和男子汉最诚挚的敬意和钦佩。①

4. 李希霍芬《中国》

裕尔的《契丹及其通往那里的路》和《马可波罗游记译注》，不仅对斯坦因产生了重要影响，而且还影响了许多欧洲的东方学家，引起了他们对东方社会，尤其是中亚的探险热情，其中就有德国地理学家费迪

① 参见［英］珍妮特·米斯基《斯坦因：考古与探险》，第30页。

南·冯·李希霍芬（1833—1905年）。

李希霍芬是德国地理学家、地质学家，近代中国地学研究先行者之一。他1856年毕业于柏林大学，获得博士学位，随后在奥地利和罗马尼亚进行地质研究。1860年到1862年，李希霍芬参与普鲁士政府组织的东亚考察团前往亚洲，考察团曾经到过亚洲的许多地方，如锡兰、日本、印尼、菲律宾、暹罗（泰国）、缅甸等。虽然这次李希霍芬未能进入战乱中的中国，但通过对中国周边亚洲地区的调查，使他对中国地理产生了浓厚兴趣。1863年到1868年，他在美国的加利福尼亚州等地从事地质勘查。当他看了裕尔的《契丹及其通往那里的路》后，更加激起了他研究中国地理的强烈愿望，想尽快实地考察《契丹及其通往那里的路》中所涉及的中西交通路线。

1868年，李希霍芬在美国加利福尼亚银行的资助下到中国考察，到达上海后受英国商会委托，对中国地貌和地理首次进行了综合考察，足迹遍布中国大部分地区。

李希霍芬在陕西考察后，还计划进入甘肃河西走廊和新疆考察，但由于政治的干扰（主要是陕甘回民起义和阿古柏入侵）未能实现。作为一种安慰性的奖赏，欧洲学者将沿河西走廊南缘通往新疆的山脉，即甘州（甘肃张掖）到肃州（甘肃酒泉）之间的祁连山命名为“李希霍芬山”。

李希霍芬虽然未到甘肃、新疆等西北地区，但他在考察中提出了许多修建铁路的建议，其中就有沿古代丝绸之路修建铁路的计划：从自然条件以及商业的角度考虑，西安府—兰州府—肃州—哈密，然后分成南北两路，分别经天山南麓和天山北麓，进入中亚地区，而沿途哈密等地还分布着丰富的煤矿。他回国后继续研究这条路线，并在《中国》中提出了“丝绸之路”一词。[①]

---

① 参见郭双林、董习《李希霍芬与〈李希霍芬男爵书信集〉》，《史学月刊》2009年第11期。

1872 年返回德国后，李希霍芬出任柏林大学校长，当选为国际地理学会会长。致力于写作五卷本的《中国——亲身旅行和研究成果》（以下简称《中国》），到去世前出版了第一、二、四卷，第三和第五卷是他去世后由其学生整理编辑而成，于 1912 年全部出版。另外还有附图二册，按经纬线分幅编绘，地质图、地文图各占一半。其中第一卷于 1877 年在柏林出版。[①]

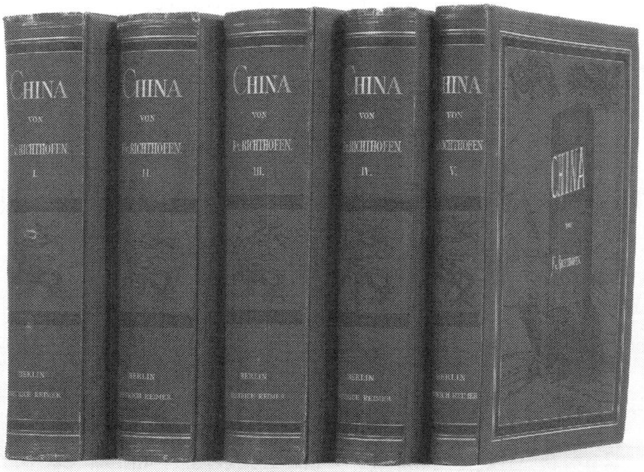

李希霍芬的五卷本《中国》

正是在 1877 年出版的《中国》第一卷中，李希霍芬根据裕尔《契丹及其通往那里的路》一书，再次研究了托勒密的《地理志》，并讨论了马利奴斯所记录的赛里斯之路。李希霍芬虽然未能进入新疆，但这丝毫没有影响他对新疆的关注与研究，《中国》第一卷的第一章就是“中亚”，即对新疆地理的宏观探讨。由于他对历史上西方和中国相互间的地理知识有充分的了解并作了调查，“书中大量的对内陆亚洲的重点描

---

① 参见陶世龙《李希霍芬在中国的地质地理考察》，《山东地质》1995 年第 2 期。

述提供了丝绸之路这一概念发展形成的语境”。[①]

在李希霍芬众多学生之中，最出名的是瑞典探险家斯文赫定。关于李希霍芬书中所说“中亚”的划分，斯文赫定是这样总结的：“李希霍芬把‘中亚’只限指那些相对于亚洲周边区域的中央地区。他从通过研究河流比山脉能获取更多的认识这一事实出发，用水文学来决定他的亚洲区域的界线。他把那些内陆河流地区与入海外流河流地区加以区分。这样一来，李希霍芬就划分开下列三个大的自然地理区域：（1）中亚细亚，它南以青藏高原为界，北以阿尔泰山为界，西以帕米尔分水岭为界，东以中国河流分水岭和兴安岭为界；（2）周边地区，是指所有那些河流流入大洋或流入里海或流入咸海的地区；（3）过渡地带，位于前两者之间，即那些早先河流有出口而现已变成内陆河流地区或者是相反变化的地区。”[②]

李希霍芬在此书中首次提出了“丝绸之路”一名，同时，《中国》第一卷中李希霍芬绘制的大部分地图都是以塔里木盆地为中心的，其中有一幅总的“中亚地图”，此地图的文字说明是：“旨在说明公元前128年至公元150年间交通关系概况的中亚地图。费迪南·冯·李希霍芬绘制于1876年。”这幅“中亚地图”可以说就是最早的一幅丝绸之路图。

李希霍芬对丝绸之路的叙述和记载，其材料来源主要是文本而非考古。也就是说，主要是利用前人的记述，尤其是亨利·裕尔的《契丹及其通往那里的路》。为此，李希霍芬还在他的柏林寓所中恭敬地立着裕

---

① ［美］丹尼尔C. 沃《李希霍芬的“丝绸之路”：通往一个概念的考古学》，蒋小莉译，见朱玉麒主编《西域文史》第七辑，北京：科学出版社，2012年，第298页。

② ［瑞典］斯文赫定《费迪南·冯·李希霍芬男爵》，英文稿原载《中国地质学会会志》1933年第12期，第315—321页；中文稿由潘云唐译、刘东生校，见《第四纪研究》2005年第4期，第450—452页。

尔的半身雕像。[①] 我们指出李希霍芬提出“丝绸之路”一词时，主要来自对裕尔成果的吸收，并不能否认李希霍芬创造性的贡献，反而更能衬托出他的高尚与伟大。

李希霍芬《中国》一书的出版，震动了西方的东方学界和地理学界。为了表彰其杰出贡献，英国皇家地理学会于 1878 年将该学会的最高奖——“奠基者”奖章授予他。也是因为《中国》这部巨著，李希霍芬被公认为 19 世纪最伟大的中国地理学家。[②]

著名地质学家刘东生院士专门研究了李希霍芬提出的“中亚人与环境”问题，并探讨了李希霍芬提出“丝绸之路”的地学背景：李希霍芬虽然没有到过中亚和中国的西部，但他对中亚的研究是很有前瞻性的。“他把贯穿欧亚 5000 多公里的古希腊人称为 seres（即丝）丝绸之国（指中国）在西部的贸易、文化交流的途径与东方中国张骞通西域所打开的贸易和文化交流的途径统一起来。可贵的是，他还按空间和时间变化的序列，对这一条通道上的自然环境及其变化从禹贡时期，到秦、汉、唐、宋、元、明、清（李希霍芬生活的时代）各个时代，分别讨论了人与环境的关系。所有这些综合起来，李希霍芬把东部的和西部的交通与交流之路称之为‘丝绸之路’。”[③]

三、“东方学”背景下的“丝绸之路”

以上我们简单介绍了“丝绸之路”的出现和“丝绸之路”提出的过程，由此我们得知，“丝绸之路”名称出现的背景，是西方殖民主义文化的产物，即西方对东方在军事占领、经济掠夺的同时所进行的文化

---

① 参见［美］丹尼尔 C. 沃《李希霍芬的“丝绸之路”：通往一个概念的考古学》，见朱玉麒主编《西域文史》第七辑，第 300 页。

② 参见王冀青《“丝绸之路”是怎样提出的?》，《团结报》2014 年 7 月 10 日，第 7 版。

③ 刘东生《李希霍芬和“中亚人与环境”》，《第四纪研究》2005 年第 4 期。

侵略，也正是萨义德在《东方学》中所论述的西方“帝国主义”者在文字表述中用他们的眼光加诸欧洲人眼中被侵略和被殖民地区之东方文化。当然，萨义德的《东方学》主要论述的是埃及和印度，还没有涉及中国西北和今天的中亚地区。而“丝绸之路原本只是对亚洲东部和中部的历史毫无所知的欧洲人，在经过实地考察之后从大量的历史遗存中了解到的”。自从欧洲学术界提出丝绸之路之后，就“想要指明东方文明源自西方。当时欧洲人设计的西方文明框架，是以地中海世界为主体的一大文化圈，将两河流域和伊朗高原的古文明一一囊括入内，并称其为‘中东’，剩下的东亚（欧洲人称为‘远东’）和中亚（欧洲人称为‘突厥斯坦’），无非是西方文明东扩的支脉而已”。[①]

萨义德在《东方学》中曾说：“东方学在殖民统治之前就为其进行了合理论证，而不是在殖民统治之后。”当然这种论证“离不开无数的航海探险与地理发现，离不开贸易和战争”，更离不开18世纪中叶开始的东西关系的重要特征，即“在东方与欧洲的关系中，欧洲总是处于强力地位，更不必说优势地位”，他们认为“东方是非理性的，堕落的，幼稚的，‘不正常的’；而欧洲则是理性的，贞洁的，成熟的，‘正常的’”。[②]

如1798年7月，拿破仑远征埃及，揭开了古埃及文字之谜，唤起了欧洲人对古代埃及的兴趣，从而打开了古埃及历史文化宝库的大门。1822年9月29日，法国学者商博良在巴黎科学院召开的重要会议上宣布罗塞达石碑象形文字释读成功。欧洲许多国家的著名学者都出席了这次会议，这一天是公认的一门新兴学科——埃及学的诞生日。[③]

---

① 沈福伟《丝绸之路与丝绸之路学研究》，见《丝绸之路研究丛书总序》，乌鲁木齐：新疆人民出版社，2010年。

② ［美］萨义德《东方学》，王宇根译，北京：三联书店，1999年，第49页。

③ 参见令狐若明《埃及学：一门近代新兴学科的诞生》，《史学集刊》2002年第4期。

印度学的出现也有相同的背景，由于印度是英国的殖民地，所以印度学在英国发展最早，其最初的研究者有印度总督哈斯汀斯（1732—1818 年）、殖民官员威尔金斯（1749—1836 年）、孟加拉最高法院判事琼斯（1746—1794 年）等。尤其是琼斯派强调从实地踏查和语言学习入手研究印度，对早期印度学的发展有很大影响。[①]

在 18 世纪末 19 世纪初西方的“东方学”兴起的时候，我国正面临着清季以来的西北边疆危机。沙皇俄国对我国西北边疆的侵略，俄英帝国主义在帕米尔地区的争夺，尤其是鸦片战争以后，沙俄加快了在中国西北的侵略步伐。面对西北边疆的危机，学术界为了“经世致用”，因而关注西北边疆、研究西北边疆，使“西北史地学”（或称为“西北舆地学”）“遂成道光间显学”，[②]“一时风会所趋，士大夫人人乐谈，如乾、嘉之竞言训诂音韵焉”。[③]

正是伴随着近代国门的大开，在西方列强的军事、经济势力渗入的同时，一大批传教士、考察家、探险家等以各种各样的名义深入中国考察、搜集情报，为列强侵华开路。李希霍芬在中国的考察共有七次，从 1869 年底开始，他得到上海西商会提供的在中国旅行四年的经费，条件是他必须用英文写出关于中国经济特别是煤矿资源的报告，所以从第五次考察开始，李希霍芬在旅行间歇及时地将所见所闻以信件的形式用英文写出，寄给了上海西商会，后来汇集成册，名为《李希霍芬男爵书信集》。其中的大量经济情报，对当时的西方列强来说充满了吸引力。从李希霍芬的考察报告可以看到，他游历各地的考察，带有强烈的为列

---

① 参见高山杉《佛书料简》，杭州：浙江大学出版社，2012 年，第 147—148 页。

② 梁启超《中国近三百年学术史》，长沙：湖南人民出版社，2010 年，第 309 页。

③ 梁启超《中国近三百年学术史》，第 311 页。

《李希霍芬中国旅行日记》

强提供情报，便利其经济扩张的目的。[①]

尽管李希霍芬的“游历”是合法的，但作为普鲁士人，他把德意志帝国的统一和强大视为最高理想。早在1868年访问舟山时，就认识到了其重要的交通位置，先后写了两封夺取舟山的建议报告，请德国总领事转交首相俾斯麦，他的建议曾引起普鲁士政府的强烈兴趣。由于英国将舟山视为其势力范围，再加之普法战争的爆发，这项计划才未能实现。占据舟山的计划失败后，李希霍芬又把目光转向了位于山东半岛的胶州湾。[②] 1869年，李希霍芬就向德国提议，夺取胶州湾及其周边铁路修筑权，将使华北的棉花、铁和煤等更为方便地为德国所用。1897年，德国借口传教士被杀，出兵占领胶州湾，把山东划为其势力范围。在报请德皇威廉一世批准的军事计划中，德国海军司令梯尔皮茨多次引用了李希霍芬的考察结论。因此，“他搜集大量情报、为列强侵略服务，其险恶目的不容忽视”。[③]

关于李希霍芬的地质调查，鲁迅在《中国地质略论》中指出：李希霍芬“历时三年，其旅行线强于二万里，作报告书三册，于是世界第

① 参见郭双林、董习《李希霍芬与〈李希霍芬男爵书信集〉》，《史学月刊》2009年第11期。

② 参见郭双林《西潮激荡下的晚清地理学》，北京：北京大学出版社，2000年，第45—46页。

③ 郭双林、董习《李希霍芬与〈李希霍芬男爵书信集〉》，《史学月刊》2009年第11期。

一石炭（煤）国之名，乃大噪于世界。其意曰：支那大陆均蓄石炭，而山西尤盛；然矿业盛衰，首关输运，惟扼胶州，则足制山西之矿业，故分割支那，以先得胶州为第一着”。因此，鲁迅感叹道：“盖自利氏（李希霍芬原译为“利忒何芬”）游历以来，胶州早非我有矣。”①

李希霍芬在中国的考察，只是当时历史的一个缩影。据统计，仅从1876年到1928年间到达中国西北地区的探险队就有42个之多，② 他们在我国西北的考察，既有学术目的，也有政治和军事目的，如俄国的普尔热瓦尔斯基就认为，考察中国的北部边疆不仅有很大的科学价值，而且还可以为沙俄侵略中国西北地区提供资料。另如，斯坦因的考察之所以得到英国和印度政府的支持，其原因之一，是“因为测绘那一地区路径和地形的实际需要”。再如日本在中国西北的考察，也曾引起了正在争夺中国新疆、西藏的俄、英帝国主义的关注，故将橘瑞超的考察称为“间谍探险”。

我们将“丝绸之路”置于东方学的视野下加以考察，一方面说明它是在西方对东方占领背景下的产物，即要放在当时的国际格局中予以探讨。另一方面说明，“丝绸之路”的提出或“丝路学”的研究，与东方学一样，都有其科学价值，不能因为出现的背景而否认其学术性。正如中国科学院院士刘东生在《李希霍芬和“中亚人与环境”》中说：

> 李希霍芬生活于帝国主义时代，侵略和掠夺的特性直接影响到他的工作，使之蒙上了负面的影响。这是那个时代的特点。正像1870年，李希霍芬还在中国进行他第5次地质调查时，德意志帝国在普法战争胜利后割据了法国的阿尔萨斯和洛林两省，大作家都德以他不朽的杰作《最后的一课》来纪念带给法兰西民族尊严的

---

① 鲁迅《中国地质略论》之第二《外人之地质调查者》，原载《浙江潮》1903年第8期，见《鲁迅全集》第八卷，北京：人民文学出版社，2005年，第7页。

② 参见穆舜英《斯坦因：考古与探险》，中译本序言，乌鲁木齐：新疆美术摄影出版社，1992年。

伤害，成为激励法国人，甚至于成为所有受欺凌国家人民奋发图强的精神力量。也许当初丁文江先生也有类似的感触？所以才引用了李希霍芬的那段话?！这是所有人都不该忘记的事件，更是我们应当正视不忘的历史。

目前，由于国家从战略高度提出“丝绸之路经济带”建设，使世人的目光又一次聚焦到西北、聚焦到丝绸之路，“丝绸之路”的研究再一次引起了学术界的高度关注。如何吸收国际学术界的研究成果，使用国外学者整理、撰写的有关资料，借鉴他们的研究方法，将“丝绸之路”的研究置于中西政治、经济、文化交流的大背景下，我们既需要许多微观的探讨，即对各种考古发现和文本材料的精细解读，也需要宏观上的理论研究，将其放在国际学术视野中，与国际学术接轨，从长时段探讨其价值和意义。

第一章　何谓“丝绸之路”

“丝绸之路”有狭义和广义之分。狭义的“丝绸之路”是指起始于古代中国长安，通过甘肃河西走廊和今天的新疆地区，越过帕米尔高原，进入中亚、伊朗等地，连接亚洲、欧洲的交通和商业贸易路线。广义的“丝绸之路”已经成为古代东、西方之间经济、文化交流的代名词，即凡是古代中国到相邻各国的交通路线，不论是陆路还是海路，均称为“丝绸之路”。

第一节　“丝绸之路”概念的形成及其在中国的传播

随着我国“一带一路”倡议的提出，“丝绸之路”更加引起学界与社会的关注。各地相继成立了“丝绸之路”的相关研究机构，创办了一些学术辑刊，出版、发表了大量学术著作和专题论文，其中也涉及“丝绸之路”概念的生成、演变与发展。[①] 但不可否认，从第一手史料入手，阅读原始材料，从史源出发探讨的文章并不多。因此，我们有必

---

① 综述性研究成果如丁笃本《丝绸之路古道研究》，乌鲁木齐：新疆人民出版社，2010 年；［美］丹尼尔 C. 沃《李希霍芬的“丝绸之路”：通往一个概念的考古学》，蒋小莉译，朱玉麒主编《西域文史》第 7 辑，北京：科学出版社，2012 年；罗雪梅《丝绸之路名称的历史演变》，《文史杂志》2015 年第 6 期；等等。

要从原始史料入手，从学理层面对“丝绸之路”一词的使用及其名称的演变、含义作一梳理。

一、“丝绸之路”的提出及其在西方、日本的早期使用

中国和西方世界之间早就有接触和往来，这条交往的路线也早就存在，只是没有一个概括性的名称。1877 年，德国地理学家李希霍芬在其《中国——亲身旅行和研究成果》[①]（以下简称《中国》）第一卷中首次提出了“丝绸之路”的概念，他将中国长安与中亚之间的交通往来路线称为“丝绸之路”。[②] 1910 年，德国学者赫尔曼在《中国和叙利亚间的古代丝绸之路》一书中，从文献角度对丝绸之路作了进一步的阐述：

> 我们应把该名称（丝绸之路）的涵义进而一直延长到通向遥远西方的叙利亚。总之，在与东方的大帝国进行贸易期间，叙利亚始终未与它发生过什么直接关系。但是，正如我们首次了解到的夏德研究的结果，尽管叙利亚不是中国生丝的最大市场，但也是较大

---

① Ferdinand Freiherrn Von Richthofen：*China*：*Ergebnisse Eigener Reisen und Darauf Gegründeter Studien*，Berlin：Verlag Von Dietrich Reimer，1877. 关于李希霍芬的“丝绸之路”，参见［美］丹尼尔 C. 沃《李希霍芬的“丝绸之路”：通往一个概念的考古学》，朱玉麒主编《西域文史》第 7 辑。

② 目前学界所引用的所谓李希霍芬在《中国》一书中对“丝绸之路”的定义：1877 年，德国地理学家李希霍芬首次在其《中国》一书中把从公元前 114 年到公元 127 年间，中国与河中地区（指中亚的阿姆河与锡尔河之间的地带）以及中国与印度之间以丝绸贸易为媒介的这条西域交通路线，称作“丝绸之路”。［日］长泽和俊《丝绸之路史研究》，钟美珠译，天津：天津古籍出版社，1990 年，第 2 页；雪犁主编《中国丝绸之路辞典》，乌鲁木齐：新疆人民出版社，1994 年，第 199—200 页；林梅村《丝绸之路考古十五讲》，北京：北京大学出版社，2006 年，第 2 页；杨共乐《早期丝绸之路探微》，北京：北京师范大学出版社，2011 年，“序言”，等等，都有讹误，李希霍芬的书中并没有这样的表述，这是赫尔曼根据李希霍芬后来的演讲内容总结提炼的。笔者另有《关于李希霍芬“丝绸之路”命名的辨析》进行讨论。

的市场之一。而叙利亚主要就是依靠通过内陆亚洲及伊朗的这条道路获得生丝的。[①]

1915年，赫尔曼在《中国到罗马帝国的丝绸之路》[②] 一文中进一步提出，丝绸之路应当是中国经西域与希腊—罗马社会的交通路线。赫尔曼将丝绸之路的终点延伸到叙利亚（罗马），是符合历史事实的，这是因为张骞出使西域不久，中国的丝绸就传到了罗马帝国境内。公元前65年，庞培率罗马远征军攻占了地中海东岸，随后叙利亚被并入罗马帝国版图之内。[③] 正是基于上述史实，赫尔曼认为，丝绸之路上的经济文化交流超越了中国到中亚和印度的范围，到达了罗马。[④]

学术界一般认为，在公元前3世纪时，中国的丝绸可能已经传到大夏（今阿富汗北部）。当张骞出使西域返回长安后（前126年），丝绸不断运送到大夏、安息（在今伊朗境内）之时，罗马人也可能有机会接触到丝绸。

历史上东罗马帝国（拜占庭帝国）的势力主要涉及地中海东部地区。这个地区早在公元前2世纪末就为中国人所注意，当时被称为“犁

---

① Albert Herrmann：Die alten Seidenstrassen zwischen China und Syrien：Beiträge zur alten Geographie Asiens，Berlin：Weidmannsche Buchh. 1910，10ff. 转引自［日］长泽和俊《丝绸之路史研究》，代序，第2页。

② The Silk Roads from China to the Roman Empire. 参见［美］丹尼尔 C. 沃《李希霍芬的“丝绸之路”：通往一个概念的考古学》，朱玉麒主编《西域文史》第7辑，第305页。

③ 罗马帝国通常是指公元前30年到公元476年的罗马奴隶制国家。330年，君士坦丁大帝将罗马帝国的首都由罗马迁往希腊旧城拜占庭，改名为君士坦丁堡，标志着帝国的重心已经东移。395年，罗马帝国分裂为东西两部分。476年，西罗马帝国灭亡后，东罗马帝国一直存在到1453年。西罗马帝国灭亡后，位于东部的拜占庭帝国仍以罗马帝国的继承者自居，故又称为东罗马帝国。为了表示这个新帝国的独特性，史学家也将其称为“拜占庭帝国”。

④ 朱杰勤在《大秦国全录》的译者说明：“大秦即罗马东部，亦即包括叙利亚、埃及和小亚细亚，且以叙利亚为首。”［德］夏德《大秦国全录》，朱杰勤译，北京：商务印书馆，1964年，第1页。

轩”，随后又有“犁靬”“犁鞬”“犛靬”等不同称呼。随着罗马帝国势力扩张到地中海东岸，该地区又被称为“大秦”。后来又有“拂菻”之称。可见，该地区很早就与我国有了联系与交往。[①]

当西罗马帝国灭亡后，拜占庭的地位更显重要，它位于欧亚之间，是中世纪东西之间的通商要道。当时其首都君士坦丁堡是拥有100万左右人口的大都市，也是东西商人的聚集之地，对于沟通东西之间的商品运转，促进文化交流，起到桥梁纽带作用。[②]

随着罗马帝国版图向地中海东岸的扩张，罗马上层贵族对东方奢侈品尤其是中国丝绸的兴趣越来越大，需求也日渐增多，商人中也开始有人尝试探索通往中国寻找丝绸的道路。大约在公元100年，以经商为业的马其顿人梅斯·提提阿努斯（Maes Titianus）曾派人到东方经商。他们沿丝绸之路抵达巴克特利亚和某个称作“石塔”的地方，在那里收集到了一些有关赛里斯国（Seres）的消息。[③]

1.“丝绸之路”在西方的早期使用

李希霍芬对“丝绸之路”的定义，得到东西方学者的赞同。赫尔曼关于“丝绸之路”的主张，得到以法兰西学院院士格鲁塞为代表的东方学家的支持，格鲁塞在1948年出版的《从希腊到中国》中描述和赞扬了丝绸之路在中西文化交流方面的贡献，尤其是比较详细地阐述了罗马与印度之间的经济、文化交流。[④]

---

① 张绪山《中国与拜占庭帝国关系研究》，北京：中华书局，2012年，前言，第3—4页。

② 参见齐思和《中国和拜占廷帝国的关系》，《北京大学学报》1955年第1期。

③ 参见［日］长泽和俊《丝绸之路史研究》，第429—430页；林梅村《公元100年罗马商团的中国之行》，《中国社会科学》1991年第4期；杨共乐《谁是第一批来华经商的西方人》，《世界历史》1993年第4期；张绪山《关于“公元100年罗马商团到达中国”问题的一点思考》，《世界历史》2004年第2期。

④ ［法］R. 格鲁塞《从希腊到中国》，常书鸿译，杭州：浙江人民美术出版社，1985年，第31—33页。

斯文赫定《丝绸之路》

李希霍芬的学生、瑞典人斯文赫定早期将“丝绸之路”称为“运丝大道”，他在1923年完成的《亚洲腹地旅行记》中说：西域的楼兰，“是亚洲腹部古道，特别的介乎东方的中国与西方的波斯、印度、叙利亚和罗马之间‘运丝大道’旁边之一个前站”。[①] 1936年，斯文赫定出版了以“丝绸之路”命名的著作《丝绸之路》，[②] 该书主要记录了斯文赫定作为为中国政府工作的外籍专家领导的西部考察，即1933—1935年进行的“汽车考察”，全书共23节，其中第18节的题目就是“丝绸之路”，在不到一万字的篇幅中，斯文赫定阐述“丝绸之路”的路线及其贸易。“赫定可能是第一个引用它（指李希霍芬的‘丝绸之路’）的人”，但“他在书中对导师所说的‘丝绸之路’的涵义几乎只字未提”。[③]

法国学者吕斯·布尔努瓦的《丝绸之路》于1963年在法国巴黎出版，中文本于1982年出版。[④] 布尔努瓦的《丝绸之路》与斯文赫定的

---

① ［瑞典］斯文赫定《亚洲腹地旅行记》，李述礼译，上海：上海书店，1984年，第359页。

② ［瑞典］斯文赫定《丝绸之路》，江红、李佩娟译，乌鲁木齐：新疆人民出版社，1996年。该书1936年出版瑞典文本，同年出版了德文本，1938年出版了英文本，1944年出版了日文本。中文本根据英文本翻译而来。

③ ［美］丹尼尔C. 沃《李希霍芬的“丝绸之路”：通往一个概念的考古学》，朱玉麒主编《西域文史》第7辑，第306页。

④ ［法］L. 布尔努瓦《丝绸之路》，耿昇译，乌鲁木齐：新疆人民出版社，1982年。

布尔努瓦《丝绸之路》

《丝绸之路》完全不同，如果说斯文赫定的《丝绸之路》主要是其“汽车考察”的记述和见闻，那么布尔努瓦的《丝绸之路》就是一部真正意义上的研究著作，它所论述的时间从公元前200多年持续到鸦片战争前夕，可以说是一部完整的“中西交通史”。

2. 日本的“丝绸之路”研究及早期名称使用

在东方的日本，对“丝绸之路”关注较早，“日本学界对于汉文中国典籍的学习和掌握具有悠久传统，其熟悉程度优于西方汉学界，自明治维新以后，日本勃兴‘脱亚入欧’思潮，学术研究亦极力追踪西方研究之法”，[①] 日本学者很早就在东方学的潮流中，运用历史比较语言学研究“丝绸之路”。其中，白鸟库吉的许多论文，如《大秦国及拂菻国考》《条支国考》《见于大秦传中的西域地理》《拂菻问题的新解释》《康居粟特考》[②] 等，就是这方面的代表。日本早期的“丝绸之路”研究包含在“东西交通

① 张绪山《中国与拜占庭帝国关系研究》，北京：中华书局，2012年，前言第13页。

② 这些论文收入［日］白鸟库吉《康居粟特考》，傅勤家译，上海：商务印书馆，1936年；《塞外史地论文译丛》第1辑，王古鲁译，长沙：商务印书馆，1938年；《塞外史地论文译丛》第2辑，王古鲁译，长沙：商务印书馆，1940年。此两种译作近年又收入“近代海外汉学名著丛刊”中，由山西人民出版社于2015年影印出版。

史”或“东西交涉史”中。[①]

日本学者最早引用“丝绸之路”这一名称，是在1944年。这一年，赫尔曼的《中国和叙利亚间的古代丝绸之路》[②] 和斯文赫定的《丝绸之路》[③] 两书日文本出版，这是以“丝绸之路”为名的最早日译本。[④] 日本学者以“丝绸之路”命名的著作，笔者所知最早的是1962年出版的长泽和俊的《丝绸之路》。[⑤] 随后，以“丝绸之路”命名的著作逐渐增多，如林良一《丝绸之路》（《シルクロード》，校仓书房，1962年），岩村忍《丝绸之路》（《シルクロード东西文化の溶炉》，日本放送出版协会，1966年），三杉隆敏《探索海上的丝绸之路》（《海のシルクロードを求めて》，创文社，1967年），护雅夫、别枝达夫《丝绸之路与香料之岛》（《绢の道と香料の岛》，文艺春秋社，1968年）等。这些著作以知识性的介绍为主，并没有太大的学术价值。

20世纪中后期，“丝绸之路”受到日本的广泛关注，从学术界到新闻界，乃至普通民众，对“丝绸之路”倾注大量热情。尤其是1979年8月至1981年5月，日本广播协会（NHK）与中国中央电视台联合拍摄了大型电视纪录片《丝绸之路》。随后，又翻译出版了日中文化交流协会会长井上靖的小说《敦煌》，并筹划中日双方合作拍摄同名电影。

---

① 如［日］桑原骘藏《东西交通史论丛》（东京：弘文堂，1933年），史学会编纂《东西交涉史论》（富山房，1939年），藤田丰八《东西交涉史之研究》西域篇、南海篇（荻原星文馆，1943年）等，其研究内容包括今天的“丝绸之路”。长泽和俊的《汉之西域经营与东西交通》《吐蕃之侵入河西与东西交通》《西夏之侵入河西与东西交通》《张骞之西使与东西交通》《论甘英之西使》《法显之入竺求法行》《韦节、杜行满之出使西域》等研究中西交通史的论文，收入1979年出版的中文版《丝绸之路史研究》中。

② ［日］安武納訳編《古代絹街道（しるくろうど）：パミール高原ルートの研究》，东京：霞ヶ関書房，1944年。

③ ［日］橋田憲輝訳《絹の道》，东京：高山書院，1944年。

④ ［日］长泽和俊《丝绸之路研究之展望（代序）》，《丝绸之路史研究》，第5页。

⑤ 《シルクロード》，东京：校倉書房，1962年。

《丝绸之路》的播出与相关丝绸之路图书的翻译出版，使中日两国形成了一股“丝绸之路热”。

日本的“丝绸之路热”虽然由学界发起，创办了《丝绸之路》学术月刊和《丝绸之路事典》，从学术上介绍和研究“丝绸之路”，但认可“丝绸之路”这一称谓的却主要是社会大众，“丝绸之路”也成了广播和电视宣传的重要题材之一。自 20 世纪 60 年代以来，许多学者、作家、画家、摄影家到丝绸之路沿线旅行，有关新闻社还举办丝绸之路的报告会和讲座。这些都为丝绸之路的大众化起了推动作用。对于日本的“丝绸之路热”，长泽和俊的总结似能说明问题：

> 这种倾向迄今仍在扩大，在书店，任何时候都摆着几册有关丝绸之路的书籍，各种各样的旅行社也在计划着各方面的“丝绸之路的旅行”。不仅如此，由于这一名称比较时髦，所以以书店、旅行社、饮食店为首，各种店名也开始盛行使用“丝绸之路”这一名称。[①]

日本学界认为，“丝绸之路”是一个通俗性的称呼，学术性不强，所以学者较少使用“丝绸之路”的概念，而是用“东西交涉史”或“东西交通史”的名称。

二、我国使用“丝绸之路”一词的演变

“丝绸之路”一词虽然很早就出现了，但很长一段时间，国内学者在研究相关问题时，主要使用“中西交通史”“中外关系史”等名称。20 世纪三四十年代，张星烺在辅仁大学、方豪在浙江大学讲授“中西交通史”。其后出版了一系列相关著作，如张星烺的《中西交通史料汇编》[②]、

① ［日］长泽和俊《丝绸之路研究之展望（代序）》，《丝绸之路史研究》。

② 《中西交通史料汇编》，北平：辅仁大学，1930 年。朱杰勤在张星烺原作基础上进行了增补校订后，出版了张星烺编注、朱杰勤校订的六卷本《中西交通史料汇编》（北京：中华书局，1977—1979 年），内容有删节。2003 年中华书局改为四册重印，恢复了被删去的内容。

向达的《中外交通小史》[①] 和《中西交通史》[②]、方豪的《中西交通史》[③]、沈福伟的《中西文化交流史》[④] 等。这些学者讲述和研究的内容，实际上就包括我们今天所说的“丝绸之路”。如向达的《中外交通小史》，是同类著作中出版最早的，它扼要介绍了张骞通西域后至清乾隆时期的中西交通状况。他的《中西交通史》讲述了“中国同欧洲诸国在政治同文化方面初步的交通情形”，并且以“鸦片战争为全书的结末”。[⑤] 两部书中提到了“丝绸”“Seres”（丝国）和“赛里斯”，[⑥] 但未出现“丝路”或“丝绸之路”一词。

由此可知，当时“丝绸之路”因其含义简单、范围明确，被纳入“中西交通史”或“中外关系史”中，没有被单独介绍和宣传。

1. 早期“丝绸之路”名称的使用和引进

在“丝绸之路”的名称出现之前，国内曾称其为“绸缎之路”。如1933年9月，《北辰》第46期发表了葭水的《戈壁大沙漠的秘密》一文，其中写道：

> 土耳其斯坦，是欧亚两洲往来的最大通衢。有所谓“绸缎之路”的，是汉朝张骞出使大月氏的道路。在Lobnor湖（罗布泊）的附近一带，这时尚可看见当日从中国运绸缎到巴比伦，Tyr，Alexandrie罗马诸城的车马辙迹。而希腊的地理学家Ptol emee氏，曾描写过这条路径，计从中国洛阳起，至地中海止。最初握有贸易专

---

① 向达《中外交通小史》，上海：商务印书馆，1930年。

② 向达《中西交通史》，上海：中华书局，1934年。

③ 方豪于1942年在浙江大学讲授中西交通史课程，1946年到北平后又在辅仁大学讲授“中西交通史”。根据其讲义编著的《中西交通史》于1953年由台北“中华文化出版事业委员会”出版，以后多次再版。1977年后，改由“中国文化大学出版社”出版。1987年岳麓书社、2008年上海人民出版社均有翻版。2016年收入《浙江学者丝路敦煌学术书系》由浙江大学出版社出版。

④ 沈福伟《中西文化交流史》，上海：上海人民出版社，1985年。

⑤ 向达《中西交通史》，叙论，第1、6页。

⑥ 向达《中外交通小史》，第7、10—11页。

权的，是波斯人；后来是土耳其人。[①]

从其内容可见，“绸缎之路”显然是指今天的“丝绸之路”。该词出现不到两年，就有了“丝绸之路”的先声“丝路”。笔者目前所见最早使用此词的是中外关系史研究专家朱杰勤。他在1935年发表的《华丝传入欧洲考》[②]一文称“古代中西交通，实以丝为开端”“罗马与中国通商，亦大抵以丝为媒介”“考中国生丝缯帛，初由安息输入罗马”“当时丝之输入罗马”等关于中国丝西传的语句。其中谈到“欲考华丝传入欧洲之情况，不可不先探其丝路”，并以斯坦因在西域的考察及其《古代于阗》为依据，初步介绍了“古代东西经过中亚之交通”的具体路线。

正是由于当时国内已有“丝路”的称呼，在转引海外报道和翻译海外论著时也使用“丝路”一名。如1936年4月，《西北导报》以《新疆欧亚“丝路”》为题报道了“斯文博士在挪京演讲”：

> 外部据驻挪威使馆电告，瑞士考古家斯文赫定博士，顷在挪京澳斯麓，应文化团体之敦请，讲演在中国新疆一带考古经过……谓彼在新疆时，曾探得中欧“丝路”为历史上极有价值之发现，此项“丝路”负有欧亚交通商务之重要使命，乃为欧亚航海途程未开辟以前，中国丝商运丝赴欧所经之途径，现在虽多已破坏，或湮没，但仍可寻觅其蜿蜒之遗迹，可见中欧交通商务远在数千年以前，即已相互往来，文化之沟通亦可于斯路得其梗概。[③]

也是在1936年，曾参加西北科学考查团的陈宗器，发表了《罗布淖尔与罗布荒原》一文，其中一节的标题就是“丝道”，并使用了“运

---

① 孙彦、萨仁高娃、胡月平选编《民国期刊资料分类汇编·敦煌学研究》第1册，北京：国家图书馆出版社，2009年，第85页。

② 朱杰勤《中外关系史》，桂林：广西师范大学出版社，2011年，第96—100页。

③ 《西北导报》第5期，1936年4月，第29页。此报道有个别错误，如将“瑞典”写成“瑞士”。

丝大路”“丝路”“丝道”等词：

楼兰为西域重镇，乃运丝大路（Silk Road）之中道所必经之点……为中国与波斯、印度、叙利亚、罗马间交通之孔道，途中崎岖缺水，但路程较他道为近。

从赫定及斯坦因氏所采掘之文字记载推论，经由楼兰之运丝大路，在纪元前二世纪已开始通行。当汉武帝派张骞通西域时（纪元前一二二年）实开西行之路，由之以达地中海、希腊、罗马文明之中心，“丝”为汉所专利者垂数百年，于经济上甚为重要。

因丝路时为匈奴所扰，汉代有将长城向西延长之必要，以是自敦煌西达玉门关，西之榆树泉，长城及烽火墩之遗迹，沿途皆是，以保护此丝道之安全……

此丝路终止之时，约在纪元后三三〇年……因居民之迁徙，楼兰渐成荒废，而丝路亦不得不随而改道，而取较为纡远但水量不虞缺乏之北道或南道矣。①

同年，朱杰勤翻译发表了《古代罗马与中国印度陆路通商考》：

据吾所知，丝业及交通之文字纪（记）载盖尠（鲜）……惟思坦恩（斯坦因）爵士在塔里木流域之米兰（Miran）之发现，则尤为诸事之壮举，在此荒芜之炮垒中，乃竟有旧丝路之壁画及绘画掘（崛）起，且此画品又为印度希腊美术之混合品，出于此地，人所快睹者。有一事尤足异者，则画中人之姿态及布置、面貌，皆表现出罗马式之丰姿。②

1938年，斯文赫定的《丝绸之路》英文版出版，《国际月刊》1939

① 陈宗器《罗布淖尔与罗布荒原》，《地理学报》第三卷第一期（1936年）。

② M. P. Charlesworth（查尔斯·沃斯）《古代罗马与中国印度陆路通商考》，朱杰勤译，《食货半月刊》第4卷第2期，1936年6月16日。据《食货半月刊》文末标注，此文译自《罗马帝国之商路及商业》第六章。此文在收入朱杰勤译《中外关系史译丛》（北京：海洋出版社，1984年）时略有修改，如将“尠”改为“鲜”，将“思坦恩”改为“斯坦因”。

年创刊号便以《丝路》为题作了报道：斯文赫定“设法调查是否可以沿着那条古时的丝路——古时从西安到撒马尔罕及欧洲去的马车道路——而砌造一条现代化的汽车公路。”赫定在书中还讲述了“在古丝路上一切的消息”。①

由以上材料可知，1935 年时，我国学者已经使用“丝路”称谓。1936 年，在报道翻译欧洲的相关信息和论著时，也使用了这一名称。同时，学者们的学术文章中还使用了“丝道”“运丝大路”的词语。

1939 年 1 月，苏联乌兹别克斯坦至我国新疆惠远的公路开通，苏联在报道中也出现了“丝路”一词。《申报》以“苏联赶工，修筑公路，通至新疆惠远”为题转载了来自莫斯科的报道：“古昔所谓‘丝路’，乃系印度波斯各国与中国通商必由之路。其时之骆驼队，均自搭什干城、萨玛肯特城、蒲哈拉城（均在苏联乌慈贝吉斯坦邦境内）通至库尔嘉城（在新疆省即惠远城）。”② 由于苏联乌兹别克斯坦和我国新疆都位于丝绸之路的要冲，而“丝路”一名已为中欧学者所使用，苏联方面也使用了“丝路”的名称。③

黄文弼从 1927 年参加中瑞西北科学考查团开始，多次赴新疆考察，从 1939 年便开始整理《罗布淖尔考古记》一书。在该书中，他将这条中西交通线路称为“贩丝之道”，如认为罗布淖尔（即罗布泊）“为东西通往所必经之地……此地所遗留丝织残件，及珠珀杂件，无疑的皆为古时东西各国所遗留之文明结晶品也。现欧洲人称古时罗马人常贩丝于中国，经行中国通西域古道，因称此道为罗马贩丝之道”；在阐述了西

---

① 《国际月刊》1939 年第 1 期（创刊号），第 107 页。其出版时间应该是 1939 年 7 月。

② 《申报》1939 年 1 月 11 日，第 4 版。“乌慈贝吉斯坦”即乌兹别克斯坦，“搭什干城、萨玛肯特城、蒲哈拉城”即乌兹别克斯坦共和国的塔什干、萨马尔罕、布哈拉城。

③ 这里《申报》转载莫斯科报道中的“丝路”一词，我们未看到俄文原文。如果翻译是直译，则说明当时苏联方面也使用了“丝路”一词。

汉通西域的历史后说：“当时贩丝之道，必经塔里木盆地，而楼兰扼其咽喉。”①

朱家骅将其称为“丝绸路”，他在 1941 年 9 月 15 日的演讲报告中讲道：

> 西北是我民族文化发祥地，宏伟的文化遗迹，比比皆是，河西一带尤然。原来河西是汉武帝经营西域时所造成的我国通外孔道，敦煌是沟通中西文化和商务往来的重地，由此经南疆往印度、中亚细亚、阿拉伯、罗马，乃必由之路，故当时西洋人称之为“丝绸路”。②

上述“丝路”“贩丝之道”“丝道”“运丝大路”“丝绸路”的称呼，显然是指“丝绸之路”。

1943 年，《申报》在南洋各地特辑之四《马来亚纵横谈》中，讲述 16 世纪葡萄牙对印度和马六甲的占领时写道：

> 当时还没有橡胶，也没有石油与锡，欧洲人所追求的是南洋特产的香料，所以，当时北循陆路越天山以至中国以取丝的道路，叫做“丝绸之路”，而南线麻六甲出南海以取南洋香料的路就称为“香料之路”。③

这是目前所见我国媒体最早使用“丝绸之路”一词的报道，同时还出现了“香料之路”。从其内容可知，“丝绸之路”就是指传统的陆上丝绸之路，“香料之路”则是指海上丝绸之路。

2. 政府层面使用“丝绸之路”

20 世纪三四十年代我国已开始使用“丝路”和“丝绸之路”一词，

---

① 黄文弼《罗布淖尔考古记》，北平：北平研究院史学研究所、西北科学考查团理事会，1948 年。据黄文弼《西域史地考古论集》，北京：商务印书馆，2015 年，第 133、239 页。

② 朱家骅《西北观感》，王聿均、孙斌合编《朱家骅先生言论集》，台北：“中研院”近代史研究所，1977 年，第 582 页。

③ 《申报》1943 年 2 月 24 日，第 2 版。

其指代明确，即传统的陆上丝绸之路，但使用频率很低。“丝绸之路”较多出现于20世纪五六十年代政府间的对外友好交往中。1957年12月27日，中国代表团副团长楚图南在《关于促进亚非国家间文化交流的报告》中就使用了“丝绸之路”一词：

> 世界闻名的“丝绸之路”，就是叙利亚人、波斯人、阿富汗人、中亚各族人民和中国人从公元前6世纪开始，赶着骡马，牵着骆驼，孜孜不倦，披星戴月地开辟出来的。①

1959年9月6日，周恩来总理在欢迎阿富汗王国副首相纳伊姆亲王宴会上的讲话中也提到了“丝绸之路”：

> 中国和阿富汗有着悠久而深厚的友谊，早在两千多年前就已经开始了密切的经济和文化往来。著名的“丝绸之路”，在一个相当长的历史时期内，一直是我们两国人民友好关系的标志。②

1962年，蔡英在《友好邻邦阿富汗》中说：

> 有名的“丝绸之路”就是从我国西部的边疆，越过世界屋脊的帕米尔，沿着阿富汗境内的兴都库什山麓，通往波斯、阿拉伯和欧洲。③

1963年11月20日，陈毅副总理在欢迎阿富汗政府代表团宴会上的讲话中指出：

> 中国和阿富汗自古以来就是和睦相处的亲密邻邦。我们的祖先共同开辟了著名的“丝绸之路”，对促进两国人民的互相了解和友谊，沟通东西方的贸易和文化交流，曾经作出了重要的贡献。④

---

① 世界知识出版社编《亚非人民团结大会文件汇编》，北京：世界知识出版社，1958年，第113页。

② 世界知识出版社编《中华人民共和国对外关系文件集》（1959）第6集，北京：世界知识出版社，1961年，第100页。

③ 蔡英《友好邻邦阿富汗》，《世界知识》1962年第10期。

④ 世界知识出版社编《中华人民共和国对外关系文件集》（1963）第10集，北京：世界知识出版社，1965年，第425—426页。

1964 年 10 月 30 日，刘少奇在为阿富汗国王和王后举行的欢迎宴会上讲到：

> 中国和阿富汗自古以来就是和睦相处的亲密邻邦。两国人民有悠久的传统友谊，我们两国的祖先很早就开辟了著名的“丝绸之路”。

阿富汗国王穆罕默德·查希尔·沙阿在讲话中也说：

> 几世纪中商队就走过了丝绸之路，这条道路通过阿富汗，把中国和西方联系了起来。[①]

在张骞出使西域以前，“丝绸之路”就已经存在，中西方之间也有了经济、文化交流，但张骞出使西域显然是中西交通的一个标志性事件，因此，学界一般将张骞出使西域作为“丝绸之路”开通的标志。[②]张骞出使西域的目的是寻找大月氏（今阿富汗的中西部）和乌孙以共同攻打匈奴；张骞派副使所到的大夏（巴克特里亚），也就是现在兴都库什山以北的阿富汗东北部地区。1877 年李希霍芬提出“丝绸之路”时，所指主要就是由中国经过巴克特里亚到西方的道路。[③]

古代的阿富汗被誉为“文明间交往的十字路口”，是沟通不同文明的中心枢纽，它将中国、印度与其西部的希腊、罗马连接在一起。在阿富汗境内发现的阿伊哈努姆遗址[④]，证明在阿姆河地区确实存在希腊—大夏王国遗存。1978 年，苏联考古学家维克托·萨瑞阿尼迪在阿富汗北部蒂拉丘地发现了数座古代墓葬，出土了数量庞大的古代黄金制品，

---

① 《刘少奇主席、穆罕默德·查希尔·沙阿国王在刘少奇主席为阿富汗国王和王后举行的欢迎宴会上的讲话》，大公报社人民手册编辑委员会《1965 年人民手册》，北京：大公报社，1965 年，第 339 页。

② 参见刘进宝《东方学视野下的“丝绸之路”》，《清华大学学报》2015 年第 4 期。

③ “巴克特里亚”是古希腊人对今兴都库什山以北的阿富汗斯坦东北部地区的称呼。其位置与中国的青藏高原西北部的葱岭接壤。

④ 其年代约为公元前 4 世纪末至前 2 世纪下半叶，研究者推测是大夏东部首府。

其年代大概在公元前 100 年至公元 100 年之间。20 世纪 30 年代，在阿富汗喀布尔以北发掘的贝格拉姆遗址中，有两个房间内藏有大量宝藏，其中有来自“丝绸之路”沿线各地区的精致工艺品，如中国汉代的漆器、印度的象牙雕刻、罗马的玻璃器、叙利亚的青铜制品、希腊的石膏圆盘等，表明当时这里是通往东西方和南亚的交通要冲。①

丝绸之路经过亚洲中西部和欧洲部分地区。20 世纪五六十年代，新疆以西的中亚地区主要是阿富汗、巴基斯坦和苏联中亚地区（今中亚五国），这一地区与中国交往的国家主要是阿富汗。阿富汗既是中国的友好邻国，又是古丝绸之路的要冲之地，“丝绸之路”成为中阿交流的纽带与媒介。这一时期，“丝绸之路”主要是在描述中阿之间的友好关系时使用。

此后，“丝绸之路”一词开始在国内频繁使用。如 1961 年，在《中国历史博物馆正式开馆》的报道中，就有“我国历史上对外的经济、文化交流和相互影响，从西汉开始，已经开辟了通往中亚的‘丝绸之路’”。② 1963 年，中央人民广播电台文教科学编辑部编《历史故事》第 4 辑中，也出现了相关记述：“从中国到西方去的大路，后来也被欧洲的历史学家称为‘丝绸之路’了。”③

由于政府层面在对外友好交往中的频繁使用，“丝绸之路”为社会大众和学界所熟知，并逐渐广泛传播开来。

3. 纺织业使用“丝绸之路”概念

在政府层面以外，与丝绸密切相关的纺织工业界首先使用“丝绸之路”一词。1959 年，孙和清在《欣欣向荣的丝绸工业》中使用了“丝

① 参见［匈牙利］雅诺什·哈尔马塔主编《中亚文明史》第 2 卷，徐文堪、芮传明译，北京：中国对外翻译出版公司，2002 年，第 281—284 页；罗帅《阿富汗贝格拉姆宝藏的年代与性质》，《考古》2011 年第 2 期。

② 史树青《中国历史博物馆正式开馆》，《历史研究》1961 年第 4 期。

③ 中央人民广播电台文教科学编辑部编《历史故事》第 4 辑，北京：北京出版社，1963 年，第 5 页。

绸之路”一词:“历史上丝绸是从黄河上游经过新疆运往中亚细亚和欧洲的，因此这条路曾被誉为‘丝绸之路’。”①

1975 年，蒋献龙在《儒法斗争与古代丝绸技术的发展》一文中说:

> 根据史籍和地下文物的考证，我们的祖先在距今约五千年的新石器时代，在与自然界作斗争的过程中就最早地发明了养蚕，利用丝绵、蚕丝制作衣服，在公元前四、五世纪，就被邻国誉为“丝国”，并且在公元前二世纪，即以大量丝织品向外输出，开拓了闻名中外、延续千年的“丝绸之路”。我国蚕丝科学技术也从此传入欧亚各国。②

1977 年，《丝绸》杂志第 3 期发表了周应惠以《丝绸之路赞歌》为名的诗歌。

相关行业性刊物对“丝绸之路”的关注度也很高，如《蚕业科技》1979 年第 1 期发表了彭铮的《丝绸之路的由来》,《蚕桑通报》1979 年第 4 期发表了杨宗万的《丝绸之路杂谈》。

从 20 世纪 50 年代初开始，我国进行工业建设，成立了许多部，各部基本上是一个小社会，既有自己的学校、研究机构和出版社，也主办有相关刊物，对其相关的历史和文化也就比较重视。如原纺织工业部就有“浙江丝绸工学院”“苏州丝绸工学院”等，学院还设有“丝绸史研究室”。与丝绸有关的养蚕、制丝行业，主办有《蚕业科技》《蚕桑通报》《丝绸》等杂志，这些刊物对本行业的历史自然比较关注，从而发表了一些“丝绸之路”方面的学术论文和文学作品。

4. 史学界使用“丝绸之路”

早期的“丝绸之路”被纳入“中西交通史”或“中外关系史”中，即它属于历史学的范畴，研究者也主要在史学领域。

---

① 中国纺织编辑部编《纺织工业光荣的十年》，北京：纺织工业出版社，1959 年，第 221 页。

② 蒋献龙《儒法斗争与古代丝绸技术的发展》,《丝绸》1975 年第 3 期。

以史学界为代表的人文社科学界，对于这一概念开始使用的称谓是“丝路”而不是“丝绸之路”，如朱杰勤在1935年发表的《华丝传入欧洲考》中，就使用了“丝路”一名。方豪在1953年出版的《中西交通史》中提到了李希霍芬与“丝路”：

> 至于华丝传入欧洲之路线，即里（李）希霍芬所首倡之“丝路”名词，在中国境内，必沿斯坦因发现之西域大道，由敦煌出发，经沙漠而至罗布诺尔湖。
>
> ……
>
> 丝路实可称谓旧世界最长交通大动脉，为大陆国家文化交流之空前最大联络线。[①]

再如1955年齐思和在《中国和拜占廷帝国的关系》一文中说：

> 把蚕丝从中国运到欧洲，在罗马时期有海陆二路。陆路以长安为采集地，出玉门关西行，又分两路。南路沿罗布淖尔南，经鄯善，沿大戈壁南，经于阗、莎车以达大宛。北路则经车师、龟兹、温宿，以达大宛。至大宛而南北两路合，然后西经布哈拉以达安息。此东西通商大道，号称“丝路”。[②]

同年，季羡林使用“丝道”一词说明中西文化交流：

> 中国蚕丝的向外传布可能在公元前三四百年以前已经开始了。丝的贸易对古代中西的交通，甚至对古代中西各国的历史有极大的影响。横亘欧亚的“丝道”是众所周知的。[③]

1957年，陈竺同遗著《两汉和西域等地的经济文化交流》使用的也是“丝路”一词：“因为运去的货物主要为丝织物，所以大家就称这

① 方豪《中西交通史》，台北：“中华文化出版事业委员会”，1953年，第79、81页。

② 齐思和《中国和拜占廷帝国的关系》，《北京大学学报》1955年第1期。

③ 季羡林《中国蚕丝输入印度问题的初步研究》，《历史研究》1955年第4期。

条道路为‘丝路’。”[①]

1963 年，夏鼐在《新疆新发现的古代丝织品——绮、锦和刺绣》一文中，研究了尼雅遗址和吐鲁番阿斯塔那墓地中发现的丝织品遗物。

> 这两处都位于新疆境内古代“丝路”的沿线。汉代的“丝路”从关中的长安开始，穿过河西走廊和新疆的塔里木盆地，跨越过帕米尔高原，然后经过今日苏联的中亚各加盟国、阿富汗、伊朗、伊拉克和叙利亚，直达地中海东岸的港口，全长七千来公里。[②]

《辞海》在 1965 年的未定稿中出现的词条也是“丝路”，而不是“丝绸之路”。

在政府和纺织业使用“丝绸之路”一词后，史学界也开始关注“丝绸之路”，并与政府层面的使用有前后呼应的关系，即为了说明历史上中外之间的友好关系。如 1966 年发表于《历史教学》的《中国和非洲人民的历史友谊》一文：

> 公元前二世纪，中国和非洲就发生了贸易关系，中国的丝绸通过中东运到欧洲和非洲北部，西方古代文献把这些交通大道叫做“丝绸之路”，把中国叫做“产丝的国家”。公元二世纪的时候，埃及著名的地理学家托勒梅在他所写的《地理学》这部书里，也提到中国和“丝绸之路”的贸易情况。[③]

史学界较早使用“丝绸之路”一词的是新疆文物考古、历史研究工作者和研究新疆历史文物的学者。新疆维吾尔自治区博物馆《吐鲁番

---

① 陈竺同《两汉和西域等地的经济文化交流》，上海：上海人民出版社，1957 年，第 3 页。

② 夏鼐《新疆新发现的古代丝织品——绮、锦和刺绣》，《考古学报》1963 年第 1 期。

③ 广文《中国和非洲人民的历史友谊》，《历史教学》1966 年第 3 期。

县阿斯塔那——哈拉和卓古墓群清理简报》中谈到：

> 我国自古被誉为“丝绸之国”，穿过我国新疆，通往西亚、欧洲的交通大道被称为“丝绸之路”。从出土的精美丝织物看来，确实是当之无愧的。这些丝织品的发现，为研究我国丝织工艺史提供了丰富的实物资料，也是研究中西交通史的珍贵资料……通过“丝绸之路”，中国人民同西亚、欧、非各国人民之间，建立了历史悠久的友谊。[①]

在新疆维吾尔自治区博物馆《吐鲁番阿斯塔那363号墓发掘简报》中也出现了“丝绸之路”。阿斯塔那363号墓发现的文物，“对古代中西陆路交通‘丝绸之路’的物质文化遗存及其他各个方面也提供了实物例证……古代我国的绢锦等丝织品，沿着这条‘丝绸之路’源源由东方向西方输出，曾远达波斯、罗马。高昌正是位于这条‘丝绸之路’的运输驿站上”。[②] 夏鼐在《吐鲁番新发现的古代丝绸》中，也多次提到“丝绸之路”，新疆吐鲁番“是古代‘丝绸之路’上的一个重要中间站”“‘丝绸之路’的兴旺，促进了高昌地区的繁荣”。高昌古城发现的“丝织物，生动地反映了当时这个‘丝绸之路’中间站的繁荣景象”。[③]

与此同时，1972年文物出版社出版了由新疆博物馆编著的《丝绸之路——汉唐织物》，这是我国第一本以“丝绸之路”命名的学术著作。在该书所附的“说明”中多次出现了“丝绸之路”一词，并详细论述了丝绸之路在新疆境内的南北二道：“在从汉到唐的千余年间，这两条路都曾是运销丝织物的主要通道，后来中外历史学家称之为‘丝绸

---

① 新疆维吾尔自治区博物馆《吐鲁番县阿斯塔那——哈拉和卓古墓群清理简报》，《文物》1972年第1期。

② 新疆维吾尔自治区博物馆《吐鲁番县阿斯塔那363号墓发掘简报》，《文物》1972年第2期。

③ 竺敏（夏鼐）《吐鲁番新发现的古代丝绸》，《考古》1972年第2期。

之路’。”[①] 此后不久，新疆人民出版社编辑了《新疆历史论文集》（征求意见稿），[②] 其中许多论文如章左声《论张骞的历史功绩》、王炳华《从出土文物看唐代以前新疆的政治、经济》、王仁康《汉唐时期新疆与内地的交通》都使用了“丝绸之路”一词，尤其是赵永复的《丝绸之路》一文，是目前所见最早以《丝绸之路》题名的史学研究论文。1979 年 5 月编辑完成的《新疆简史》第一册也有“丝绸之路”相关表述。[③]

《丝绸之路——汉唐织物》

这一阶段，“丝绸之路”一词在新疆研究中的广泛出现，是有一定历史背景的。20 世纪 60 年代中后期至 70 年代末期，中苏关系处于不正常时期，包括新疆大学、新疆民族研究所在内的西北相关学术单位组织编写了《沙俄侵略中国西北边疆史》。[④] 与此同时，文物考古工作者也发表文章，从学术上声讨沙皇俄国对中国的侵略，如 1971 年底，郭沫

① 新疆维吾尔自治区博物馆编《丝绸之路——汉唐织物》，北京：文物出版社，1972 年。其文字说明部分同时以新疆维吾尔自治区博物馆出土文物展览工作组《“丝绸之路”上新发现的汉唐织物》为名，发表于《文物》1972 年第 3 期。

② 本书初次出版大概在 1975—1976 年间，1978 年出版的正式本有所变动。

③ 新疆社会科学院民族研究所编《新疆简史》第 1 册，乌鲁木齐：新疆人民出版社，1980 年，第 56 页。

④ 《沙俄侵略中国西北边疆史》编写组编著《沙俄侵略中国西北边疆史》，北京：人民出版社，1979 年。

若专门研究了新疆发现的两件古代写本，写了《卜天寿〈论语〉抄本后的诗词杂录》[1] 和《〈坎曼尔诗签〉试探》[2] 两文。以卜天寿和坎曼尔之口声讨了沙皇俄国。

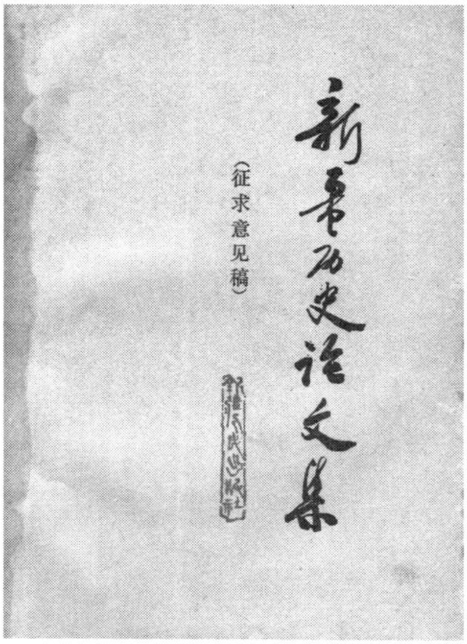

《新疆历史论文集（征求意见稿）》

《沙俄侵略中国西北边疆史》

学界一方面要研究中俄关系史，揭露沙皇俄国对我国的侵略；另一方面要研究新疆的历史、文物，强调中国与亚非拉各国源远流长的友好关系，从而出现了较多关于“丝绸之路”的论述。如夏鼐在《吐鲁番新发现的古代丝绸》一文结尾部分写道：

这些古代丝绸说明了，通过著名的“丝绸之路”，我国人民和

① 郭沫若《卜天寿〈论语〉抄本后的诗词杂录》，《考古》1972 年第 1 期，后收入郭沫若《出土文物二三事》，北京：人民出版社，1972 年。

② 郭沫若《〈坎曼尔诗签〉试探》，《文物》1972 年第 2 期。收入郭沫若《出土文物二三事》。关于“坎曼尔”材料的真伪辨析，参见杨镰《〈坎曼尔诗笺〉辨伪》，《文学评论》1991 年第 3 期。

各国人民不仅互通有无，进行贸易，而且不断地互相学习，促进了文化交流：这对于进一步阐明我国人民和各国人民之间深远的友好关系，也有十分重要的意义。[①]

从1978年开始，随着“科学的春天”到来，各学科学术研究开始勃兴。在前一阶段的良好基础上，有关“丝绸之路”的研究也如雨后春笋般出现。在同时期的史学著作中，开始较多使用“丝绸之路”一词。如1979年出版的郭沫若主编的《中国史稿》中出现了“丝绸之路”，即“因为运往西方的货物主要是丝和丝织品，所以后来把这条路称为‘丝绸之路’”[②]。1979年出版的冯惠民《张骞通西域》[③]、1980年出版的王治来《中亚史》中也出现了“丝绸之路”。[④]

同时在高校教材中也频繁使用“丝绸之路”。1979年，朱绍侯主编的十院校《中国古代史》教材中指出：“那时，中国的丝织品在国际上享有盛誉，通过这两条通道输出的商品主要是丝织品，所以被称为‘丝绸之路’。‘丝绸之路’是古代中国同中亚、西亚各国经济文化交流的友谊之路。”[⑤] 同年出版的刘泽华等主编的《中国古代史》教材中也出现了“丝绸之路”一词：“中国的丝绸经南北两路大量运往中亚各国，甚至再经这些国家的商人运到欧洲大秦国（罗马帝国）等地。因此，历史上称这两条道路为‘丝绸之路’。”[⑥]

到了20世纪80年代，以“丝绸之路”命名的著作逐渐增多，如作

---

① 竺敏（夏鼐）《吐鲁番新发现的古代丝绸》，《考古》1972年第2期。

② 郭沫若主编《中国史稿》第2册，北京：人民出版社，1979年，第390页。

③ 冯惠民《张骞通西域》，北京：中华书局，1979年。

④ 王治来《中亚史》第1卷，北京：中国社会科学出版社，1980年，第92页。

⑤ 朱绍侯主编《中国古代史》（上），福州：福建人民出版社，1979年，第334页。

⑥ 刘泽华等主编《中国古代史》（上），北京：人民出版社，1979年，第393页。

杨建新、卢苇《丝绸之路》

为“中国历史小丛书”之一的《丝绸之路》[1]，杨建新、卢苇的《丝绸之路》[2]，武伯纶《传播友谊的丝绸之路》[3] 等。

对“丝绸之路”研究的重视，需要更直观地了解丝绸之路的线路、走向、重要遗址等，即将文献记载和实地考察相结合。因此在20世纪80年代初便有计划地组织了几次丝绸之路考察，如1981年7月15日到9月9日，中国唐史学会组织了“丝绸之路考察队”，对兰州至新疆乌鲁木齐一段的“丝绸之路”进行了学术考察，考察成果以《丝路访古》结集出版；[4] 1982年夏，“中国秦汉史研究会丝绸之路考察团”对“丝绸之路”甘肃和新疆段的一些重要地点进行了考察；1984—1985年，青海文博单位组织了“唐蕃古道”考察等。

1990年9月，我国陇海—兰新铁路与哈萨克斯坦铁路接轨，为了与传统的贯通亚洲北部的大陆桥相区别，就将其称为新亚欧大陆桥，或第二亚欧大陆桥。由于其所经路线很大一部分是原来的“丝绸之路”，故又称为现代“丝绸之路”，有学者认为“丝绸之路”就是历史上的亚

① 陈振江编《丝绸之路》，北京：中华书局，1980年。
② 杨建新、卢苇《丝绸之路》，兰州：甘肃人民出版社，1981年。
③ 武伯纶《传播友谊的丝绸之路》，西安：陕西人民出版社，1983年。
④ 丝绸之路考察队编《丝路访古》，兰州：甘肃人民出版社，1983年。

欧大陆桥。[①]

伴随着新亚欧大陆桥的开通，丝绸之路研究引起了各方面的重视，尤其是与中亚联系密切，又是丝绸之路沿线的陕西、甘肃、新疆等省（自治区）更为积极。西北五省（自治区）联合出版了《丝路文化》丛书；甘肃省成立了丝绸之路协会，创办了《丝绸之路》杂志，[②] 出版面向大众的通俗读物《漫画丝绸之路》丛书；[③] 新疆、陕西、甘肃学者筹划编辑了三本丝绸之路辞典。[④]

史学界从“丝路”到“丝绸之路”的使用有一个演进过程，不论是学术论著、高校教材，还是通俗读物，主要限定在学术层面。但史学的“经世致用”在“丝绸之路”研究上也有体现，它既与政府、行业界的使用有所联系，又与时代的发展变化紧密结合，使“丝绸之路”扩展到整个文化界，成为社会大众熟知的词语。

5. 辞典中“丝绸之路”的演进

在国内史学界大量使用并研究“丝绸之路”的背景下，1979 年版《辞海》在 1965 年版《辞海》（未定稿）基础上，同时设置了“丝路”和“丝绸之路”两个条目，其中“丝路”的释义是“即‘丝绸之路’”。而“丝绸之路”的释义基本上与 1965 年版《辞海》（未定稿）

---

① 1992 年，西北五省（区）人民出版社联合出版了一套《丝路文化》丛书，全套共 12 册，其中甘肃人民出版社出版 5 册、新疆人民出版社出版 4 册、陕西人民出版社出版 2 册、宁夏人民出版社出版 1 册。从杨建新所写序言和杨建新、卢苇于 1981 年出版、1988 年增订的《丝绸之路》，改编为《历史上的亚欧大陆桥——丝绸之路》一书可知，该书是为了配合新亚欧大陆桥的开通而出版。杨建新在丛书“序言”中说：“现在我们把第二亚欧大陆桥，也喻之为新丝绸之路。”

② 《丝绸之路》杂志由甘肃省丝绸之路协会等编辑，1992 年出版试刊一期，1993 年出版双月刊内部发行，从第 4 期开始正式出版。

③ 于忠正、曹昌光主编《漫画丝绸之路》，北京：中国文学出版社，1994 年。

④ 雪犁主编《中国丝绸之路辞典》；王尚寿、季成家主编《丝绸之路文化大辞典》，北京：红旗出版社，1995 年；周伟洲、丁景泰主编《丝绸之路大辞典》，西安：陕西人民出版社，2006 年。

中的“丝路”相同，只是将“约自公元前第二世纪至公元后第六世纪”改为“约自公元前第二世纪以后千余年间”，并在最后增加了一句“丝绸之路在历史上促进了欧亚非各国和中国的友好往来”。[①]

《中国大百科全书》中“丝绸之路”的条目定义为：“中国古代以丝和丝织品为主要商品，经中亚通往西亚、南亚以及欧洲、北非的陆上贸易通道，简称‘丝路’。”这一条目从公元前4世纪印度著作中有关中国丝的记载讲起，一直到唐代在这条道路上中西之间的联系与交流，重点讲述了路线的发展与变化，“一般认为，‘丝绸之路’东起长安，西至地中海以达欧洲”，将“丝绸之路”分为三段：东段自长安至玉门关或阳关，中段是从玉门关或阳关到达葱岭，西段指葱岭以西。这是辞典中首次将“丝绸之路”分为东、中、西三段讲述。[②]

除此之外，该书的释义还增加了音乐、舞蹈、绘画、雕塑、建筑等艺术，天文、历算、医药等科技知识，佛教、袄教、摩尼教、景教等宗教在“丝绸之路”上的传播。

朱杰勤、黄邦和主编的《中外关系史辞典》对“丝绸之路”的释义继承了此前成果，较详细介绍了丝绸之路南北两路的具体道路和支线。

> 自秦汉以来，大量中国丝及丝织品由上述各路运往西方，故称“丝绸之路”。其他商品交流及东西方经济文化交往，亦多由此路进行。丝路为古代和中世纪沟通中国与欧亚各国之桥梁，为中国人民与欧亚非各国（地区）人民间友好关系的发展起了重要作用。[③]

1979年开始筹划编辑的《中国历史大辞典》设立了“丝绸之路”

---

① 辞海编辑委员会编《辞海》，上海：上海辞书出版社，1979年，第121页。

② 中国大百科全书总编辑委员会《中国历史》编辑委员会隋唐五代史编写组编《中国大百科全书·中国历史·隋唐五代史》，北京：中国大百科全书出版社，1988年，第317—319页。

③ 朱杰勤、黄邦和主编《中外关系史辞典》，武汉：湖北人民出版社，1992年，第421—422页。

条目，其关于“丝绸之路”的释义，在路线、走向等方面与《辞海》基本一致，但又增加了一些较宏观的描述，即“通过丝绸之路，历史上欧亚非各国和中国间的友好往来不断增进；东方的中国文化，南亚的印度文化，西亚的波斯文化和阿拉伯文化，欧洲的希腊、罗马文化，北方草原的游牧民族文化进行着频繁的接触与持续不断的交流，推动了世界文明的发展”。①

雪犁主编的《中国丝绸之路辞典》中的“丝绸之路”词条，虽只涉及陆上丝绸之路，但叙述却较全面系统：

> 简称“丝路”。是指从中国出发，横贯亚洲，进而联接非洲、欧洲的陆路通道。1877 年，德国地理学家李希霍芬首次在其《中国》一书中把从公元前 114 年到公元 127 年间，中国与河中地区（指中亚的阿姆河与锡尔河之间的地带）以及中国与印度之间以丝绸贸易为媒介的这条西域交通路线，称作“丝绸之路”。以后德国的东洋史学家阿尔巴特·赫尔曼在其《中国与叙利亚之间的古代丝绸之路》一文中提出，应该将丝绸之路的“涵义进而一直延长到通向遥远西方的叙利亚的道路上去”。其主张得到后来学者们的支持，丝绸之路一名遂为广泛使用。②

此条目将“丝绸之路”的性质、来源、发展变化等作了全面概述，并第一次在辞典中写入李希霍芬《中国》中首次提出“丝绸之路”概念以及赫尔曼《中国与叙利亚之间的古代丝绸之路》一文对“丝绸之路”的进一步阐释。同时较详细叙述了“丝绸之路”中段道路。首次在辞典中提出了东汉后出现的“新北道”，明确了敦煌到帕米尔之间的北、中、南三条道路及其具体走向。

余太山、陈高华、谢方主编的《新疆各族历史文化辞典》主要讲

---

① 中国历史大辞典编辑委员会编《中国历史大辞典》，上海：上海辞书出版社，2000 年，第 941 页。

② 雪犁主编《中国丝绸之路辞典》，第 199—200 页。

述了陆上丝绸之路，增加了“丝路在先秦时已隐约存在，前 2 世纪后进入新时期，日趋繁荣，直到近代欧、亚海运畅通之前，一直为中西交通大动脉”的描述。与《中国丝绸之路辞典》一样，也讲述了丝绸之路中段的三条道路，同时还有“以上几条干线又各自有路、南北交通，形成支、干交错的交通网络”。① 这也是辞书中第一次对“丝绸之路”是“交通网络”的明确表述。

周伟洲、丁景泰主编的《丝绸之路大辞典》，充分吸收了前人研究成果，对“丝绸之路”的表述较全面，此条目第一次在辞典中写入外国考察家的探险、著书立说和使用这一名称，使其“固定下来”。同时还提出“广义的丝绸之路”概念：“即凡经古代中国到相邻各国的交通路线，包括海上、陆路均一概称丝绸之路。”②

《大辞海·中国地理卷》的“丝绸之路”条目，既继承了《辞海》的内容，又根据国内外新的研究成果扩大了范围：

> 在现代学术界，该词不仅用以指称联结整个古代世界的交通要道，同时成为古代东、西方之间经济、文化交流的代名词。通常认为，丝绸之路可以分为两类（陆上丝绸之路、海上丝绸之路）三大干线：（1）草原之路……；（2）绿洲之路……；（3）海上丝路……。③

《大辞海》在《丝绸之路大辞典》的基础上对广义丝绸之路的描述更为宽泛：“在现代学术界，该词不仅用以指称联结整个古代世界的交通要道，同时成为古代东、西方之间经济、文化交流的代名词。”

此外，还有一些专科性的辞典，如《中印文化交流百科全书》《中国历史地名大辞典》《中国经济史辞典》《中外文化知识辞典》《大学历

---

① 余太山、陈高华、谢方主编《新疆各族历史文化辞典》，北京：中华书局，1996 年，第 92—93 页。

② 周伟洲、丁景泰主编《丝绸之路大辞典》，第 1 页。

③ 大辞海编辑委员会编《大辞海·中国地理卷》，上海：上海辞书出版社，2012 年，第 1012—1013 页。

史辞典》等都收录了“丝绸之路”词条。其释义基本上没有超出这些范围。

从以上辞书对“丝绸之路”的释义可知，《辞海》系列、《中外关系史辞典》《中国丝绸之路辞典》《新疆各族历史文化辞典》《丝绸之路大辞典》对“丝绸之路”的释义，能够吸收学术界相关研究成果，记述相对准确全面，或有自己的见解，这与主编和具体执笔人的学识很有关系。

各类专科辞典，尤其是《辞海》系列将“丝路”或“丝绸之路”列入，说明“丝绸之路”概念得到广泛认可，同时根据国内外学术界研究的不断深入，其释义也在不断深化，含义也逐渐广泛。

三、“丝绸之路”概念的充实和深化

李希霍芬所说的“丝绸之路”是指从中国到中亚、印度的交通路线，赫尔曼将其延伸到罗马。但他们最初的定义仅仅限定在贸易或交通方面。[①] 随着学术界研究的不断扩大和深入，“丝绸之路”的概念也在不断深化。早在 1965 年版《辞海》（未定稿）中，就有了“丝绸之路”的支线之说：“丝路的支线，亦有取道今新疆天山北面的通道及伊犁河流域西行者；亦有取道海上者，或自中国南部直接西航，或经滇、缅通道再自今缅甸南部利用海道西运，或经由中亚转达印度半岛各港再由海道西运。”[②] 这里的“滇、缅通道”就是今天的“西南丝绸之路”，“海道”就是今天的“海上丝绸之路”。

在此之后出版的《辞海》《中国历史大辞典》《中国大百科全书》和《大辞海》中，都有相似表述。在《中国历史大辞典》中，对“丝

① 参见王冀青《关于“丝绸之路”一词的词源》，《敦煌学辑刊》2015 年第 2 期；刘进宝《东方学视野下的“丝绸之路”》，《清华大学学报》2015 年第 4 期。

② 辞海编辑委员会编《辞海》（未定稿），上海：中华书局辞海编辑所，1965 年，第 91 页。

绸之路”的支线释义如下：

> 支线有出敦煌向北，经天山北麓至伊犁河流域再西行者，有经蒙古草原至西伯利亚，或由蒙古草原折向西南，越阿尔泰山至中亚者。海道则或自中国南部直接西航，或经由滇、缅通道再从今缅甸南部西行，或由中亚转印度半岛各港再由海道西运。[①]

相较于《辞海》，《中国历史大辞典》增加了“有经蒙古草原至西伯利亚，或由蒙古草原折向西南，越阿尔泰山至中亚者”。即所谓的“草原路”。

另如杨建新为《中国大百科全书》撰写的“丝绸之路”条目中说：

> 近年来一些国外学者（主要是日本学者）扩大了“丝绸之路”的概念，认为上述道路只是通过沙漠绿洲的道路，因之称为“绿洲道”。又将通过中国北方游牧民族地区的道路称为“草原道”，中国南方海上西行的道路称为“海上丝绸之路”（或称“南海道”）。这些提法虽对研究东西交通及其贸易有意义，但已非指一般所谓的“丝路”了。[②]

这里提出的“绿洲道”“草原道”和“南海道”（即海上丝绸之路）是对“丝绸之路”概念延伸的概括，但认为这是“一些国外学者（主要是日本学者）”扩大了“丝绸之路”的概念则不符合历史事实，因为前已述及，《辞海》（未定稿）、《中国历史大辞典》等，已经有了“丝绸之路”的支线之说。

《新疆各族历史文化辞典》对“丝绸之路”“支线”的记述更加细致：

> 陆路还有经蒙古高原至西伯利亚或由蒙古草原折向西南、越阿尔泰山至中亚者，有以内地经青海、西藏至印度者（吐蕃道），还

---

① 中国历史大辞典编辑委员会编《中国历史大辞典》，第941页。

② 中国大百科全书总编辑委员会《中国历史》编辑委员会隋唐五代史编写组编《中国大百科全书·中国历史·隋唐五代史》，第319页。

有经四川、云南至缅甸者（滇缅道）。[①]

这是在辞典中第一次明确出现“吐蕃道”和“滇缅道”。再加上以前出现的“草原路”，陆上丝绸之路的支线基本上都明晰了。

随着“丝绸之路”研究的深入和细化，其概念也在不断扩大或充实，即将我国古代到相邻各国的交通路线，不论是陆上，还是海上，都称为“丝绸之路”，甚至更为广泛。因传统的“丝绸之路”，即经中亚陆路到罗马的交通线，经过一段沙漠地带，所以被称为“沙漠路”；同样，这条路线还经过中间的绿洲地带，又被称为“绿洲路”；经北方蒙古草原游牧民居地到中亚称为“草原路”；从云南入缅甸、印度称为“南方丝绸之路”或“西南丝绸之路”；经海上航路与对外交往称为“海上丝绸之路”。除了这些大的支线外，还有一些临时的小支线，如经青海湖畔的吐谷浑居地到敦煌的支线被称为“吐谷浑道”或“青海道”。

在刘迎胜撰著的《丝路文化·草原卷》中，首次出现了“丝路网络”一词：

隋、唐帝国辽阔的疆域使中原与西北边疆地区的联系变得空前密切。唐政府在漠北设置州府后，开辟了漠北通往内地的驿路，唐朝平定西突厥后，天山以北诸地之间的交通形成网络。自伊州（今哈密）至北庭有驿路可通。自北庭至高昌有数条道，分别称为“他地道”“乌骨道”“新开道”“花谷道”“移摩道”“萨捍道”“突波道”等。自北庭西行，有驿路通伊犁河流域，再向西便是碎叶川，可继续西行。自庭州向北则可通漠北回鹘汗国牙帐所在地于都斤山。草原丝路的网络成为连接北方游牧民族与中原人民的纽

① 余太山、陈高华、谢方主编《新疆各族历史文化辞典》，北京：中华书局，1996年，第93页。

带，成为东西方交往的重要通道。[1]

这是有关“丝绸之路”研究中，第一次将“丝路”作为网络探讨，为以后的研究开阔了视野，提供了思路。

此后，在1996年出版的《新疆各族历史文化辞典》中也有“丝绸之路”是“交通网络”的明确表述。《丝绸之路大辞典》的表述更为宽泛：

> 现今流行的说法是：原来所说的经中亚陆路的丝绸之路，被名之为“绿洲路”或“沙漠路”；另有经北方蒙古草原游牧民居地至中亚的“草原路”；经海上西行之“海上丝绸之路”；云南入缅甸、印度的“南方丝绸之路”（又称“西南丝路”）等等。……另有一些学者，在上述各条中西贸易的道路上还冠以主要流通商品的名称，于是就有称“海上丝绸之路”为“瓷器之路”或“香丝之路”；称“草原之路”为“皮毛之路”；称早期丝绸之路为“玉石之路”等。[2]

不论是支线说，还是各条道路的单独存在，都是“丝绸之路”概念的扩大或充实，实际上也就是今天所说的网络。我们知道，李希霍芬、赫尔曼所说的“丝绸之路”，是指从中国长安到罗马之间的东西方交通路线。后来，随着交往的不断扩大，尤其是由于气候、政治、战争、宗教等各种因素的变化，中西交通路线可能会随时发生变化，从而偏离原来的路线或规划，甚至废弃某一段道路，也会不断开辟新的支线或道路，这些支线分而复合，合而复分，并不是一成不变的。如从长安到敦煌就有几条通道，从敦煌出阳关、玉门关到帕米尔又有几条通道。在这些通道上，还有许多小支线，在史籍文献记载中，仅以民族、部族或地名出现的就有“灵州道”“朔州道”“云中道”“河西道”“高昌

---

① 刘迎胜《丝路文化 · 草原卷》，杭州：浙江人民出版社，1995年，第174—175页。

② 周伟洲、丁景泰主编《丝绸之路大辞典》，第1页。

路”“伊吾路”“白龙堆路”“回鹘道”“大碛道”“焉耆北道”“康居道”“大宛道”“大月氏道”等。这些支线通道，有些是同时并存，有些是前后出现，它们根据不同情况和需要被使用。更大一些并比较固定的通道还有如草原道、印缅滇道、唐蕃古道等，因此史学界认为“丝绸之路”是一个交通网络系统。一旦因自然条件或社会环境出现变故，导致某一条或某几条线路出现阻隔或阻断的时候，就可利用其他路线，从而保证丝绸之路的畅通。

列入世界文化遗产名录的“丝绸之路”就是“丝绸之路：长安—天山廊道路网”：它从中国古代长安出发、经河西走廊进入天山山脉地区，路网跨距近5000公里，总长达8700公里。这显然只是一个大体走向，从其包含中国、哈萨克斯坦、吉尔吉斯斯坦三国境内33处遗址、遗迹就可知道，作为世界遗产的“丝绸之路：长安—天山廊道路网”还包括许多支线。

草原道、唐蕃古道（吐蕃道）、印缅道（滇缅道）等，都是传统“丝绸之路”的延伸或支线，相对于“海上丝绸之路”来说，统称为“陆上丝绸之路”。因此，现在一般都是将“丝绸之路”分为“陆上丝绸之路”和“海上丝绸之路”。

现在，国家提出的“一带一路”倡议，其中的“一带”是指“丝绸之路经济带”，亦即传统的陆上丝绸之路，“一路”就是“海上丝绸之路”。

除了按交通线路划分外，还有以不同时代、不同地域交换物品、传播文化来划分，如“玉石之路”“青铜之路”“香料之路”“珠宝之路”“茶叶之路”“瓷器之路”“青金石之路”“绢帛之路”“皮毛之路”“佛教之路”“书籍之路”等。这些都是扩大的概念，与“丝绸之路”的本来含义相去甚远。

四、结语

从学理层面梳理了“丝绸之路”概念的形成、发展、演变和含义的充实后，可以得出以下结论：

第一，作为地质地理学家的李希霍芬，并没有专门研究中亚史地，“丝绸之路”一词也是他偶然、无意之间提及的，所指也仅仅是从中国长安到中亚之间的东西交通路线，并将其理解为一条基本上笔直的道路。因为他把古代中西交通的贸易路线想象成一条直线，所以在《中国》第一卷的《中亚地图》上，他用加粗的红线画出了一条基本上笔直的“丝绸之路”,[①] 这与“丝绸之路”的实际走向并不符合。

虽然赫尔曼也对李希霍芬提出的“丝绸之路”进行了引申和研究，但真正奠定“丝绸之路”学术地位的是李希霍芬的学生斯文赫定，他对李希霍芬提出的“丝绸之路”进行了更加具体、深入的研究，并将“丝绸之路”一词引入国际学术界，但他并不认同李希霍芬的“丝绸之路”直线说。斯文赫定于1933—1935年在我国西北，尤其是新疆的汽车探险后，专门写了《丝绸之路》一书，详述了此次考察的收获、见闻等，该书第18章标题就是“丝绸之路”，可以说是全书的点睛之笔。虽然全篇不到一万字，但对李希霍芬提出的“丝绸之路”作了全面解题和阐述。

正是斯文赫定在李希霍芬的基础上，对“丝绸之路”的几条道路、走向、性质作了全面的阐述，出版了以《丝绸之路》命名的学术著作，才使“丝绸之路”一词为大众熟知，并为后来的研究奠定了基础。

第二，“丝绸之路”一词最早由李希霍芬于1877年提出，50多年后我国学者才开始使用这一词汇。此前曾于1933年使用“绸缎之路”以指称“丝绸之路”。1935年开始使用“丝绸之路”的简称“丝路”。此后不久，欧洲和苏联也使用了“丝路”一词。1941年使用了“丝绸路”，同时，还使用了“贩丝之道”以代称“丝绸之路”。1943年，在

---

① 刘进宝《东方学视野下的“丝绸之路”》，《清华大学学报》2015年第4期；［美］芮乐伟·韩森《丝绸之路新史》，张湛译，北京：北京联合出版公司，2015年，第8页。

我国正式出现了“丝绸之路”一词。

第三，“丝绸之路”虽然称呼众多，甚至有些泛化。但不论是按交通路线划分的“绿洲道”“草原道”“沙漠道”“南海道”等，还是以交换物品分类的“玉石之路”“青铜之路”“香料之路”“皮毛之路”等，这些扩大或充实了的“丝绸之路”，都是借用或参照了李希霍芬的“丝绸之路”概念。如果不加特别说明，当我们说到“丝绸之路”时都应有具体的含义，即从我国长安出发，经甘肃河西走廊、新疆到中亚、欧洲、非洲的古代交通道路。

第四，虽然“丝绸”不是整个历史阶段中西贸易的大宗商品，“丝绸之路”也出现了多种称谓，仅仅是对某一个时期或某一种物品的概括或总结，但没有哪一个称谓或名称能够替代“丝绸之路”。因为丝绸是这条通道开创的原动力，它是中西方贸易的主要物品；在“丝绸之路”上，丝绸的影响最大，它可以作为货币流通和使用，中国因此被称为“Seres”。正因为如此，1988—1997 年间，联合国教科文组织发起的“丝绸之路：交流之路综合考察”活动，世界文化遗产委员会命名的“丝绸之路：长安—天山廊道路网”，用的都是“丝绸之路”这种称谓。

当然，“丝绸之路”现在已不是某一条道路或某一种交换物品的专称，而是古代中外政治、经济、文化交流的统称，甚至突破了原来的“中外关系史”和“中西交通史”。以“丝绸之路经济带”和“海上丝绸之路”命名的“一带一路”倡议，就是这一历史名称在当下的现实反映。

第二节　关于李希霍芬“丝绸之路”命名的辨析

随着敦煌学和丝绸之路研究的深入，国际学术文化交流的加强，急需借鉴国外学界的治学方法和研究成果，使我们的研究既有深厚的国学根底，又能吸收、借鉴国际学术界的最新研究成果，从而站在国际学术的前沿，发出中国声音。这就需要大量引进和翻译国外学者的相关学术论著，几十年来，我们在引进、翻译国外学者的著述方面已做了许多卓有成效的工作，使我们更好地了解和吸收了外国学者的研究状况。但不可讳言，有些方面我们还有欠缺，需要加强和重视。

长泽和俊《丝绸之路史研究》

如李希霍芬在《中国》一书中关于“丝绸之路”的定义，就是一个很好的个案。目前所见中文本主要有：

一、日本学者长泽和俊在《丝绸之路史研究》序言部分是这样描述的：

> （李希霍芬）把“自公元前114年至公元127年间连接中国与河中以及印度的丝绸贸易的西域道路”称为“Seidenstrassen”。丝绸之路（Silk Road）无非是其英译名称罢了。①

在注释中明确说明是引自李希霍芬1877年出版的《中国》第454页。②

二、林梅村在《丝绸之路考古十五讲》中说：

> 1877年，德国地理学家李希霍芬在他的名著《中国》一书中首次提出“Seidenstrassen”（丝绸之路）一名。他对丝绸之路的经典定义是：“从公元前114年到公元127年间，连接中国与河中

---

① ［日］长泽和俊《丝绸之路史研究》，钟美珠译，天津：天津古籍出版社，1990年，第2页。

② ［日］长泽和俊《丝绸之路史研究》，钟美珠译，第12页。

（指中亚阿姆河与锡尔河之间）以及中国与印度，以丝绸之路贸易为媒介的西域交通路线。”这个名称很快得到东西方众多学者的赞同。[①]

林梅村先生在引用李希霍芬关于“丝绸之路”的定义后，也注明是引自李希霍芬1877年出版的《中国》第454页。[②]

林梅村《丝绸之路考古十五讲》

三、杨共乐在《早期丝绸之路探微》[③] 一书的“序言”中说：

> 李希霍芬在1877年出版的名著《中国亲程旅行记》一书第1卷中十分明确地把“自公元前114年至127年间连接中国、河中以及印度的丝绸贸易之路”称为“Seidenstraßen”。

杨共乐在阐述了这个定义后，也注明是引自李希霍芬《中国》1877年版的第一卷，“454页以次”。[④]

四、袁剑在《丝绸之路、地方知识与区域秩序——“丝绸之路”的概念、话语及其超越》一文中说：

> 1877年，德国地质学家李希霍芬（Ferdinand von Richthofen）

---

① 林梅村《丝绸之路考古十五讲》，北京：北京大学出版社，2006年，第2页。

② 林梅村《丝绸之路考古十五讲》，第10页。

③ 杨共乐《早期丝绸之路探微》，北京：北京师范大学出版社，2011年。

④ 杨共乐《早期丝绸之路探微》，序言第2页。

在其著作《中国》中首次使用了“丝绸之路”（Seidenstrassen）的名字，并为其下了这样的定义：“指从公元前114年至公元127年之间，连接中国与河中地区以及中国与印度的，以丝绸贸易为媒介的西域地区交通线路。”[①]

其注释是“FERDINAND VON RICHTHOFEN. China. Ergebnisseeigener Reisen und darauf gegründeter Studien：Bd. 1 ［M］. Berlin：D. Reimer，1877. 454.”即引自李希霍芬于1877年出版的《中国》第一卷第454页。

以上长泽和俊、林梅村、杨共乐和袁剑的论著都注明“丝绸之路”的这一定义是引自李希霍芬1877年出版的《中国》第一卷第454页。

另外，雪犁主编的《中国丝绸之路辞典》关于“丝绸之路”一词释文中有这样的表述：

1877年，德国地理学家李希霍芬首次在其《中国》一书中把从公元前114年到公元127年间，中国与河中地区（指中亚的阿姆河与锡尔河之间的地带）以及中国与印度之间以丝绸贸易为媒介的这条西域交通路线，称作“丝绸之路”。[②]

以后的许多学术论著和通俗读物在介绍“丝绸之路”的材料中，基本上都有大体相同的表述，如笔者曾经也有这样的表述：李希霍芬在《中国》一书中首次提出了“丝绸之路”一词，其定义是“从公元前114年到公元127年间，连接中国与河中（指中亚阿姆河与锡尔河之间），以及中国与印度，以丝绸之路贸易为媒介的西域交通路线”。[③] 王

---

① 袁剑《丝绸之路、地方知识与区域秩序——“丝绸之路”的概念、话语及其超越》，载《陕西师范大学学报》2017年第4期，第75页。其注中也说明是引自李希霍芬于1877年出版的《中国》第一卷第454页。

② 雪犁主编《中国丝绸之路辞典》，乌鲁木齐：新疆人民出版社，1994年，第199—200页。

③ 刘进宝《东方学视野下的“丝绸之路”》，《清华大学学报》2015年第4期，第69页。

汝良说：“丝绸之路”这一术语是德国地理学家李希霍芬于1877年在其名著《中国》中首次提出：“从公元前114年到公元127年间，连接中国与河中（指中亚阿姆河与锡尔河之间——引者注）以及中国与印度，以丝绸贸易为媒介的西域交通路线。”结合这一表述的前后语境可以看出，他是从地理学意义上来命名的，且在时间跨度上限定于两汉时期。[①] 陈粟裕说：“丝绸之路的名称最早由德国地质地理学家李希霍芬提出，

CHINA.

ERGEBNISSE EIGENER REISEN

UND

DARAUF GEGRÜNDETER STUDIEN

VON

FERDINAND FREIHERRN VON RICHTHOFEN.

ERSTER BAND.

EINLEITENDER THEIL.

MIT XXIX HOLZSCHNITTEN UND XI KARTEN.

BERLIN.

VERLAG VON DIETRICH REIMER.

1877.

李希霍芬《中国》第一卷版权页

他将‘从公元前114年至公元127年间，中国与中亚、中国与印度间以丝绸贸易为媒介的这条西域交通路线’命名为‘丝绸之路’。”[②] 张国刚说：“1877年，德国著名地理学家李希霍芬在其《中国》一书中，把‘从公元前114年至公元127年间，中国与河中地区以及中国与印度之间，以丝绸贸易为媒介的这条西域交通路线’称为‘丝绸之路’。”[③]

以上关于“丝绸之路”的定义虽然没有注明来源，但显然应该都是引自林梅村或长泽和俊等学者的论著。

---

① 王汝良《丝绸之路：Silk Road or Silk Route》，《中国社会科学报》2017年3月21日第6版。

② 陈粟裕《丝绸之路与“蚕种东来”》，《中国社会科学报》2017年12月4日第6版。

③ 张国刚《丝路故事：说“西”道“东”》，《文史知识》2018年第1期，第93页。

因为李希霍芬是国际上第一个提出“丝绸之路”一词，在学术史上占有重要地位。为了准确引用李希霍芬的这个定义，我设法找到了李希霍芬 1877 年《中国》一书，结果第 454 页根本没有出现“丝绸之路”的字样。[①]

长泽和俊引用的前后文大致内容为公元前 114 年张骞去世后，月氏和安息兴起，他们与中国进行通商，贸易发展迅速。原文中用的是“trade”一词。在此前后共出现两次 114 年，第一次在 455 页，内容是张骞于公元前 114 年去世，但与李希霍芬命名丝绸之路之始并无关系。[②]

实际上，“李希霍芬《中国》第一卷第 454 页以下是叫做 Oeffnung des Weges nach Westen（走向西方之路的开启）的章节，详细讨论了丝绸之路在历史上的意义，但是‘Seidenstrasse’一词并不出现于第 454 页而见于第 496 页”。[③]

李希霍芬《中国》一书第 496 页中有关“丝绸之路”相关段落的大意是：

> 仍然是通过马利奴斯所引用的马其顿商人梅斯的相关报道，我们对早期丝绸之路中这一条路径的西线部分有了更多了解，这份详细的原始报道因为托勒密在其著作中的简短记述，得以让后人获悉。我们其实可以略过这条路径的第一阶段，即从希拉波利斯渡海

---

① 据我的同事鲍永军和他留学德国的夫人的意见：Seide 是德语“丝绸”的单数形式，Seiden 是复数。德文“Seidenstrasse”“Seiden”是丝绸，“strasse”是街道、路。第 454 页没有任何关于丝绸之路定义所包括的相关内容，实际上连注释中的德文在内，根本没有“Seidenstraße”“Seiden”这两个单词。”德文字母 ß 是 SS 两字母的缩写，《中国》这本书用的是“Seidenstrasse”，复数是“Seidenstrassen”。

② 此为我的博士生闫丽请教乌普萨拉大学研究丝绸之路语言学的德国老师 Christiane 的结果。

③ 我还将长泽和俊的引文和李希霍芬原书第 454 页发给日本著名东方学家高田时雄教授，请他帮忙订正。高田时雄教授 2017 年 10 月 15 日给笔者的回复邮件，他认为长泽和俊的文章不可靠。

到达妫发拉底河上游，再穿过波斯之都和“百门之城”（赫尔托普洛斯），前往大夏国，这方面的情况在无数关于古代地理的著作中已经有多方位的讨论，我们要做的是研究那些迄今尚不完全清楚的问题。[①]

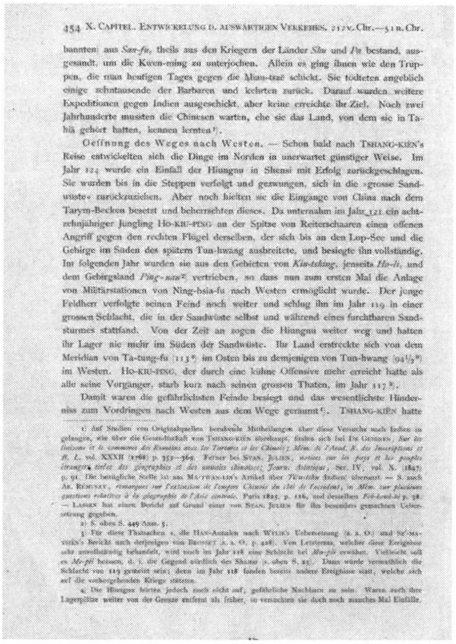
454 X. CAPITEL. ENTWICKELUNG D. AUSWÄRTIGEN VERKEHRS. 212 v. Chr.—51 n. Chr.

bannten) aus *San-fu*, theils aus den Kriegern der Länder *Shu* und *Pa* bestand, ausgesandt, um die Kwen-ming zu unterjochen. Allein es ging ihnen wie den Truppen, die man heutigen Tages gegen die Miau-tszĕ schickt. Sie tödteten angeblich einige zehntausende der Barbaren und kehrten zurück. Darauf wurden weitere Expeditionen gegen Indien ausgeschickt, aber keine erreichte ihr Ziel. Noch zwei Jahrhunderte mussten die Chinesen warten, ehe sie das Land, von dem sie in Ta-hiä gehört hatten, kennen lernten[1].

Oeffnung des Weges nach Westen. — Schon bald nach TSHANG-KIËN's Reise entwickelten sich die Dinge im Norden in unerwartet günstiger Weise. Im Jahr 124 wurde ein Einfall der Hiungnu in Shensi mit Erfolg zurückgeschlagen. Sie wurden bis in die Steppen verfolgt und gezwungen, sich in die »grosse Sandwüste« zurückzuziehen. Aber noch hielten sie die Eingänge von China nach dem Tarym-Becken besetzt und beherrschten dieses. Da unternahm im Jahr 121 ein achtzehnjähriger Jüngling HO-KIU-PING an der Spitze von Reiterschaaren einen offenen Angriff gegen den rechten Flügel derselben, der sich bis an den Lop-See und die Gebirge im Süden des spätern Tun-hwang ausbreitete, und besiegte ihn vollständig. Im folgenden Jahr wurden sie aus den Gebieten von *Kin-tshing*, jenseits *Ho-li*, und dem Gebirgsland *Ping-nan*[2] vertrieben, so dass nun zum ersten Mal die Anlage von Militärstationen von Ning-hsia-fu nach Westen ermöglicht wurde. Der junge Feldherr verfolgte seinen Feind noch weiter und schlug ihn im Jahr 119 in einer grossen Schlacht, die in der Sandwüste selbst und während eines furchtbaren Sandsturmes stattfand. Von der Zeit an zogen die Hiungnu weiter weg und hatten ihr Lager nie mehr im Süden der Sandwüste. Ihr Land erstreckte sich von dem Meridian von Ta-tung-fu (113°) im Osten bis zu demjenigen von Tun-hwang (94½°) im Westen. HO-KIU-PING, der durch eine kühne Offensive mehr erreicht hatte als alle seine Vorgänger, starb kurz nach seinen grossen Thaten, im Jahr 117[3].

Damit waren die gefährlichsten Feinde besiegt und das wesentlichste Hinderniss zum Vordringen nach Westen aus dem Wege geräumt[4]. TSHANG-KIËN hatte

1) [illegible]

2) S. oben S. 449 Anm. 5.

3) [illegible]

4) Die Hiungnu hörten jedoch noch nicht auf, gefährliche Nachbarn zu sein. Waren auch ihre Lagerplätze weiter von der Grenze entfernt als früher, so versuchten sie doch noch manches Mal Einfälle.

李希霍芬《中国》第454页

李希霍芬所命名的“丝绸之路”，是指从中国长安到罗马之间的东西方交通路线。后来，随着交往的不断扩大，尤其是由于气候、政治、战争、宗教等各种因素的变化，中西交通的路线可能会随时发生变化，从而偏离原来的路线或规划，甚至废弃某一段道路，也会不断开辟新的支线或道路，这些支线分而复合，合而复分，并不是一成不变的。这些支线通道，有些是同时并存的，有些是前后出现的，它们都会根据不同的情况和需要而使用。“丝绸之路”是一个交通网络系统，一旦因自然条件或社会环境出现变故而导致某一条或某几条线路出现阻隔或阻断的时候，就可利用其他路线，从而保证了丝绸之路的畅通。[②]《中国》第496页所说早期丝绸之路的“一条路径”，实际上是指单一的路线。德国学者Christiane也告知：第496页带有Seidenstrassen的那句话是总结

① 这是曾留学德国的现复旦大学博士后、原浙江大学中西关系史专业博士柯卉同学的翻译。

② 参阅刘进宝《“丝绸之路”概念的形成及其在中国的传播》，载《中国社会科学》2018年第11期。

性的语言，其内容是“上述是关于西部地区早期丝绸之路中其中一支的信息”。这里的丝绸之路用了复数，有多条的含义。

王冀青先生在《关于“丝绸之路”一词的词源》[1] 一文中也曾讨论过“丝绸之路”：

> 李希霍芬在《中国》第 1 卷的目录和第 469 页上，两次提到“马利奴斯的丝绸之路”（Seidenstrasse des Marinus），这是历史上第一次使用 Seidenstrasse（“丝绸之路”）一词。李希霍芬创造的 Seidenstrasse（“丝绸之路”）一词，是合并了德语词汇 Seiden（“丝绸”）和 Strasse（“道路”）后而形成的一个新词，中文翻译成“丝绸之路”，简称“丝路”，完全准确。

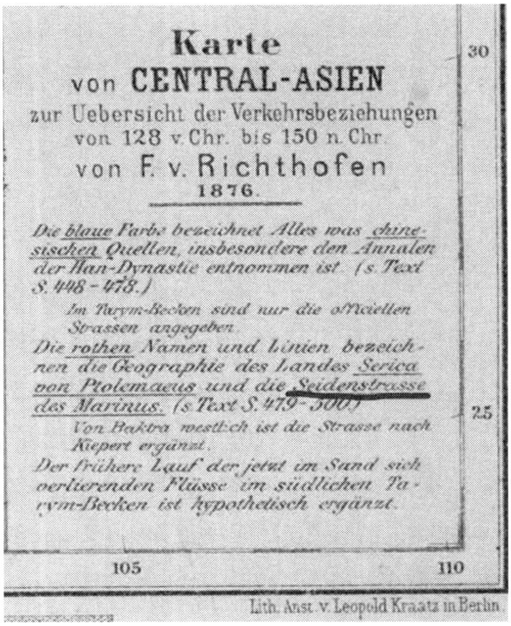

李希霍芬《中国》所附“中亚地图”的说明文字

在《中国》第一卷的第 500 和 501 页之间，还夹印了李希霍芬于 1876 年绘制的一幅“中亚地图”。在这张地图上，他用加粗的红线画出了一条基本上笔直的“丝绸之路”，据说这是来自托勒密《地理志》中所记赛里斯的地理情况和马利奴斯的信息，但与“丝绸之路”的实际走向并不符合。因为李希霍芬并没有到达甘肃、新疆考察，他叙述和记载“丝绸之路”的材料主要

① 载《敦煌学辑刊》2015 年第 2 期。

是文本而非考察和考古，“李希霍芬曾经被委托设计一条从德国的势力范围山东起始，贯通西安附近的煤矿，一直通向德国本土的铁路线”，所以他把古代中西交通的贸易路线也想象成一条直线，“他的丝绸之路都像是一条横贯欧亚的铁路线”。①

在《中国》第一卷的目录上有“Seidenstrasse des Marinus”（马利奴斯的丝绸之路），注明是在第 496 页。王冀青先生可能是笔误，将 496 页写成了 469 页。因为第 469 页主要谈班超在西域的经营，并提到大宛居民为了商队贸易顺利，献上贡品和马匹，但没有出现丝绸之路。

另外，美国学者丹尼尔 C. 沃在《李希霍芬的“丝绸之路”：通往一个概念的考古学》② 一文中全面研究了李希霍芬及其丝绸之路。指出“李希霍芬在《中国》第 1 卷中使用‘丝绸之路’这个概念的具体语境，是他对历史上西方和中国相互间地理知识

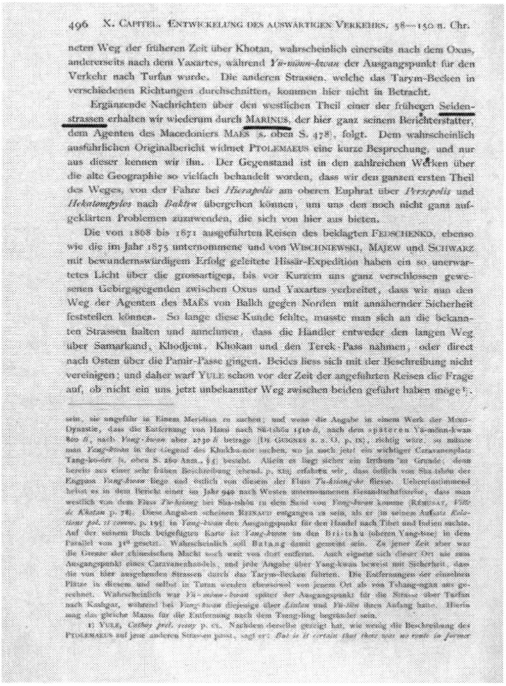
496　X. CAPITEL. ENTWICKELUNG DES AUSWÄRTIGEN VERKEHRS, 58—150 n. Chr.

neten Weg der früheren Zeit über Khotan, wahrscheinlich einerseits nach dem Oxus, andererseits nach dem Yaxartes, während *Yü-mönn-kwan* der Ausgangspunkt für den Verkehr nach Turfan wurde. Die anderen Strassen, welche das Tarym-Becken in verschiedenen Richtungen durchschnitten, kommen hier nicht in Betracht.

Ergänzende Nachrichten über den westlichen Theil einer der früheren Seidenstrassen erhalten wir wiederum durch MARINUS, der hier ganz seinem Berichterstatter, dem Agenten des Macedoniers MAËS (s. oben S. 478), folgt. Dem wahrscheinlich ausführlichen Originalbericht widmet PTOLEMAEUS eine kurze Besprechung, und nur aus dieser kennen wir ihn. Der Gegenstand ist in den zahlreichen Werken über die alte Geographie so vielfach behandelt worden, dass wir den ganzen ersten Theil des Weges, von der Fähre bei *Hierapolis* am oberen Euphrat über *Persepolis* und *Hekatompylos* nach *Baktra* übergehen können, um uns den noch nicht ganz aufgeklärten Problemen zuzuwenden, die sich von hier aus bieten.

Die von 1868 bis 1871 ausgeführten Reisen des beklagten FEDSCHENKO, ebenso wie die im Jahr 1875 unternommene und von WISCHNIEWSKI, MAJEW und SCHWARZ mit bewundernswürdigem Erfolg geleitete Hissär-Expedition haben ein so unerwartetes Licht über die grossartigen, bis vor Kurzem uns ganz verschlossen gewesenen Gebirgsgegenden zwischen Oxus und Yaxartes verbreitet, dass wir nun den Weg der Agenten des MAËS von Balkh gegen Norden mit annähernder Sicherheit feststellen können. So lange diese Kunde fehlte, musste man sich an die bekannten Strassen halten und annehmen, dass die Händler entweder den langen Weg über Samarkand, Khodjent, Khokan und den Terek-Pass nahmen, oder direct nach Osten über die Pamir-Pässe gingen. Beides liess sich mit der Beschreibung nicht vereinigen; und daher warf YULE schon vor der Zeit der angeführten Reisen die Frage auf, ob nicht ein uns jetzt unbekannter Weg zwischen beiden geführt haben möge[1].

sein, sie ungefähr in Einem Meridian zu suchen; und wenn die Angabe in einem Werk der Ming-Dynastie, dass die Entfernung von Hami nach Sü-tshóu 1510 *li*, nach dem späteren Yü-mönn-kwan 860 *li*, nach *Yang-kwan* aber 2730 *li* betrage (DE GUIGNES a. a. O. p. IX), richtig wäre, so müsste man *Yang-kwan* in der Gegend des Khukhu-nor suchen, wo ja auch jetzt ein wichtiger Caravanenplatz Tang-ko-örr (s. oben S. 260 Anm., §5) besteht. Allein es liegt sicher ein Irrthum zu Grunde; denn bereits aus einer sehr frühen Beschreibung (ebend. p. XIII) erfahren wir, dass östlich von Sha-tshóu der Engpass *Yang-kwan* liege und östlich von diesem der Fluss *Tu-kiang-ho* fliesse. Uebereinstimmend heisst es in dem Bericht einer im Jahr 940 nach Westen unternommenen Gesandtschaftsreise, dass man westlich von dem Fluss *Tu-kiang* bei Sha-tshóu zu dem Sand von *Yang-kwan* komme (RÉMUSAT, *Ville de Khotan* p. 78). Diese Angaben scheinen REINAUD entgangen zu sein, als er (in seinem Aufsatz *Relations pol. et comm.* p. 195) in *Yang-kwan* den Ausgangspunkt für den Handel nach Tibet und Indien suchte. Auf der seinem Buch beigefügten Karte ist *Yang-kwan* an den Bri-tshu (oberen Yang-tse) in dem Parallel von 31° gesetzt. Wahrscheinlich soll Batang damit gemeint sein. Zu jener Zeit aber war die Grenze der chinesischen Macht noch weit von dort entfernt. Auch eignete sich dieser Ort nie zum Ausgangspunkt eines Caravanenhandels, und jede Angabe über Yang-kwan beweist mit Sicherheit, dass die von hier ausgehenden Strassen durch das Tarym-Becken führten. Die Entfernungen der einzelnen Plätze in diesem und selbst in Turan werden ebensowol von jenem Ort als von Tshang-ngan aus gerechnet. Wahrscheinlich war *Yü-mönn-kwan* später der Ausgangspunkt für die Strasse über Turfan nach Kashgar, während bei *Yang-kwan* diejenige über *Lintan* und *Yü-tiën* ihren Anfang hatte. Hierin mag das gleiche Maass für die Entfernung nach dem Tsung-ling begründet sein.

1) YULE, *Cathay prel. essay* p. CL. Nachdem derselbe gezeigt hat, wie wenig die Beschreibung des PTOLEMAEUS auf jene anderen Strassen passt, sagt er: *But is it certain that there was no route in former*

李希霍芬《中国》第 496 页

---

① 参阅刘进宝《东方学视野下的“丝绸之路”》，《清华大学学报》2015 年第 4 期，第 68—69 页；［美］芮乐伟·韩森《丝绸之路新史》，张湛译，北京：北京联合出版公司，2015 年，第 8 页。

② ［美］丹尼尔 C. 沃《李希霍芬的“丝绸之路”：通往一个概念的考古学》，蒋小莉译，载朱玉麒主编《西域文史》第七辑，北京：科学出版社，2012 年，第 295—310 页。

了解情况所进行的调查。他尤其将注意力放在包括汉代和罗马帝国时代的较为短的历史时期内这些地理知识最早获得的情况”。认为李希霍芬在 1877 年出版的《中国》一“书中大量的对内陆亚洲的重点描述提供了丝绸之路这一概念发展形成的语境”。“我们发现他在《中国》的序言中，一个相当重要的部分的确是写欧亚大陆间人类活动的历史，包括旅行的历史、探险的历史和文化交流的历史。总而言之，虽然他几乎没有使用那个名词，他写的也是丝绸之路的历史。”

在《中国》第一卷的第 499 页的页眉上有“Seidenstrasse des Marinus”（马利奴斯的丝绸之路）。丹尼尔 C. 沃指出：“总之，比起 Seidenstrassen（丝绸之路）这个词，李希霍芬更愿意使用 Verkehr（交流渠道）、Strassen（大路）、Hauptstrassen（主干道）或 Handelsstrassen（商路）这些名词。虽然他强调，正是丝绸贸易促进了与内陆亚洲接触的发展。后来当他讨论伊斯兰时期的陆地商道和佩戈洛蒂 14 世纪描述的通往中国之路时，李希霍芬（1877—1912，第 1 卷，566 页对面、672 页）把它们分别绘制为 Hauptuverkehrstrasse（主要通道）和 Haupt-Handelsstrasse（主要商道），后者经里海北部、咸海南部，再经天山北部通往巴里坤、哈密和河西走廊。”李希霍芬“对丝绸贸易的叙述占了不到一页纸的篇幅，而在他对古代人类贸易（Handelsverkehr）的讨论中，黄金、宝石和香料更值得关注”。

通过整理李希霍芬《中国》第一卷的相关内容，可知共出现了 4 次“丝绸之路”一词，即第一卷的目录上有“马利奴斯的丝绸之路”；第 496 页有“早期丝绸之路中这一条路径的西线部分”；第 499 页的页眉上有“马利奴斯的丝绸之路”；中亚地图的说明文字中有“马利奴斯的丝绸之路”。全书并没有长泽和俊和林梅村先生所引用的丝绸之路的定义：“从公元前 114 年到公元 127 年间，连接中国与河中以及中国与印度，以丝绸贸易为媒介的西域交通路线。”

由此可知，《中国》第 454 页开始的章节讲述了走向西方之路的开启，即主要讨论丝绸之路的历史意义，但并未涉及丝绸之路；第 456 页出现了“沙州”地名，在注释中说“敦煌”是更为古老的名称，以后得到沿用；第 457—458 页讲述李广利的第一次西征和前 102 年的第二次西征，提到经塔里木盆地到阿姆河和锡尔河之间的道路；第 469 页提到大宛居民为了商队贸易顺利，献上贡品和马匹。只在第 496 页出现了“丝绸之路”一词，而且是全书唯一的一次。

从前面的叙述和我的调查推测，所谓“丝绸之路”的经典定义，“从公元前 114 年到公元 127 年间，连接中国与河中以及中国与印度，以丝绸贸易为媒介的西域交通路线”，并没有出现在李希霍芬的《中国》一书中。实际上，李希霍芬在 1877 年出版《中国》第一卷后，还于 1877 年 6 月 2 日向德国地理学会做了《跨越中亚的古代丝绸贸易商路线》的演讲，基本上就是书中相关内容的精简版。[①] 讲演稿的英文版发表于 1878 年 1 月的《地理杂志》。正是在这次的讲演中，李希霍芬指出：丝绸从中国直接交易到中亚开始于公元前 114 年，结束于公元 120 年。而德国学者赫尔曼在 1910 年出版的《中国和叙利亚间的古代丝绸之路》一书，在概括李希霍芬的“丝绸之路”时指出：“‘丝绸之路’这个名词大概最早是李希霍芬在用，且专指那条中亚丝绸之路，即公元前一一四年至公元一二七年间中国同乌浒水、药杀水附近的国家，同印度之间进行丝绸贸易的中亚丝绸之路。”[②] 赫尔曼所说的乌浒水就是阿姆河，药杀水就是锡尔河，这两条河之间的大片土地以泽拉夫善河为中心，有萨马尔罕和片治肯特等古代遗址，正是历史上著名的河中地区。

由此可知，赫尔曼将李希霍芬的“丝绸之路”概括为公元前 114 年至公元 127 年间，中国与乌浒水（阿姆河）、药杀水（锡尔河）附近的

---

① 唐晓峰《李希霍芬的“丝绸之路”》，《读书》2018 年第 3 期，第 64—72 页。

② 杨俊杰《“弄丢”了的丝绸之路与李希霍芬的推演》，《读书》2018 年第 5 期，第 26—27 页。李希霍芬的演讲题目，杨俊杰译为“论截止公元二世纪为止的中亚丝绸之路”。

国家及其同印度之间进行丝绸贸易的道路。日本学者长泽和俊将乌浒水（阿姆河）、药杀水（锡尔河）附近的国家概括为“河中”地区，这是正确的。雪犁主编《中国丝绸之路辞典》、林梅村的《丝绸之路考古十五讲》，又将“河中”加注为“指中亚阿姆河与锡尔河之间”，从而演变为今天流行于学界的所谓李希霍芬关于“丝绸之路”的经典定义。

因为《中国》一书写有关中西交往的篇章是从第454页开始的，即“Oeffnung des Weges nach Westen（走向西方之路的开启）”，所以从长泽和俊开始就直接注明是引自李希霍芬的《中国》1877年版第454页，从而造成了误导。

第二章 “丝绸之路”的地理基础——西北史地

当代我国西部的范围有不同的表述。1986 年以前，我国大的区域，基本上分为东部和西部。“七五”时期，基于地理位置和经济相结合的原则，改为东部、中部和西部；90 年代以后，一般将中部和西部统称为“中西部”；2000 年，在党中央、国务院正式提出实施西部大开发战略的过程中，考虑到广西和内蒙古在民族特点、经济发展状况、地理区位特点等因素，将西部地区按西部大开发战略扩大为包含广西和内蒙古在内的 12 个省、市、自治区和新疆生产建设兵团。

按区域划分，西北地区包括陕西、甘肃、青海省和新疆维吾尔自治区、宁夏回族自治区。我们讨论的西北史地，从地域上看，主要以西北地区的新疆、甘肃、青海为主，也涉及宁夏、内蒙古的部分地区。

第一节 东方学背景下的“西北史地学”

“东方学”是在西方对东方的侵略、占领中出现的一门以研究东方历史、地理、语言、民族、文化为重点的学科群，它以历史比较语言学作为治学的主要方法。“西北史地学”是面对俄英等帝国主义对我国西北边疆的觊觎、蚕食和占领，我国学者“经世致用”，自发地从事有关问题的研究。两者兴起的时间和学科的特点相近，研究的方法也类似。

一、东方学及其出现的背景

自从萨义德的《东方学》出版以来，东方学成了一门世界关注的学问。通览萨义德的《东方学》，可以看出他所谓的“东方学”是指西方“帝国主义”者在文字表述中用他们的眼光加诸欧洲人眼中被侵略和被殖民地区之东方，主要是埃及和印度。

萨义德在《东方学》中说：“东方学在殖民统治之前就为其进行了合理论证，而不是在殖民统治之后。”当然这种论证“离不开无数的航海探险与地理发现；离不开贸易和战争”。更离不开18世纪中叶开始的东西关系的重要特征，即“在东方与欧洲的关系中，欧洲总是处于强力地位，更不必说优势地位”，他们认为“东方是非理性的，堕落的，幼稚的，‘不正常的’；而欧洲则是理性的，贞洁的，成熟的，‘正常的’。”①

东方学正是伴随着欧洲的殖民侵略进程而发展，“东方学在研究体制和内容上获得巨大进展的时期正好与欧洲急遽扩张的时期相吻合……两个最大的殖民帝国是英国和法国”。② 正如萨义德所说：“东方学是一通用的术语，用以描述西方向东方一步一步的入侵；东方学是一个学科，通过这一学科，作为学术、发现和实践话题的东方过去曾经被（现在仍然被）西方系统地进逼……东方学一词在这两种意义上的使用，使欧洲得以安全地、实实在在地向东方挺进。”③ 如“近东与欧洲关系的主调由拿破仑1798年对埃及的入侵所奠定”④“他的埃及计划开了欧洲此后与东方的一系列遭遇之先河，在这些遭遇中，东方之专业知识被直

---

① ［美］萨义德《东方学》，王宇根译，北京：生活·读书·新知三联书店，1999年，第49页。

② ［美］萨义德《东方学》，第51页。

③ ［美］萨义德《东方学》，第94页。

④ ［美］萨义德《东方学》，第52页。

接服务于殖民的目的”。[1]

萨义德《东方学》

埃及学的诞生，与拿破仑18世纪末远征埃及有着直接关系。由于拿破仑本人十分重视埃及古迹，在其南下进军埃及之前，就制定了研究埃及的计划，精心挑选了由考古学家、东方学家、天文学家、几何学家、化学家、物理学家、矿物学家、文学家、工程师和画家组成的167人的庞大科学艺术考察团，负责对埃及进行详细调查，包括调查埃及的地理、动植物状况，当地人的生活习俗，尤其是调查埃及古代的建筑物。一踏上埃及的国土，考察团的学者们就认真担负起搜集和研究埃及历史文物的重任，并在开罗成立了埃及研究院。[2] 而“拥有众多化学家、历史学家、生物学家、考古学家和文献收藏家的埃及研究院实际上成了拿破仑军队的‘学术部’。其攻击性并不比作战部小：将埃及转变为现代法国”。[3]

1799年8月，法军在尼罗河支流罗塞达入海口附近修筑防御工事时，掘出了一块有稀奇古怪文字的石碑断片。这块石碑就以发现它的地点被命名为“罗塞达石碑”。它上面有三种不同的文字：上部是古埃及

① ［美］萨义德《东方学》，第104页。

② 参阅令狐若明《埃及学：一门近代新兴学科的诞生》，载《史学集刊》2002年第4期。

③ ［美］萨义德《东方学》，第108—109页。

象形文字；中间是当时欧洲学者还弄不明白的一种完全陌生的文字，即古埃及后期的一种被称为世俗体的草体文字；下面是古希腊文字。拿破仑下令将其运到开罗的埃及研究院，并从巴黎召来两名专家，制成了几件复制品，将拓片分别送给欧洲一些知名的考古学家和历史学家进行研究。

收藏在英国博物馆的罗塞达石碑

1822 年 9 月 29 日，法国学者让-弗朗索瓦·商博良在巴黎科学院召开的重要会议上宣读了《关于象形文字语言的字母给 M. 达西尔先生的信》，宣布象形文字释读成功。欧洲许多国家的著名学者都出席了这次会议，这一天是公认的一门新兴学科——埃及学的诞生日。[①]

印度学的出现也有相同的背景，由于印度是英国的殖民地，所以印度学在英国发展最早，其最初的研究者有印度总督哈斯汀斯（1732—1818 年）、殖民官员威尔金斯（1749—1836 年）、孟加拉最高法院判事琼斯（1746—1794 年）等。尤其是琼斯派强调从实地踏查和语言学习入手研究印度，

① 参阅令狐若明《埃及学：一门近代新兴学科的诞生》，载《史学集刊》2002 年第 4 期。

对早期印度学的发展有很大影响。[1]

英国学者琼斯早年主要研究波斯和阿拉伯的语言文化，当英国占领印度后，他于1783年到了印度，很快掌握了梵文，并展开对印度学的研究。1784年1月15日，在琼斯的动议下，学者们在加尔各答召开了会议，宣告世界上第一个专门研究东方学的学术组织——亚洲学会成立。在琼斯创建亚洲学会之后，法、英等国也纷纷建立了自己的亚洲学会或东方学会，引发了一股世界范围内东方学研究的热潮。琼斯在印度学上的继承人科尔布鲁克从印度回国后于1823年创建了英国皇家亚洲学会。可以说，亚洲学会的建立是东方学兴起的重要标志之一。

作者参观罗塞达石碑（2019年4月）

“琼斯打开了梵语的大门，同时也打开了印度文化的大门，奠定了印度学的基础。”“他论证了梵语和希腊语、拉丁语以及哥特语、凯尔特语、古波斯语的相似性和亲缘关系，拉开了历史比较语言学的序幕。”历史比较语言学是19世纪语言学的主流，其发展反过来又推动了东方学的发展。[2]

① 参阅高山杉《佛书料简》，杭州：浙江大学出版社，2012年，第147—148页。

② 参阅于俊青《威廉·琼斯与东方学的兴起——兼论其东方文学与世界文学观念》，载《山东社会科学》2011年第10期。

亚述学是研究两河流域（包括今伊拉克境内幼发拉底河、底格里斯河中下游地区和叙利亚东北部地区）及邻近地区出土文献的综合人文学科，涉及古代西亚的政治、经济、历史、法律、文学及艺术等各方面。

西方帝国主义对东方的入侵，再加上东方文献，如梵文、古波斯文、阿拉伯文等文献的发现，西方对东方的认识似乎重新被唤醒。

“随着拿破仑入侵埃及这类事件的发生，作为西方知识承载体的东方被现代化了。”“所有的东方学者都跃跃欲试，想把他们的发现、经验和洞见用现代词汇恰当地表达出来，使与东方有关的观念与当代现实紧密地联系在一起。”①

综上所述，东方学是在 19 世纪上半叶西方殖民主义向东方侵略过程中逐渐形成、发展起来的，它没有一定的学科体系和理论架构，研究的对象也十分分散而不确定，并根据需要不断在转换研究重点和地域。

二、西北史地学出现的背景

在东方学的形成、发展时期，我国正遭受着英、俄等帝国主义的入侵，一些有识见的知识分子开始关注西北边疆，正如王国维所说：“我朝三百年间，学术三变。国初一变也；乾（隆）嘉（庆）一变也；道（光）咸（丰）以降一变也。”“道咸以降，途辙稍变，言经者及今文，考史者兼辽、金、元，治地理者逮四裔，务为前人所不为，虽承乾嘉专门之学，然亦逆睹世变，有国初诸老经世之志。故国初之学大，乾嘉之学精，道咸以降之学新。”② 道咸间学术嬗变的重要标志，就是西北史地之学的兴起。③

① ［美］萨义德《东方学》，第 53 页。

② 王国维《沈乙庵先生七十寿序》，《观堂集林》卷二十三，石家庄：河北教育出版社，2002 年，第 720 页。

③ 参阅张克非《中外学术界对丝绸之路的“发现”及其启示》，载郑炳林、尹伟先主编《2010 丝绸之路与西北历史文化学术讨论会论文集》，兰州：甘肃人民出版社，2013 年，第 78 页。

清代前期，由于我国西北边疆形势严峻，唤醒了清朝官方和私家学者对西北史地研究的兴趣，而沙皇俄国对我国西北边疆的觊觎和侵略，则直接刺激了西北史地研究。“大约从嘉庆中期开始，由于西北边疆经常动荡不定，西北边疆地理研究之风开始悄然而起，并很快弥漫开来，成为一股引人注目的士林风尚。当时首开这股学风的是祁韵士和徐松。”①

乾嘉时期，学风已经开始发生变化，“经世”的命题逐渐得到学者们的认同，如赵翼对王朝兴衰治乱的探索、俞正燮重视探讨与现实关系密切的问题、章学诚提出了“史学经世”“六经皆史”的命题等。也正是在这种背景下，龚自珍在嘉庆末年开始了西北史地的研究，而“讲求现实针对性、主张制度变易、重视内政治理”正是龚自珍西北史地研究的主要特点。②

道光（1821—1850 年）初年，“在经历了乾嘉两朝的学术积累、嘉道之际的学风转变之后，西北史地研究终于由起而兴，由潜而显，开始形成后人所说的‘显学’局面”。当时在“京城中开始聚拢起一批研究西北、关注西北的人们，他们相为师友、切磋讨论，形成以龚自珍和徐松为中心、以西北史地为话题的师友交游群”。③

综观清末的“西北史地学”研究，一个显著的特点是一批遣戍新疆的知识分子从事调查、研究和著述。如洪亮吉、祁韵士、徐松、邓廷桢、林则徐等，他们虽然因罪被遣戍新疆，但由于学识广博，长期在朝廷为官，了解国家乃至国际大势，又能审时度势，发挥自己的长处和能力，在遣戍新疆期间及其后，撰写了一批供政府参考决策的咨政报告和学术著作，客观上促进了西北史地学的研究。

---

① 郭双林《西潮激荡下的晚清地理学》，北京：北京大学出版社，2000 年，第 80 页。

② 参阅郭丽萍《绝域与绝学——清代中叶西北史地学研究》，北京：三联书店，2007 年，第 134 页。

③ 《绝域与绝学——清代中叶西北史地学研究》，第 135 页。

清代文臣遣戍新疆，与其他朝代及罪犯完全不同，他们有较大的自由度，并能得到当地长官的优待。如纪昀（晓岚）在遣戍新疆经过乌鲁木齐时，随身带有仆夫 4 名、犬数只，到乌鲁木齐后，也是为地方长吏执掌文牍；洪亮吉遣戍新疆，居停未及百日即奉谕召还；祁韵士被遣戍新疆伊犁后，曾奉伊犁将军松筠之命，编纂了《西陲总统事略》；徐松遣戍新疆后，也是在松筠的支持下，赴新疆各地实地考察，在祁韵士《西陲总统事略》的基础上，完成了《新疆识略》等；林则徐在遣戍新疆期间，也是赴各地调查，提出了许多有识见的建议。①

从学术史的角度考察，清代的西北史地之学，与汉代的西域和辽、金、元三史的关系最为密切。

清代的新疆，相当于狭义的西域。从现有史料可知，汉武帝以后，可能从汉宣帝任命郑吉为“西域都护”开始，才正式使用“西域”这个词。汉代的“西域”仅仅是指中国新疆的南疆和东疆的吐鲁番和哈密，唐代时已包括了今天新疆的大部分地区。清朝乾隆时，西域已被称作新疆，嘉庆时，新疆一名已经完全代替了西域。② 因此，在清代的西北史地研究中，首先就是对《汉书·地理志》和《汉书·西域传》的研究，如徐松的《汉书西域传补注》、祁韵士的《西域释地》等。但不可否认，他们所研究西域的范围，仅限于《汉书》《后汉书》所记载的内容，也就是狭义的西域，而且主要还是基于对清代乾隆文治武功的自豪和赞扬。随着 19 世纪以来新疆地区形势的不断恶化，如张格尔之乱、陕甘回民起义、阿古柏对新疆的入侵，尤其是英、俄帝国主义对新疆的觊觎和争夺，使西北边疆危机重重。在这种内忧外患的时代背景下，学者们经世致用，在西域研究方面更加注重周边的国家和地区，特别是中

① 参阅赵俪生《徐松及其〈西域水道记〉》，原载《兰州大学学报》1992 年第 4 期，此据赵俪生《弇兹集》，兰州：兰州大学出版社，2011 年；吴廷桢、刘进宝《略论林则徐对西北边患的预见》，载《西北史地》1984 年第 2 期。

② 参阅刘进宝《东方学视野下的“丝绸之路”》，载《清华大学学报》2015 年第 4 期。

俄之间的边界，其代表成果就是李光廷的《汉西域图考》。[①]

由于清代乾嘉朴学的兴盛，考据之风也渐渐漫入辽、金、元三史的研究。由于辽、金、元三朝起自北方，对辽、金、元三史的研究，也就进一步深化了西北史地之学。[②] 而辽、金、元朝都属于少数民族建立的政权，因此北方民族史尤其是对蒙古族的研究，就成了西北史地学的重要内容。再加上元朝地跨欧亚，对西北史地的研究自然也会涉及元史。这正如刘禺生在谈到晚清的学术风尚时所说：“当时诸贤，承乾、嘉学者训诂、考订、校勘之后，毅然别开门面，有志于辽、金、元三史，及西北舆地之学……后至同、光，流风未坠，皆以研究西北舆地为最趋时之学。”[③] 由于鸦片战争的影响，西北史地研究者的治学方向也发生了变化，即开始了向域外史地学和蒙元史研究的转变。如魏源的《圣武记》《海国图志》《元史新编》，张穆的《蒙古游牧记》，何秋涛的《朔方备乘》等。正是在这种背景下，道咸时期就已经形成了一股研究俄罗斯史地和蒙元史的风气。而徐松、张穆、沈垚、何秋涛和龚自珍等人的蒙元史研究已经为西北史地与蒙元史研究的相结合打下了良好的基础，魏源则在他们的推动下完成《元史新编》，成为清代全面重修《元史》的第一人。[④]

由以上所述可知，我国“西北史地学”的兴盛，与西方“东方学”的发展几乎是同步。在西方殖民势力向东方扩张的同时，产生了研究东方民族历史语言和文化的学科——“东方学”。“东方学”的出现固然

① 参阅李军《西北史地学巨著〈汉西域图考〉论略》，载《鲁东大学学报》2015 年第 1 期。

② 参阅周丕显《清代西北舆地学》，载周丕显著《敦煌文献研究》，兰州：甘肃文化出版社，1995 年。

③ 刘生禺《世载堂杂忆》，钱实甫点校，北京：中华书局，1997 年，第 36—37 页。

④ 参阅贾建飞《清代西北史地学研究》，乌鲁木齐：新疆人民出版社，2010 年，第 117 页。

是为殖民利益服务的，但其本身也包含许多科学的成分。此时的中国，自从清代乾隆平定西北以来，学术界中也产生了一个以研究西北边疆地区民族历史与地理为重点的分支学科，这就是“西北舆地学”或“西北史地学”。正是“随着西方列强步步入侵，大片国土一步一步地沦入他手，一些爱国知识分子通过对边疆史地的研究，寄托自己的爱国之情”。①

正是由于清季以来的西北边疆危机，沙皇俄国对我国西北边疆的侵略，俄英帝国主义在帕米尔地区的争夺，尤其是鸦片战争以后，沙俄加快了在中国西北的侵略步伐，通过《中俄勘分西北界约记》割占了中国西北的大片领土，并进一步强占伊犁，觊觎南疆，逼迫清政府签订《中俄改订条约》，中俄间的界务交涉日益增多。② 面对西北边疆的危机，学术界“经世致用”，关注西北边疆、研究西北边疆，使“西北舆地之学”“遂成道光间显学”，③ “一时风会所趋，士大夫人人乐谈，如乾、嘉之竞言训诂音韵焉”。④

“西北史地学”的重要特点就是“经世致用”，龚自珍、魏源等人对西北史地的研究，就是为了解决西北的现实问题，如龚自珍的《西域置行省议》、沈垚的《新疆私议》都是很有现实针对性的。鸦片战争后，由于帝国主义对我国的侵略，西北边疆的危机更加严重，出现了《元史新编》《蒙古游牧记》《朔方备乘》等著作。林则徐甚至还喊出了“终为中国患者，其俄罗斯乎”的呼声。⑤ 此种关注一直待续到光绪

① 刘迎胜《纪念韩儒林师》，见陈得芝等编《朔漠情思——历史学家韩儒林》，南京：南京大学出版社，2000 年，第 117 页。

② 参阅侯德仁《西北史地学》，载卞孝萱、胡阿祥、刘进宝主编《新国学三十讲》，南京：凤凰出版社，2011 年，第 684 页。

③ 梁启超《中国近三百年学术史》，长沙：湖南人民出版社，2010 年，第 309 页。

④ 梁启超《中国近三百年学术史》，第 311 页。

⑤ 参阅吴廷桢、刘进宝《略论林则徐对西北边患的预见》，载《西北史地》1984 年第 2 期。

（1875—1908 年）年间，陈寅恪先生回忆说：“曩以家世因缘，获闻光绪京朝胜流之叙论。其时学术风气，治经颇尚公羊春秋，乙部之学，则喜谈西北史地……西北史地以较为朴学之故，似不及今文经学流被之深广。惟默察当今大势，吾国将来必循汉唐之轨辙，倾其全力经营西北，则可以无疑。”①

鸦片战争后，随着民族危机的加剧，研究西北边疆便成了当时知识分子关心国事的一种方式。“20 世纪前半叶，王国维、陈寅恪、陈垣诸前辈开辟新径，把乾嘉以来‘西北舆地之学’的考据传统与西方近现代‘东方学’的研究方法结合起来”。② 其突出表现就是利用历史比较语言学的方法从事西北史地及蒙元史的研究。

如果从“西北舆地之学”与“东方学”的关系来说，东方学的传入，进而直接影响到中国近代学术，时间上应在清末民初。而“西北舆地之学”的兴起主要在道光年间，两者是有明显时间差的。因此说，我国“西北舆地之学”由经史之学的分支逐步过渡为现代分科之学的科学研究，明显受到了西方“东方学”的影响。反过来，我国“西北舆地之学”的兴盛为东西学术沟通与西方“东方学”的扩展提供了对话平台。而从研究领域看，西方的“东方学”与我国的“西北舆地之学”则有相当多的交叠之处。

三、西北史地学与蒙元史

虽然东方学是随着西方殖民主义对东方的侵略而产生的，但西方学者所研究的东方主要是文本中的东方，即对各种东方文献的研究。东方学及其有关的学科能够在 19 世纪大放异彩，也是因为历史比较语言学

① 陈寅恪《朱延丰突厥通考序》，载《陈寅恪集·寒柳堂集》，北京：三联书店，2001 年，第 162 页。

② 刘中玉《改革开放三十年的古代中外关系史研究》，载中国社会科学院历史研究所编《改革开放三十年的中国古代史研究》，北京：中国社会科学出版社，2010 年，第 394 页。

是当时西方学术的主流，对各种新发现的东方文献比较研究和解读，恰好符合当时世界学术的新潮流。

比较语言学是 19 世纪末 20 世纪初西方学术的主流。我国的许多学者如陈寅恪、韩儒林、于道泉、季羡林、耿世民等，都懂得多种语言及专门学问，并且能自由运用。

伴随着欧洲东方学的兴盛，我国的一些学者赴欧游学，并在 20 世纪二三十年代，引进并确立了审音勘同也即历史比较语言学的原理和方法。其后，比较利用汉文史料与阿尔泰语系诸史料研究西北边疆史地、蒙元历史渐成风气，如冯承钧、陈寅恪、岑仲勉、张星烺、方庄猷、韩儒林、邵循正、翁独健、王静如、冯家昇等等，在考释古文献和审音勘同方面贡献良多。他们大都掌握了多种东西方语言文字，同时借鉴国外东方学的学术成果和研究方法（特别是历史语言比较方法），利用各种文字史料对种族氏族、语言文字及名物制度进行比勘和审订。可以说，历史比较语言法的引入，大大拓宽了国内学者的学术视野和研究领域。①

例如陈寅恪先生在欧洲留学多年，能够善于把握学术新潮流，不论是西北史地研究，还是蒙藏绝学探讨，都能够站在学术前沿。二三十年代陈先生学术研究的重点就是运用比较语言学研究西北史地和民族问题。如在《童受喻鬘论梵文残本跋》中曰："昔年德意志人于龟兹之西，得贝叶梵文佛教经典甚多，柏林大学路得施教授 Prof. Henrich Liiders 检之，见其中有大庄严论残本。寅恪尝游普鲁士，从教授治东方古文字学，故亦夙闻其事。"② 1932 年也曾说："吾国人治其学（西夏语）者绝少，即有之，亦不过以往日读经石刻辞之例，推测其文字而已，尚

① 参阅刘中玉《改革开放三十年的古代中外关系史研究》，载中国社会科学院历史研究所编《改革开放三十年的中国古代史研究》，第 395 页。

② 原载 1927 年《清华学报》四卷二号，此据《金明馆丛稿二编》，上海：上海古籍出版社，1982 年，第 207 页。

未有用今日比较语言学之方法，于其同系语言中，考辨其音韵同异，探讨其源流变迁，与吾国语言互相印证发明者。”[①] 其关于西夏文的解读、“敦煌学”的提出，都是在此背景下的产物。

由于西北史地研究涉及许多蒙元史的问题，因此，“西北舆地之学”的一个特点是与蒙元史的研究“相并发展，如骖之有靳”[②]，相互推动。自从晚清西北史地之学兴起以来，蒙古史研究日益受到我国学者重视。但由于不能通解多种民族的语言文字的译名，因而往往产生疏误。自 20 世纪 30 年代以来，由于转入专题研究和对音勘同方法的利用，我国的蒙古史研究，进入了一个新的阶段，王国维和陈垣、陈寅恪等先生就是这个新阶段的开拓者。如陈寅恪首先应用了西方汉学家对音勘同的译名还原方法，在 1930—1931 年陆续发表了四篇论文，对《蒙古源流》一书作了多方面的研究。[③]

另如韩儒林先生对西北民族史的研究就是一个显著的个案，如果我们将韩儒林先生的论著目录列出来，就能看到元史与西北民族史研究的紧密结合。韩儒林先生 1982 年 3 月在自选集《穹庐集》自序中说：“20 年代时我在北京大学读书，有几位师长常常指导我去读一些外国东方学家的著作，我渐渐从他们的治学方法中扩大了自己的视野，对我国西北舆地之学兴趣越来越浓厚。于是我就进一步注意这方面的中外著作，逐步得出了这样的印象：嘉道以后，我国学者在西北舆地之学方面的成就是很高的，可是由于受时代的拘限，没能进一步利用新材料，采取新方法，出现了停滞不进的状况，生命力就渐渐丧失了。例如清末西北舆地学家在古代译名的审音勘同问题上，常用音

---

① 陈寅恪《西夏文佛母大孔雀明王经夏梵藏汉合璧校释序》，原载 1932 年《历史语言研究所集刊》第二本第四分，此据《金明馆丛稿二编》，第 198 页。

② 梁启超《中国近三百年学术史》，第 311 页。

③ 参阅蔡美彪《陈寅恪对蒙古学的贡献及其治学方法》，载《历史研究》1988 年第 6 期。另见蔡美彪《学林旧事》，北京：中华书局，2012 年，第 46—47 页。

差、音转、音讹、急读来解决问题，读起来叫人产生雾里看花、牵强附会之感，不能令人信服；西方有成就的学者则别开蹊径，用汉语古音与民族语言或异国语言互相比对，进行解说，简单明了，耳目一新，另是一种境界。因此，我就遵照师长们的教导，开始从事当日所谓不中不西之学了。”

据南京大学元史研究室编《韩儒林文集》① 所附《韩儒林先生年谱》载：1919 年（16 岁）考入开封留学欧美预备学校，三年中主要学习法文；1923 年，入北京大学预科学习；1925 年入北京大学哲学系本科学习，在陈垣、陈寅恪的指导下，阅读外国东方学著作，对我国西北舆地之学有了浓厚兴趣；1933 年（30 岁）8 月，启程经法国至比利时，入鲁文大学学习世界中古史、西方资产阶级史学方法，与教士丁谷鸣（Vinent de Paul Martin）等互教中文与法文、拉丁文等；1934 年秋，转学至巴黎大学法兰西学院，从汉学权威伯希和（P. Pelliot）学金帐汗国史及中亚文字，同学中有邵循正、陆侃如诸君；同时，又习土耳其文于东方语文学校，同学中有于道泉君；1935 年春，转学至柏林大学东方语文研究所，学习波斯文、蒙文；1936 年夏，离柏林回国。

由此可知，韩儒林先生从伯希和攻读蒙古史、中亚史，研习波斯文和蒙、藏、突厥等语言文字，后又到德国柏林大学学习。留学欧洲的三年，正是韩儒林“融通西方史家研究方法与中国传统治史方法的学术关键时期”，他所说的“审音勘同”的研究方法“实际上是当时欧洲大陆人文科学领域兴起的历史语言比较研究模式，以此方法进行研究的诸多学问被国内学者称之为‘不中不西之学’”。②

---

① 江苏古籍出版社，1988 年。

② 王晓清《中华第一部〈元朝史〉主编——韩儒林学述》，载《社会科学报》2000 年 1 月 6 日；又见陈得芝等编《朔漠情思——历史学家韩儒林》，第 195—198 页。

历史比较语言学正是当时西方学术界的新潮流，而韩儒林、翁独健、邵循正等先生“皆曾留学欧美，熟谙现代西方语文及蒙古文与波斯文，具有研究元史所必须的语文修养。在学风上，一方面继承钱大昕、洪钧以来蒙元史传统，另一方面皆为伯希和的弟子，而伯希和正是以渊博的语文知识和绵密的考证方法蜚声于世的法国东方学大师”。[①] 韩儒林先生“在蒙元史方面的许多考证成果，主要是直接用波斯、阿拉伯史料原文与汉文、蒙文史料相互比勘校订，从历史学和语言学两方面进行辨析，使数十年来元史学者聚讼不决的一些难题得到解决，订正了中外史料以及前人著述中的许多谬误”。[②]

四、西北史地学的研究对象

前已述及，东方学是在西方殖民主义向东方侵略过程中逐渐形成、发展起来的一个学科群，其形成、发展过程中的一个显著特点就是历史与现实的紧密结合，即根据需要对被占领地区的历史文化进行探讨。虽然西方一些有地位、有声望的学者加入东方学的研究行列，但作为一门新学科的东方学还未建立自己的理论范式，没有本学科的理论和研究范围，正因为如此，东方学就“容易受到西方时髦的、风行一时的理论思潮的影响。比如，东方学就曾受到帝国主义、实证主义、乌托邦主义、历史主义、达尔文主义、种族主义、弗洛伊德主义、马克思主义和斯宾格勒主义等理论的影响”。[③]

东方学是一个不断发展、壮大的学科，其最初的研究地域是埃及和印度，后来不断扩大，逐渐包含了亚洲、北非；涉及的文字也很多，可以说包含了东方所有的文字，如印度的各种方言、阿拉伯语、希伯来

---

① 萧启庆《韩儒林与大陆的元史研究》，原载《蒙元史新研》，此据陈得芝等编《朔漠情思——历史学家韩儒林》，第 188—189 页。

② 陈得芝《穹庐集前言》，载韩儒林《穹庐集》，石家庄：河北教育出版社，2000 年。

③ ［美］萨义德《东方学》，第 53 页。

语、钵罗钵语（Pehlevi）、亚述语、巴比伦语、蒙古语、汉语、缅甸语、美索不达米亚语、爪哇语等；研究的范围可以说是包含了所有的领域，即从文献的编译到钱币学、人类学、考古学、社会学、经济学、历史学、文学和文化学研究，包括从古到今任何已知的亚洲文明和北非文明。[①] 由此可见，东方学是一个包含范围很广，没有系统、没有体系，缺乏理论建构的学科，在国际学术界享有盛誉的国际东方学家大会改名为亚洲北非研究人文科学大会，就是一个很好的说明。[②]

与东方学相类的“西北史地学”，也是一个包含范围很广，没有系统、没有体系，缺乏理论建构的学科。

在郭双林看来，西北史地学主要就是对新疆史地的研究。他认为祁韵士《西陲总统事略》和徐松《新疆识略》的相继问世，标志着嘉道之际西北舆地学的兴起。1820 年徐松被赦还后，西北舆地学研究的中心也由伊犁移到京师，而且几乎是围绕徐松展开的。在这批西北舆地学家中，除祁韵士、徐松外，成就较大者当推龚自珍、沈垚、魏源和张穆。[③] 这些成果自然都是有关新疆问题的研究。后来他又明确指出：“当时西北地理学研究的范围，并不限于西域，而且还包括内外蒙古，有时甚至涉及到西藏。……但总的说来，人们研究的主要对象是西域和蒙古两个地区。”[④] 而研究的主要目的则是经世致用。“若论经世致用，还当数龚自珍的《西域置行省议》、沈垚的《新疆私议》和魏源的《答

① 参阅［美］萨义德《东方学》，第 64—65 页。

② 国际东方学家大会于 1873 年创建于法国巴黎，次年在英国伦敦举行了第二次大会。此后一般是每隔二至三年召开一次，1908 年以后，基本上是三至四年召开一次。1976 年 8 月在墨西哥城召开的第 30 届大会上改名为“国际亚洲和北非人文科学大会”，1983 年八九月在日本东京、京都召开了第 31 届大会，1987 年 8 月在汉堡举行第 32 届大会，1990 年 8 月在加拿大多伦多举行第 33 届大会。自 1993 年在香港举行的第 34 届开始，基本上是每四年召开一次。

③ 参阅郭双林《论清嘉道年间的西北舆地学》，载《河南大学学报》1993 年第 1 期。

④ 郭双林《西潮激荡下的晚清地理学》，第 83 页。

人问西北边城书》三文。这三篇文章，与其说是地理学著作，毋宁说是政论文章。”[①] 由此可知，郭双林虽然将西北史地学的范围扩展到了蒙古，甚至西藏，但研究的内容还是西域（新疆）。

侯德仁也持大体相同的看法，他在由其博士论文深化的《清代西北边疆史地学》[②] 一书中，对“西北”的定义是“主要指新疆地区，并包括内、外蒙古”[③]，但其研究的内容则基本上都是新疆。认为乾隆年间官修《西域图志》，标志着清代西北边疆史地学的兴起，以祁韵士、徐松一系列研究成果，如《西陲总统事略》《西陲要略》《新疆识略》《西域水道记》的完成，标志着清代西北边疆史地学的进一步发展。1911 年，《新疆图志》的纂修成书，则是清代西北边疆史地学终结的标志。在《西北史地学》[④] 中，侯德仁提出“西北史地学，是指研究我国西北地区历史地理问题的一门学问”，但其所研究的内容还是新疆。由此可知，侯德仁所说的“西北边疆史地学”“西北史地学”实际上是指新疆史地研究。

贾建飞也持基本相同的观点，他将“西北”的地域范围限定在狭义的“西域”，即玉门关、阳关以西，葱岭以东，阿尔泰山以南，昆仑山以北的广大地域。“后来，由于蒙元史研究的兴起和发展，西北史地研究的地域范围又扩及今内、外蒙古和青海等地区。”[⑤]

齐荣晋认为，“西北舆地学”中的“西北”是指中国的“西域”和“长城以北”的地方。[⑥]

---

① 郭双林《西潮激荡下的晚清地理学》，第 93 页。

② 侯德仁《清代西北边疆史地学》，北京：群言出版社，2006 年。

③ 侯德仁《清代西北边疆史地学》，第 3 页。

④ 侯德仁《西北史地学》，载卞孝萱、胡阿祥、刘进宝主编《新国学三十讲》，南京：凤凰出版社，2011 年。

⑤ 贾建飞《清代西北史地学研究》，乌鲁木齐：新疆人民出版社，2010 年，前言第 1 页。

⑥ 参阅齐荣晋《张穆的学术准备及思想走向——兼论清朝西北舆地学》，载《晋阳学刊》2003 年第 3 期。

胡逢祥认为："西北史地学，原本就是一个内涵不断拓展的研究领域，即从最初的蒙元史地研究，到整个西北边疆史地及民族史，乃至中西交通史（包括西北、西南陆路和南海交通史）和中亚西亚一带的古地理、民族和语言等研究。这种发展态势的形成，既与近代以来国家边防和外交危机的刺激有关，也是日趋兴盛的国际汉学和'东方学'冲击的结果。"①

胡逢祥先生将西北史地学的研究与国际汉学和东方学相结合，应该说比较符合西北史地学的发展实际，即不断拓展：从蒙元史地到整个西北边疆，同时还包括中西交通史并扩展到中亚西亚。其研究的对象除了传统的历史学和历史地理外，还包括民族与语言。

与"东方学"一样，"西北史地学"也没有自己的学术理论，研究的重点和方向也随着时代的变化在变化，但与"东方学"主要是研究东方国家的历史、语言、民族、文化一样，"西北史地学"也主要是研究我国西北地区的历史、地理、语言、民族、文化等。作为"西北史地学"研究范围的"西北"，基本上是固定的，即新疆、甘肃、内蒙古、青海、宁夏五省区，这与今天西北五省区的行政区划是不同的。在历史上或具体的研究中，"西北"的概念可能会有少许的变化，有时会涉及陕西、西藏的部分地区，但基本的界限还是比较明确的。

由于"西北史地学"不是一门有系统、成体系的学科，其研究的重点和范围也与其他的学科有重叠或交叉，如"敦煌学""丝绸之路学""西夏学""蒙古学""突厥学"等，因此，有时候很难界定其中的关系。如果将其放在"汉学"的视野下或框架中，可能更符合其学科特点！？

① 胡逢祥《沈曾植与晚清西北史地学》，载《史学史研究》2014 年第 1 期。

第二节 “西城”还是“西域”?
——《史记·大宛列传》辨析

一、历史上的“西域”

“西域”一名，在《史记》卷一百一十一《卫将军骠骑列传》中就已出现：即占据河西的匈奴浑邪王等降汉后，汉武帝在褒奖霍去病时就有“骠骑将军去病率师攻匈奴西域王浑邪，王及厥众萌咸相犇……”①，如果将此处的“匈奴西域”，理解为“匈奴西边”的话，可能更准确一些。因为《史记》在记述汉武帝的褒奖前有事情的原委：“其秋，单于怒浑邪王居西方数为汉所破，亡数万人，以骠骑之兵也。单于怒，欲召诛浑邪王。”这里就明确说是浑邪王“居西方”。匈奴的王庭在北边大漠之中，浑邪王所居之河西走廊显然是在西边，故曰“居西方”。当浑邪王投降后，汉“减陇西、北地、上郡戍卒之半，以宽天下之徭”②，就是因为这几个地区北临匈奴的缘故。同一件事，在《史记》卷一百一十《匈奴列传》记载：“其秋，单于怒浑邪王、休屠王居西方为汉所杀虏数万人，欲召诛之。”当浑邪王降汉后，“则陇西、北地、河西益少胡寇”。③

当匈奴冒顿单于“西击走月氏，南并楼烦、白羊河南王”后，就“南与中国为敌国”。匈奴以左为上，置左右贤王……左右大当户，左右骨都侯等。并将其统辖的蒙古高原分为三个区域：左部、右部和直接管辖地（单于庭）。匈奴“诸左方王将居东方，直上谷以往者，东接秽貉、朝鲜；右方王将居西方，直上郡以西，接月氏、氐、羌；而单于之

---

① 《史记》，北京：中华书局，1982年，第2933页。

② 《史记》，第2933页。

③ 《史记》，第2909页。

庭直代、云中”。[①] 据“索隐”：“直为值。值者，当也。”也就是说，匈奴的西边与月氏、氐、羌相接，南面面对着秦汉王朝。

另如《史记》卷一百二十三《大宛列传》载，元狩元年（前122年）“汉遣骠骑破匈奴西域数万人，至祁连山”。[②] 同一件事，在《汉书·张骞李广利传》则记为“是岁，骠骑将军破匈奴西边，杀数万人，至祁连山”。[③]《史记》卷一百二十三《大宛列传》中的“匈奴西域”，在《汉书·张骞李广利传》又成了“匈奴西边”。[④]

再如《汉书·西域传》说：“其后骠骑将军击破匈奴右地，降浑邪、休屠王，遂空其地。”这里的“匈奴右地”就是“匈奴西边”的意思。

《史记》卷一百一十一《卫将军骠骑列传》和卷一百二十三《大宛列传》中出现的“匈奴西域”应该是“匈奴西方”或“匈奴西边”，即“匈奴西域”“匈奴西方”和“匈奴西边”都是指匈奴的西部地区。

从汉匈之间的战争、霍去病的进军路线和当时匈奴的历史推测，这里所说的匈奴之西域，应该是河西地区，即今天甘肃河西走廊。[⑤]《汉书·张骞李广利传》在叙述元狩二年（前121年）霍去病打败匈奴后说：“其秋，浑邪王率众降汉，而金城、河西（西）并南山至盐泽，空无匈奴。”[⑥] 即从金城（兰州）以西的河西地区直到盐泽（新疆罗布泊）都没有匈奴人了。

---

① 《史记》卷一百一十《匈奴列传》，第2890、2891页。

② 《史记》，第3167页。

③ 《汉书》卷六十一《张骞李广利传》，北京：中华书局，1962年，第2691页。

④ 余太山认为：“《汉书·西域传》因以‘西域’指称玉门关、阳关以西广大地区，故改‘匈奴西域’为‘匈奴西边’。”见余太山《两汉魏晋南北朝正史西域传要注》，北京：中华书局，2005年，第25页。

⑤ 参阅刘进宝《东方学视野下的“丝绸之路”》，载《清华大学学报》2015年第4期。

⑥ 《汉书》卷六十一《张骞李广利传》，第2691页。

现在一般所说的“西域”，从东汉班固的《汉书》开始，到现当代国内外学者的研究论著，都是具体有所指的，并且各个时代的地域范围不同，而且还有广狭二义。[①]

前已述及，《史记》中出现的“西域”，可能并不是一般所说的西域地区。后世所说汉代的“西域”即新疆的南疆地区和东疆（吐鲁番、哈密），在当时称为“西北国”，如《史记》卷一百二十三《大宛列传》说汉“初置酒泉郡以通西北国”。当张骞去世后，“骞所遣使通大夏之属者皆颇与其人俱来，于是西北国始通于汉矣”。[②]《汉书·张骞李广利传》也有同样的记载：“后岁余，其所遣副使通大夏之属者皆颇与其人俱来，于是西北国始通于汉矣。”[③] 由此可知，“张骞通西域”，在当时称张骞通西北国。“通西域”是后来的说法。从现有史料可知，汉武帝以后，可能从汉宣帝任命郑吉为“西域都护”开始，才正式使用“西域”这个词。

据《汉书·西域传》：“至宣帝时，遣卫司马使护鄯善以西数国。及破姑师，未尽殄，分以为车师前后王及山北六国。时汉独护南道，未能尽并北道也，然匈奴不自安矣。其后日逐王畔（叛）单于，将众来降，护鄯善以西使者郑吉迎之。既至汉，封日逐王为归德侯，吉为安远侯。是岁，神爵三年也。乃因使吉并护北道，故号曰都护。都护之起，自吉置矣。僮仆都尉由此罢，匈奴益弱，不得近西域。于是徙屯田，田于北胥鞬，披莎车之地，屯田校尉始属都护。都护督察乌孙、康居诸外国动静，有变以闻。可安辑，安辑之；可击，击之。都护治乌垒城，去阳关二千七百三十八里，与渠犁田官相近，土地肥饶，于西域为中，故

---

① 参阅杨建新《“西域”辩正》，载《新疆大学学报》1981 年第 1 期。又见杨建新著、杨文炯编选《陇上学人文存·杨建新卷》，兰州：甘肃人民出版社，2012 年，第 105—115 页；徐文堪《西域研究卷导言》，见徐文堪编《现代学术精品精读·西域研究卷》，上海：上海人民出版社，2014 年。

② 《史记》，第 3169 页。

③ 《汉书》卷六十一《张骞李广利传》，第 2693 页。

都护治焉。”[①]《汉书·郑吉传》也说“吉于是中西域而立莫府”。[②]

据《汉书·郑吉传》：“吉既破车师，降日逐，威震西域，遂并护车师以西北道，故号都护。都护之置自吉始焉。上嘉其功效，乃下诏曰：‘都护西域骑都尉郑吉……’吉于是中西域而立莫府，治乌垒城，镇抚诸国，诛伐怀集之。汉之号令班西域矣，始自张骞而成于郑吉。”[③]

《汉书·西域传》所记汉设西域都护“是岁，神爵三年也”，即公元前59年。《汉书》本纪的记载则是“神爵二年”，即公元前60年。《汉书》卷八《宣帝纪》：神爵二年“秋，匈奴日逐王先贤掸将人众万余来降。使都护西域骑都尉郑吉迎日逐，破车师，皆封列侯”。[④]

从相关史料分析，西域都护的设立与匈奴日逐王降汉有着密切关系。《汉书·郑吉传》载：“至宣帝时，吉以侍郎田渠黎，积谷，因发诸国兵攻破车师，迁卫司马，使护鄯善以西南道。”[⑤]《汉书·匈奴传》载：神爵二年，匈奴虚闾权渠单于去世，握衍朐鞮单于立。“日逐王素与握衍朐鞮单于有隙，即率其众数万骑归汉”。上引《汉书·西域传》也说日逐王“将众来降，护鄯善以西使者郑吉迎之”。正因为郑吉有迎匈奴日逐王降汉的功劳，汉宣帝才下诏曰：“都护西域骑都尉郑吉……迎匈奴单于从兄日逐王众，击破车师兜訾城，功效茂著。其封吉为安远侯，食邑千户。”[⑥] 此前，汉王朝“独护南道”，郑吉的身份也是“骑都尉”“护鄯善以西使者”，此时，才“都护西域”。金少英先生据此认为，“其设西域都护时日，则在神爵二年秋当日逐王与吉相闻之后，故

---

① 《汉书》卷九十六上《西域传上》，第3873—3874页。

② “中西域”，颜师古注曰：“言最处诸国之中，近远均也。”当然，“以西域为中”，仅仅是大体而言。

③ 《汉书》卷七十《郑吉传》，第3006页。

④ 《汉书》卷八《宣帝纪》，第262页。

⑤ 《汉书》卷七十《郑吉传》，第3005页。

⑥ 《汉书》卷七十《郑吉传》，第3006页。“都护”，颜师古注曰：“并护南北二道，故谓之都。都犹大也，总也。”

吉迎日逐王已有‘都护’之号”。[1] 即神爵二年（前60年）迎日逐王时已有了“西域都护”的身份，神爵三年（前59年）补封为“安远侯”。

二、“西域”“西城”“西边”“西方”“右地”

《史记》卷一百二十三《大宛列传》：“是岁（前122年）汉遣骠骑破匈奴西域数万人。”

这里的“破匈奴西域数万人”，在《史记》原本中就是“西城”。据中华书局点校本《史记》“点校后记”：1959年的点校本用的是清朝同治年间金陵书局刊行的《史记集解索隐正义合刻本》（简称《金陵局》本）。“现在我们为便利读者起见，认为应删的就把它删了，可是并不删去原字，只给加上个圆括弧，用小一号字排；认为应增的就给增上了，增上的字加上个方括弧，以便识别。”[2]

按此原则，我们可知《史记·大宛列传》的记载是“是岁汉遣骠骑破匈奴西（城）［域］数万人”。[3] 由此可知，《史记》的原文是“是岁汉遣骠骑破匈奴西城数万人”。

随后，张骞又给汉武帝汇报说：“臣居匈奴中，闻乌孙王号昆莫，昆莫之父，匈奴西边小国也。匈奴攻杀其父，而昆莫生，弃于野。乌嗛肉蜚其上，狼往乳之。单于怪以为神，而收长之。及壮，使将兵，数有功，单于复以其父之民予昆莫，令长守于西（城）［域］。昆莫收养其民，攻旁小邑，控弦数万，习攻战。单于死，昆莫乃率其众远徙，中立，不肯朝会匈奴。”[4]

此处匈奴单于令乌孙王昆莫“长守于西域”，《史记》原文也是

---

① 参阅金少英《汉简臆谈及其他》，第91页，甘肃师范大学历史系1978年内部印行。“西域都护”与“都护西域”是相同的，其任使则称“都护西域”，称其官则为“西域都护”。

② 《史记》点校后记，第1—2页。

③ 《史记》卷一百二十三《大宛列传》，第3167页。

④ 《史记》卷一百二十三《大宛列传》，第3168页。

“长守于西城”。

以上所述《史记·大宛列传》中的两处“西域”，原本都是“西城”，只不过点校本根据己意改为“西域”，并没有出校注说明理由。好在还保留了原字，使我们知道《史记》的原文是“西城”。

新的点校本二十四史修订本《史记》则直接写为“西域”。在“汉遣骠骑破匈奴西域数万人”后出校记曰：“破匈奴西域数万人：‘西域’，原作‘西城’。王念孙《杂志史记第六》：‘城’当为‘域’，字之误也。《汉书》作‘破匈奴西边，杀数万人’。今据改。”[①] 在令昆莫“长守于西域”后出校勘记曰：“守于西域：‘西域’，原作‘西城’。王念孙《杂志史记第六》：‘城’亦‘域’之误。今据改。”[②]

查王念孙《读书杂志·史记第六》，在读“大宛列传”中列有“破匈奴西城数万人”条，曰：“汉遣骠骑破匈奴西城数万人。凌稚隆曰。西城，汉书作西边，是。念孙案：边与城形声俱不相近，若史记本是边字，无缘误为城也。城当为域，字之误也。域者界也。史记作西域，汉书作西边，其义一也。下文曰，单于复以其父之民予昆莫，令长守于西城。城亦域之误。”[③]

王叔岷先生的《史记斠证》已指出王念孙《读书杂志》将“城”改“域”之误，认为“王氏谓此文及下文城字为域字之谅，仅举旁证，惜无直接证据也”。[④]

王念孙仅仅是从文字的角度认为“城”和“域”相近而误，他并没有对这一段历史进行考证研究。实际上，这里的“西城”并没有错。前已说明，在张骞出使、霍去病攻打匈奴时期，还没有“西域”的名称，而是“西边”“西方”“右地”，只是后代史家受影响而写成了“西域”。

---

① 修订本《史记》，北京：中华书局，2013 年，第 3817、3835 页。

② 修订本《史记》，北京：中华书局，2013 年，第 3818、3835 页。

③ 王念孙撰《读书杂志》第三册《史记第六》，北京：北京市中国书店，1985 年，全三册本，第 48—49 页。

④ 王叔岷《史记斠证》，北京：中华书局，2007 年，第 3316—3317 页。

另外，不论是狭义还是广义的“西域”，其地域范围都很大，匈奴不可能让乌孙的昆莫长守西域。长守西域也是说不通的，只能是西城。

未使用1959年的《史记》点校本或在此点校本出版以前，《史记》研究者都是写作“西城”，如清人程馀庆《历代名家评注史记集说》、王叔岷《史记斠证》、日本学者泷川资言《史记会注考证》、马持盈《史记今注》[①]。霍松林、赵望秦主编的《宋本史记注译》，正文中按宋本写作“西城”，但翻译为“西域”“匈奴的西边”[②]。1959年的《史记》点校本出版后，国内《史记》研究者基本上是写作“西域”[③]。

至于“西城”的具体方位或地点，早在20世纪初，日本学者藤田丰八在《月氏乌孙之故地》就做过辨析考证。认为《史记》中的“西城”，“王念孙等主张为‘西域’之伪，惟就‘西域’二字论，不仅与事实不符，且在王充《论衡》卷二《吉验篇》中（……也写作）‘西城’，明系采自《史记》之文，而均作‘西城’焉”。[④]

---

① （清）程馀庆撰，高益荣、赵光勇、张新科编撰《历代名家评注史记集说》，西安：三秦出版社，2011年，第1410页；王叔岷《史记斠证》，台北“中央研究院历史语言研究所”，1983年，中华书局据此于2007年出版，第3316—3317页；日本学者泷川资言考证、杨海峥整理《史记会注考证》，上海：上海古籍出版社，2016年，第4141页、4142页；马持盈《史记今注》，台湾商务印书馆，1987年，第3201页、3202页。

② 霍松林、赵望秦主编《宋本史记注译》，西安：三秦出版社，2011年，第3144页、3145页。

③ 如余太山《两汉魏晋南北朝正史西域传要注》，北京：中华书局，2005年，第24页、第26页；韩兆琦《史记笺证》，南昌：江西人民出版社，2005年，第6064页、6065页；张大可《史记今注》，南京：凤凰出版社，2013年，第1630页、1631页；仓修良主编的《史记辞典》虽然列有“西城”条，但其所指并非《大宛列传》中的“西城”，而是指卷四十六《田敬仲完世家》所记“宣公与郑人会西城”（1886页）的“西城”，其释义是“古邑名，《田敬仲完世家》：‘宣公与郑人会西城。’今地未详。”济南：山东教育出版社，1991年，第162—163页。

④ ［日］藤田丰八著，杨鍊译《西域研究》，北京：商务印书馆，1951年，第81—82页。2015年，山西人民出版社《近代海外汉学名著丛刊》据商务印书馆1937年版影印出版。其版式、文字、页码，与1937、1951年商务版完全相同。

据藤田丰八考证：《汉书·张骞传》所记乌孙“本与大月氏俱在祁连、敦煌间”。这里的“祁连为山名，在张掖（甘州）、酒泉（肃州）之南境，属南山之一部，谓为额济纳河发源地方也”。在“汉遣骠骑破匈奴西城数万人，至祁连山”后曰：“至于经路，相传系出陇西，过居延海，‘遂臻小月氏，攻祁连山’（霍去病传）云。然则《史记》所传‘西城’（《汉书》所谓‘西边’）纵非一定之城名，想为张掖即额济纳河流域地方无疑也。果若是，则昆莫生长后，匈奴单于令长守之‘西城’，当指此地矣。”[①] 藤田氏关于此“西城”乃张掖之说，虽然还缺少翔实的材料论证，但有一定的道理。

为了说明“西城”就是张掖，藤田丰八将《史记·霍去病传》中武帝嘉奖霍去病时所说“西域王浑邪王”，认为这里的“‘西域王’，殆即‘西城王’之伪。果若是，则浑邪故地（即张掖地方）之称‘西城’，愈觉有明显之理由矣”。[②]

藤田丰八的结论得到了有关学者的肯定，杨建新先生认为，所谓乌孙与月氏“居祁连、敦煌间”，是说月氏主要在“武威地区”，乌孙则在“张掖以西，敦煌以东”。《史记》《汉书》“是把居延到祁连山的这一带叫做匈奴‘西边’”，它“并不是指某个具体的城，而是泛指一个地区，就是《汉书》所说的‘西边’，而‘西城’或‘西边’就是额济纳河流域（今弱水、黑河流域）。乌孙昆莫长成后，匈奴单于就命他带领乌孙旧部，游牧于额济纳河流域”。[③]

对于“西城”就是额济纳河流域（张掖）的说法，刘光华先生也有大体相同的意见，但又进了一步，即将两处“西域”分开对待。他认为“难兜靡时乌孙与月氏的居住地是有明确的划分的：乌孙在月氏之

---

① ［日］藤田丰八著，杨錬译《西域研究》，第 82 页。

② ［日］藤田丰八著，杨錬译《西域研究》，第 83 页。

③ 杨建新《关于汉代乌孙的几个问题》，载《新疆大学学报》1980 年第 2 期，第 68 页。杨建新《中国西北少数民族史》（宁夏人民出版社 1988 年）第 105—106 页的论述完全一致。

西，活动于敦煌一带，月氏在乌孙以东，旧居酒泉、张掖、武威一带”。它们的分界“约在今嘉峪关以西至玉门市一带，而最大可能在玉门市附近”。至于霍去病所破的“西城”，“就是昆莫西迁前乌孙的居住地”，其“具体地域在祁连山附近，而且只可能在祁连山北麓的觻得（张掖）及其附近一带”；而命昆莫“长守于西城”的“西城”并不是“额济纳河流域，而是指天山以东阿尔泰山南麓至敦煌一带的广大地区”。具体来说，“应在瓜州西北，即汉代的敦煌县及其以北方向”。[①] 后来刘光华先生的认识更加具体，认为这里所说的“西城”，肯定不在匈奴直接统治区内，当在匈奴直接统治区的西境，与西域东北境相连，即“昆莫的居地在今敦煌至哈密一带”。[②]

苏北海先生则不同意这种说法，并认为中华点校本将“西城”改为“西域”“是确当的”，“匈奴令乌孙民‘长守于西域’，是符合于当时实际的”。乌孙活动的地域“在哈密、巴里坤、吉木萨尔、乌鲁木齐一带，并且是以哈密作为乌孙昆莫的冬都，而以天山以北的巴里坤或吉木萨尔为夏都”。[③]

关于《史记》中的两处“西城”，我赞成刘光华先生的意见，应该将其分开，不能混为一谈，即“汉遣骠骑破匈奴西城数万人”中的“西城”，应在甘肃河西走廊。至于匈奴令乌孙王昆莫“长守于西城”的“西城”，应该另有所指。

我们知道，匈奴原为中国的一个民族，自殷周以来就见于汉文史料，其最初居住在今天山西的北部。公元前 5 到前 4 世纪，面临着秦国

① 刘光华《也谈汉代的乌孙——〈关于汉代乌孙的几个问题〉商榷》，载《新疆大学学报》1981 年第 3 期，第 35—36 页。又见刘光华《秦汉西北史地丛稿》，兰州：甘肃文化出版社，2007 年，第 329—331 页。

② 刘光华主编《西北通史》第一卷，兰州：兰州大学出版社，2005 年，第 337 页。

③ 苏北海《西域历史地理》，乌鲁木齐：新疆大学出版社，1988 年，第 3—5 页。

和赵国的向北扩张，他们就迁到在今内蒙草原，在那里组成了一个强大的部落联盟。[①] 当匈奴崛起时，其左右都有强邻。直到公元前 209 年冒顿杀父自立为可汗后，匈奴才开始强大。冒顿于公元前 177—前 176 年攻打月氏，据《史记·匈奴列传》载：汉文帝四年（前 176 年）匈奴冒顿单于致汉文帝书曰：“今以小吏之败约故，罚右贤王，使之西求月氏击之。以天之福，吏卒良，马强力，以夷灭月氏，尽斩杀降下之。定楼兰、乌孙、呼揭及其旁二十六国，皆以为匈奴。诸引弓之民，并为一家。”[②] 这次打击使月氏向西迁徙，冒顿也声称已征服了月氏，使其从甘肃河西走廊西迁到中亚伊犁河流域。大月氏西迁伊犁的时间一般认为是在公元前 174 年前后。[③] 到了冒顿之子老上单于时（约公元前 174—前 161 年在位）才彻底打败了月氏，这就是匈奴令乌孙王昆莫“长守于西城”后对月氏的打击。

乌孙王昆莫“长守于西城”的“西城”是何地呢？余太山先生认为，《史记·匈奴列传》和《汉书·匈奴列传》中所说的“楼兰、乌孙、呼揭及其旁二十六国”中的“二十六国”，显然是“三十六国”之误。也就是说，由于冒顿发动的战争，“三十六国”成了匈奴的势力范围。正是这一范围，即“玉门、阳关以西，帕米尔以东，天山以南，昆

---

① 参阅［匈牙利］哈尔马塔主编，徐文堪译《中亚文明史》第二卷第十章“匈奴和汉控制下的西域”（马雍、孙毓棠执笔），北京：中国对外翻译出版公司，2003 年，第 173 页。

② 《史记》，第 2896 页。《资治通鉴》将此条置于汉文帝前六年（前 174 年），第 467—468 页；林幹先生也将此事置于汉文帝前六年（前 174 年），参阅林幹《匈奴历史年表》，北京：中华书局，1984 年，第 11 页。

③ 王治来先生认为在公元前 174 年至公元前 160 年。见王治来《中亚史》第一卷，北京：中国社会科学出版社，1980 年，第 77 页；王治来《中亚通史·古代卷（上）》，乌鲁木齐：新疆人民出版社，2007 年，第 100 页。黄文弼先生认为“月氏西徙，必在文帝前元六年后”。见黄文弼《西北史地论丛》，上海：上海人民出版社，1981 年，第 115 页。王明哲、王炳华先生则认为：“月氏之离开河西走廊西迁伊犁河流域，是在公元前三世纪末楚汉相争之时。”见王明哲、王炳华《乌孙研究》，乌鲁木齐：新疆人民出版社，1983 年，第 65 页。

仑山以北地区”被匈奴称为“西域”。这也就是《史记·大宛列传》中匈奴令乌孙王昆莫“长守于西域”的“西域”。“当然，乌孙昆莫所守只是其中很小的一部分。”[①]

由昆莫长守的“西城”，肯定在汉代“西域”的范围内，但其具体方位，则很难确定。

据《汉书·西域传》载：“于阗国，王治西城，去长安九千六百七十里。”[②]《后汉书·西域传》说于阗国“居西城”。[③]《梁书·于阗国传》则说“其治曰西山城”，[④]《通典》载“其居曰西山城”，[⑤]《新唐书·西域传》也说“其居曰西山城”。[⑥]《资治通鉴》卷十九武帝元狩元年（前122年）：“于阗国在南山下，居西城。”[⑦]

西城与西山城就是一城，余太山先生认为：“西城，位于今和阗附近。”[⑧]但其具体方位，还有不同意见。[⑨]

作为于阗国都的“西城”，应该不是乌孙王昆莫“长守于西城”的“西城”，因为乌孙长守的“西城”，与匈奴王冒顿“定楼兰、乌孙、呼揭及其旁二十六国”有着密切的关系。楼兰、乌孙、呼揭及其旁二十六国，属于西域地区，是匈奴新征服的殖民地，而楼兰、乌孙、呼揭是二

---

① 余太山《两汉魏晋南北朝正史西域传要注》，第60页。

② 《汉书》卷九十六上《西域传》，第3881页。

③ 《后汉书》卷八十八《西域传》，北京：中华书局，1965年，第2915页。

④ 《梁书》卷五十四《诸夷传》，北京：中华书局，1973年，第814页。

⑤ 《通典》卷一百九十二《边防八》，王文锦、王永兴等点校，北京：中华书局，1988年，第5225页。

⑥ 《新唐书》卷二百二十一上《西域传》，北京：中华书局，1975年，第6235页。

⑦ 《资治通鉴》，北京：中华书局，1956年，第627页。

⑧ 余太山《两汉魏晋南北朝正史西域传要注》，第95页。

⑨ 参阅黄文弼《古代于阗国都之研究》，原载《史学季刊》第1卷第1期，1940年3月。此据黄文弼《西北史地论丛》；李吟屏《古代于阗国都再研究》，载《新疆大学学报》1989年第3期；孟凡人《于阗国都城方位考》，载马大正等主编《西域考察与研究》，乌鲁木齐：新疆人民出版社，1994年。

十六国即西域的东界。当月氏灭乌孙，昆莫为匈奴收养时，乌孙是否有固定的地域不得而知，但乌孙复国后应该有固定的地域。这个固定的地域，可能就在匈奴与西域界线间的某地。而于阗的国都，不具备这一条件。①

综上所述，《史记·大宛列传》中的两处“西域”，原本都是“西城”。但如果将两处“西城”理解为同一个地方，又是无法解释的。《史记》卷一百二十三《大宛列传》：“是岁（前122年）汉遣骠骑破匈奴西城数万人”的“西城”，应该是“西边”“西方”，因为当时的汉匈战争在河西走廊，它位于匈奴的“西边”“西方”，其具体地域应该在张掖附近。匈奴单于令乌孙王昆莫“长守于西城”的“西城”，应该在汉代的西域范围内，可能就在今新疆的东部地区。

第三节 “五凉文化”孕育下的敦煌学

古代敦煌被称为“华戎所交一都会”，是中西文化交流的“咽喉”之地。作为古代中外文化交流、融合、汇聚窗口的敦煌，其本身就是中外文明交流的产物。

敦煌文化既是各种文明长期交流融汇的结晶，同时还展现了中华民族的文化精神、文化胸怀和文化自信。正由于敦煌处于丝绸之路的要冲，长期持续的多元文化的交融荟萃，吸纳了不同地区、不同国家的文明精华，从而丰富了中华文化的内涵，催生了敦煌莫高窟和丰富多彩的敦煌文化。

从敦煌的历史可知，敦煌文化并不是西来的，而是在河西尤其是“五凉”文化的基础上，吸收了东西不同文化而形成的一种新的文化。在历史的长河中，敦煌始终以中华传统文化为根基，并不断吸纳、接受

---

① 参阅刘光华《也谈汉代的乌孙——〈关于汉代乌孙的几个问题〉商榷》。另外，本文初稿完成后，请刘光华先生审阅，刘先生提示我注意此点。

其他地域和民族的文明成果。

一、五凉文化的基础

在魏晋南北朝民族矛盾、阶级矛盾尖锐的时期，河西地区由于偏处西北，远离中原，因而避免了“八王之乱”“永嘉之乱”等灾难，保持了境内长期安定的环境。从而使大量避难百姓流亡到此，如东汉初，孔奋因天下扰乱，想找一个安定富庶的地方侍奉老母，遂选中了“独安”的河西；窦融则认为河西富庶，地势险要，是乱世“自守”“遗种”之地，便选中了河西。东汉王朝建立后，光武帝刘秀对据有“河西完富，地接陇蜀”的窦融也很重视，特“授融为凉州牧”。自此，窦融及所控制的河西地区归附了东汉。

西晋末年，北方大乱，各民族统治者相继建立了自己的政权，敦煌先后归属前凉张氏（313—376 年）、前秦苻氏（376—387 年）、后凉吕氏（387—400 年）、西凉李氏（400—420 年）和北凉沮渠氏（421—442 年）等五个政权。

前凉政权占据敦煌后，出于经营西域的需要，张骏于公元 345 年将敦煌、晋昌、高昌等三郡，西域都护、戊己校尉、玉门大护军等三营合并为沙州，州治设在敦煌，任命杨宣为沙州刺史。前秦时期，为经营西域，便于 382 年派吕光进军龟兹。为了巩固后方基地敦煌，苻坚于 385 年将江汉、中原百姓 1.7 万余户迁到敦煌。同年，吕光率兵返回河西，随后建立了后凉。当 395 年后凉发生内乱时，武威、张掖等地的数千户百姓也逃到了敦煌和晋昌。

公元 400 年，李暠在敦煌自称冠军大将军、沙州刺史，建立了西凉，敦煌第一次成了割据政权的政治中心。公元 405 年，李暠为了全力对付东方的强敌北凉，决定迁都酒泉。与此同时，李暠还将苻坚时从江汉、中原迁来的民户及后凉内乱时从武威、张掖逃来的民户都从敦煌迁到了酒泉。421 年，北凉沮渠蒙逊灭西凉。439 年，北魏拓跋焘攻克北凉都城姑臧，北凉灭亡。西凉李暠的孙子李宝便趁机返回，并派其弟李怀达为使向北魏投降。北魏就任命李怀达为敦煌太守，封李宝为镇西大将军，领护西戎校尉、沙州牧、敦煌公。444 年，李宝被北魏召往都城平城（今山西大同），北魏直接控制了河西。

北魏控制河西后，仍将敦煌作为经营西域的基地，并逐渐攻破了鄯善、焉耆和龟兹，使西域的大部分地域都为北魏所控制，丝绸之路再次打通，西域商人纷纷前来贸易。但好景不长，因此时柔然已日益强大，并与北魏争夺西域与河西。当柔然占领西域的一些地区后，敦煌便成了前沿阵地。对此，北魏政府中的一些官员于 474 年便动议放弃敦煌，把边界后撤到凉州。给事中韩秀坚持保卫敦煌，否则不但凉州难以设防，就是关中恐怕也就不安宁了。韩秀的意见得到魏孝文帝的支持，敦煌不仅得以保全，而且还加强了敦煌镇的守备。

公元 524 年，孝明帝下令改镇为州，敦煌被改为瓜州。公元 534 年北魏分裂为东、西魏后，河西属西魏管辖。北周取代西魏后，继续在敦煌设置瓜州。尤其是建平公于义任瓜州刺史时（约 565—576 年），十分崇信佛教，开展了修窟造像的活动。正如武周圣历碑所记“复有刺史建平公、东阳王等各修一大窟……乐僔、法良发其宗，建平、东阳弘其迹”。也正是在东阳王、建平公等敦煌地方长官的带动下，莫高窟的开窟造像之风才兴盛起来。

整个十六国时代，当北方处于混乱状态下时，地处西北边陲的河西则“秩序安定，经济丰饶，既为中州人士避难之地，复是流民移徙之区，百余年间纷争扰攘固所不免，但较之河北、山东屡经大乱者，略胜一筹。”[①] 因此，“中州避难来者日月相继”。[②] 永嘉之乱时，京城士大

① 陈寅恪《隋唐制度渊源略论稿》，上海：上海古籍出版社，1982 年，第 26 页。

② （唐）房玄龄等撰《晋书》卷八十六《张轨传》，北京：中华书局，1974 年，第 2225 页。

夫认识到“天下方乱，避难之国唯凉土耳”。建兴之乱后，晋王司马保败亡，“其众散奔凉州者万余人”。[①]

正是由于汉魏时期河西的政治相对稳定，从而保证了经济的繁荣，创造了学术文化发展和繁荣的基本条件和土壤。

汉晋时代，正是由于河西地区政治的相对稳定和经济的繁荣，便涌现了不少著名的文人学士和能工巧匠。大量士庶避居河西，使河西的文人学士大为增加，并对保留中原先进文化及推动河西文化的发展，产生了积极的影响。正如胡三省所说：“永嘉之乱，中州之人士避地河西，张氏礼而用之，子孙相承，衣冠不坠，故凉州号为多士。”[②] 中原文人学士涌入河西，只是河西“多士”的一个原因。另外，随着汉代对河西的经营，河西地区尤其是凉州，文化有了较大发展，涌现了大量的文人学士。当安定世族张轨出牧凉州后，他采取保境安民、兴办文教、选拔人才的各种政策，为河西的地主阶级创造了保存和发展自己家族和家学的有利条件，从而吸引了不少的中州人士流向河西，这就给本来“多士”的凉州，扩大了“士”的范围。[③]

中国古代的学术传承，主要是家学和师承。河西的文人学士，多出西州大姓，如安定张氏、陇西李氏、略阳郭氏、西平田氏、金城宗氏以及敦煌宋、阴、索、氾等。当中原动荡时，西州大姓在相对安定的河西一隅，“专心经籍”，致力学术，既可以发展本地的学术文化，又能保存、继承固有的传统文化，正如陈寅恪所说：“刘（渊）石（勒）纷乱之时，中原之地悉为战区，独河西一隅自前凉张氏以后尚称治安，故其本土世家之学术既可以保存，外来避乱之儒英亦得就之传授，历时既

---

① 《晋书》卷八十六《张轨传》，第2230页。

② （宋）司马光《资治通鉴》卷一百二十三“文帝元嘉十六年十二月”条胡注，北京：中华书局，1956年，第3877页。

③ 参阅武守志《五凉时期的河西儒学》，载《西北史地》1987年2期。

久，其文化学术遂渐具地域性质。”① 正是由于这个原因，再加上五凉统治者大都重视学术文化，遂使河西地区的文化事业在两汉以来的基础上得到了迅速发展，出现了繁荣兴盛的局面，并一跃成为北方文化中心。

二、河西佛教的发展

河西地区具有典型性、代表性，并在文化、教育上有重大影响的文士学人，差不多都出自敦煌。敦煌儒士在河西儒学中的地位和作用，揭示了敦煌文化的历史高度。陈垣曾经指出：“自汉以来，敦煌文化极盛，其地为西域与京洛出入必经之孔道，实中西文化交流之枢纽。”② 可以说，没有汉魏以来敦煌文化的发展，便不可能孕育出像刘昞这样的儒学大师。而一些退隐或隐居的知识分子能够离开中原地区的物质文明，来到河西各地，固然有当时政治上的原因，但也说明当时的河西已具有了他们从事著述和讲学的物质条件。而这些都说明，汉晋文化传统在河西已打下了坚实而深厚的基础，五凉文化不仅继承了汉晋文化传统，并在此基础上不断发展，渐趋成熟。敦煌佛教艺术，正是在这种历史、文化基础上产生和发展的。

佛教是一个世界性的宗教，莫高窟就是在佛教东传过程中产生的，并将内容丰富的佛教文化完整地保存下来。十六国时期，当社会动荡时，佛教却得到了迅速的发展。尤其是河西地区，佛教更为流行，并对南北朝佛教的广泛传播起了桥梁作用。正如《魏书·释老志》所说：“凉州自张轨后，世信佛教。敦煌地接西域，道俗交得其旧式，村坞相属，多有塔寺。太延中，凉州平，徙其国人于京邑，沙门佛事皆俱东，

---

① 陈寅恪《隋唐制度渊源略论稿》，上海：上海古籍出版社，1982 年，第 19 页。

② 陈垣《跋西凉户籍残卷》，见沙知、孔祥星编《敦煌吐鲁番文书研究》，兰州：甘肃人民出版社，1984 年，第 2 页。

象教弥增矣。”[①]

河西地区佛教的兴盛，首先表现在译经方面。早在西晋时期，河西地区的佛经翻译就享有盛名，如竺法护世居敦煌，并组织了自己的译场，号称敦煌菩萨。据记载，太康五年（284 年），罽宾文士竺侯征若携《修行道地经》至敦煌，月支竺法护“究天竺语，又畅晋言，于此相值，共演之。其笔受者，菩萨弟子法乘、月支法宝”[②] “太康五年十月十四日，菩萨沙门法护于敦煌从龟兹副使羌子侯得此梵书《不退转法轮经》，口敷晋言，授沙门法乘使流布，一切咸悉闻知”。[③]

昙无谶也是一个有名的翻译家。他曾由中印度去罽宾，辗转龟兹、鄯善到敦煌。北凉攻灭西凉后，昙无谶来到姑臧（凉州），沮渠蒙逊对他“接待甚厚”。昙无谶在敦煌时就熟悉了汉语，在姑臧又积极学习。在进行了充分的准备后，就开始了译经工作。在译经过程中，有道俗数百人参加，遇到的许多疑难问题，独有谶“临机释滞，清辩若流”。[④]再加上他的文字修养很好，故其翻译工作完成得十分出色。

河西地区佛教活动的兴盛，还表现在开窟建寺十分活跃。河西地区现存的石窟寺之多，在全国是少有的。这些石窟寺虽没有兴盛于汉魏，但若追溯其建窟渊源，则大都产生于十六国时期。唐道宣在谈到凉州石窟开凿时说：“凉州石崖瑞相者，昔沮渠蒙逊以晋安帝隆安元年，据有凉土……于州南百里，连崖绵亘，东西不测，就而斫窟，安设尊仪，或

---

① （北齐）魏收《魏书》卷一百一十四《释老志》，北京：中华书局，1974 年，第 3032 页。

② 《〈修行道地经〉翻译记》，（清）严可均辑《全晋文》卷一百六十六，《全上古三代秦汉三国六朝文》第 3 册，北京：中华书局 1958 年，第 2427 页。

③ 《出三藏记集》卷七《阿维越致遮经第十四》，北京：中华书局，1995 年，第 274 页。

④ （南朝梁）释慧皎撰《高僧传》卷二《译经中 · 昙无谶传》，汤用彤校注，北京：中华书局，2007 年，第 77 页。

石或塑，千变万化，有礼敬者，惊眩心目。”① 尤其是著名的敦煌莫高窟，也是在十六国时期开寺建窟的，据敦煌遗书 P. 3720《莫高窟记》载：莫高窟“右在州东南廿五里三危山上。秦建元中，有沙门乐僔，尝杖西游至此，遥礼其山，见金光如千佛之状，遂架空镌岩，大造龛像。次有法良禅师东来，多诸神异，复于僔师龛侧又造一龛。伽蓝之建，肇于二僧”。② 从早期佛教在敦煌传播的历史看，僧人崇尚开寺建窟，静坐修禅，因此选择了鸣沙山下这片流水潆洄，草木葱郁的沙漠绿洲。由于它既远离闹市，又能得到人间烟火的供应，在这里凿窟修禅的确是很理想的。

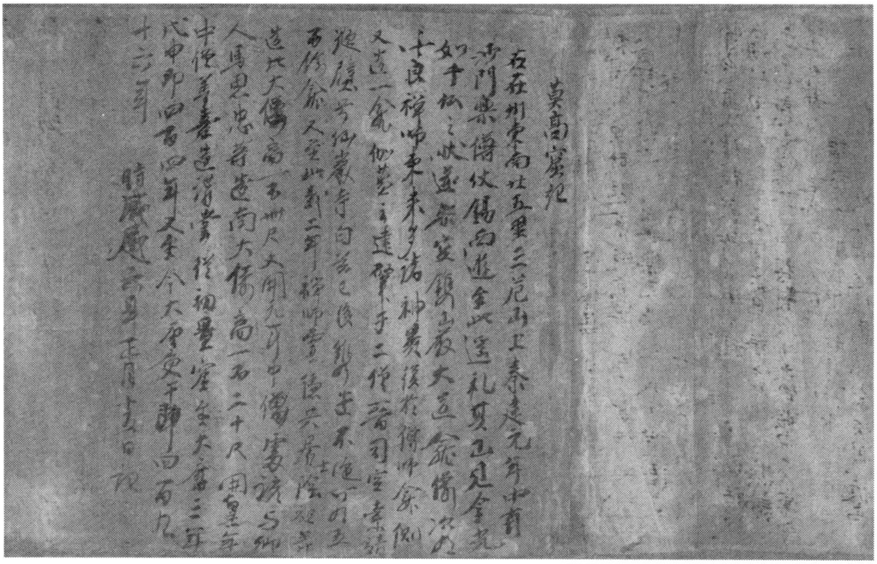

P. 3720《莫高窟记》

① （唐）道宣《集神州三宝感通录》卷中《北凉河西王南崖素像缘十五》，见《大正藏》第五十二卷，台北：佛陀教育基金会出版部，1990 年，第 417—418 页。

② P. 3720《莫高窟记》，图版见《法藏敦煌西域文献》第 27 册，第 112 页。

由以上讨论可知，包括莫高窟在内的河西各石窟，都是随着佛教的东传而建造的，可以说其主题就是佛教艺术。作为敦煌学主要研究对象的敦煌石窟，自然也以宣传佛经为主，但也有许多非佛教的因素，如反映民众的生产生活、民族关系、中外文化交流等方面的内容。这些画面或内容，正是以“五凉文化”为基础的中国传统文化的反映。如莫高窟的创建者乐僔，是“西游至此（敦煌）”的，就是从东面来到敦煌的，敦煌的东面就是河西、兰州、天水、长安、洛阳，即从中原来的。其后的法良禅师也是“东来”的。由此可知，敦煌佛教艺术，并不是西来的，而是中国固有的民族传统文化受外来宗教刺激下出现的新形态。敦煌艺术的特点，就在于其地理条件的特殊，使它具有一些个性鲜明的差异，从而显示了我国民族传统文化的生命力和创造力。[①]

三、敦煌文献反映的五凉历史

敦煌学的另一主体是敦煌文献，敦煌文献虽然以佛教文献为主，约占百分之九十以上，但也有一些世俗文献，反映了中国传统文化在敦煌的传播。

敦煌文献中，就有一些五凉时期的社会经济材料，从一个侧面反映了五凉时期河西，尤其是敦煌的社会生活。如西凉建都于敦煌，敦煌文献 S. 113 号《西凉建初十二年（416 年）敦煌郡敦煌县西宕乡高昌里籍》，就是西凉政权在敦煌所实施经济政策和制度的反映，它虽然只保留了兵裴晟、散阴怀、兵裴保、散吕沾石、兵吕德年、大府吏隋嵩、散隋杨、散唐黄等八户的户籍，但从这八户户主前的称谓可知，当时西凉将民户分为兵、散、大府吏等类，同时还将每户的人口按年龄性别区分为丁男、次男、小男、女几种，反映了当时敦煌的地域和时代特色，这对于我们了解西凉政权的统治政策有很大的帮助。

---

① 参阅史苇湘《敦煌佛教艺术产生的历史依据》，《敦煌研究》试刊第一期，兰州：甘肃人民出版社，1982 年。

本件文书由四个断片组成，内容不能衔接。其背为《法华义记》卷一，内容连续。可能是后人把废弃的户籍残纸修剪后粘接在一起，利用其背面空白抄写佛经，所以户籍四个断片的粘接处文字，有叠压或残损，内容也不连贯。现根据图版，并参考前贤录文，将其校录如下：

《西凉建初十二年（四一六）敦煌郡敦煌县西宕乡高昌里籍》[①]

（前缺）

道男弟德，年廿一。驿子。

（后缺）

（前缺）

仙妻赵，年十七。

仙息女官，年一。

建初十二年正月籍

敦煌郡敦煌县西宕乡高昌里，兵裴晟，年六十五。

息男丑，年廿九。

丑男弟溱，年廿五。

溱妻冯，年廿九。

丁男二，次男一，女口一，凡口四。居赵羽坞。

建初十二年正月籍

敦煌郡敦煌县西宕乡高昌里，散阴怀，年十五。

母高，年六十三。

丁男一，女口一，凡口二。居赵羽坞。

建初十二年正月籍

敦煌郡敦煌县西宕乡高昌里，兵裴保，年六十六。

妻袁，年六十三。

息男金，年卅九。

① 本件文书的录文，是刘进宝主持的“敦煌史部文献整理研究”的校录成果。

金男弟隆，年卅四。

金妻张，年卅六。

隆妻苏，年廿二。

金息男养，年二。

丁男二，次男一，小男一，女口三，凡口七。居赵羽坞。

（后缺）

（前缺）

敦煌郡敦煌县西宕乡高昌里，散吕沾，年五十六。

妻赵，年卌三。

息男元，年十七。

元男弟腾，年七。本名腊。

腾女妹华，年二。

丁男二，小男一，女口二，凡口五。居赵羽坞。

建初十二年正月籍

敦煌郡敦煌县西宕乡高昌里，兵吕德，年卅五。

妻唐，年卌一。

息男㝵，年十七。

㝵男弟受，年十。

受女妹媚，年六。

媚男弟兴，年二。

丁男二，小男二，女口二，凡口六。居赵羽坞。

建初十二年正月籍

敦煌郡敦煌县西宕乡高昌里，大府吏随嵩，年五十。

妻曹，年五十。

息男寿，年廿四。

寿妻赵，年廿五。

姊皇，年七十四。附籍。

丁男二，女口三，凡口五。居赵羽坞。

建初十二年正月籍

敦煌郡敦煌县西宕乡高昌里，散随杨，年廿六。

母张，年五十四。

丁男一，女口一，凡口二。居赵羽坞。

（后缺）

（前缺）

女口一，凡口二。居赵羽坞。

建初十二年正月籍

敦煌郡敦煌县西宕乡高昌里，散唐黄，年廿四。

妻吕，年廿六。

息女皇，年六。

丁男一，女口二

（后缺）

本件文书存户籍十，其中大体完整者有五。每户第一行为户主，包括郡、县、乡、里、身份、姓名、年龄等，顶格抄写；末行为户籍登记时间，抄写在行底；中间各行分上下栏抄写，上栏抄写户内成员的信息，包括与户主或户内成员的关系、性别、年龄等；下栏总计该户丁男、次男、小男、女口数及总人数、住址等。阅读或理解时应先上栏再下栏，而不可按每行上下栏连读。

由于文书中多处出现“建初十二年正月籍”字样，陈垣先生在《跋西凉户籍残卷》云：“汉章帝及姚苌均尝改元建初，然均只有八年。改元建初而有十二年者惟西凉李暠，故此定为西凉户籍。”[①] 按《晋书·食货志》云，武帝平吴之后，“制户调之式”：“男女年十六已上至六十为正丁，十五已下至十三、六十一已上至六十五为次丁，十二已下

① 陈垣《跋西凉户籍残卷》，见沙知、孔祥星编《敦煌吐鲁番文书研究》，第1页。

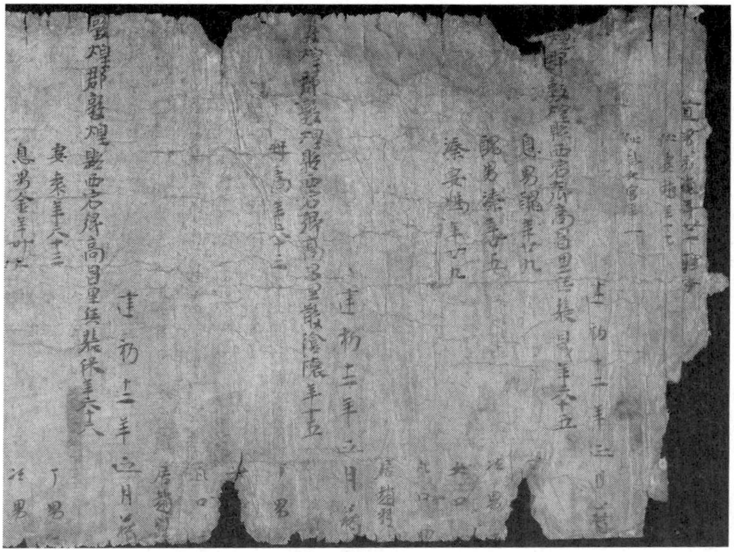

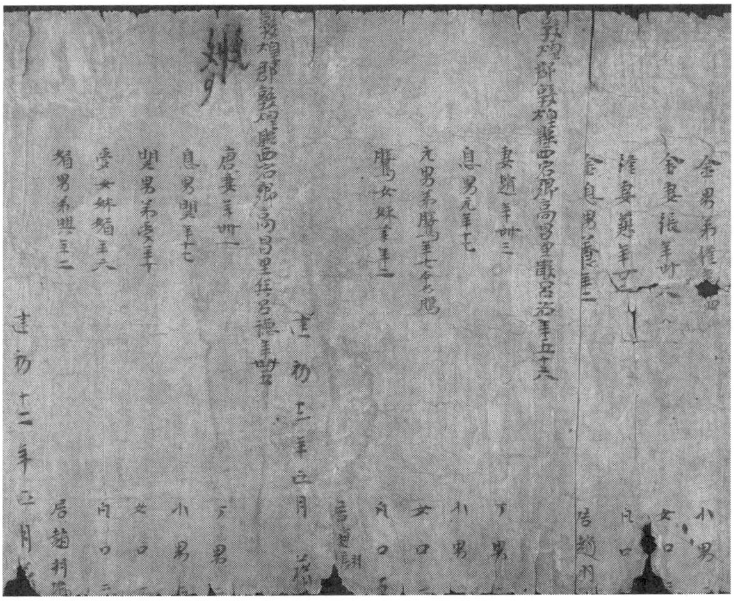

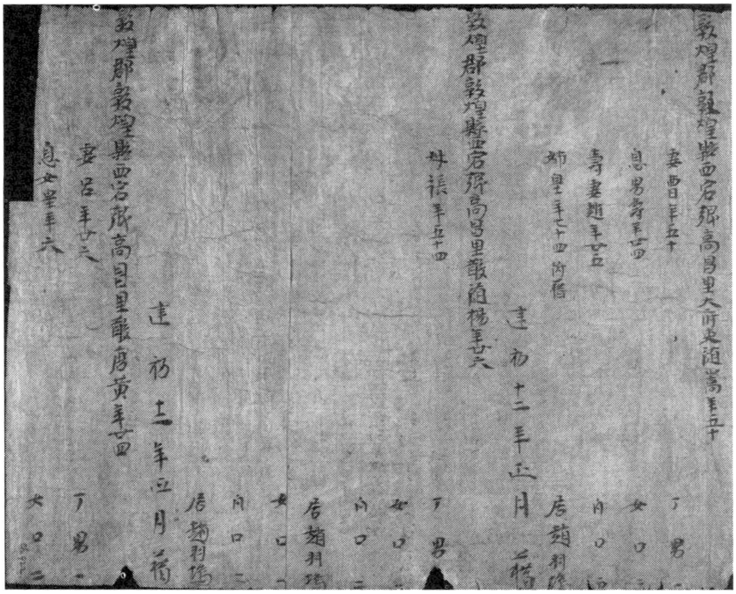

S. 113《西凉建初十二年（416 年）敦煌郡敦煌县西宕乡高昌里籍》

六十六已上为老小，不事。”[①] 而本件文书中的阴怀年十五已列为丁男，裴保年六十六仍当作次男，陈垣先生因而推测，“当时户制已与晋初不同，其不得不多用民力者，户口稀少也”。[②] 本卷是目前所见唯一的西凉户籍，也是敦煌文献中保存最早的户籍，对研究西凉乃至北魏的土地制度、税收制度、军吏籍均有重要意义。

北魏孝明帝时将敦煌改为瓜州。北魏分裂后，河西属西魏管辖。敦煌文献 S. 613 号《西魏大统十三年（547）瓜州效谷郡计帐》[③]，就是西魏统治敦煌时期的记帐资料，为便于说明，现转录部分如下：

---

① 《晋书》卷二十六《食货志》，第 790 页。

② 陈垣《跋西凉户籍残卷》，见沙知、孔祥星编《敦煌吐鲁番文书研究》，第 4 页。

③ 本件文书的录文，是刘进宝主持的“敦煌史部文献整理研究”的校录成果。

（前缺）

户主刘文成，己丑生，年叁拾究。蘯寇将军。课户上

妻任舍女，甲午生，年叁拾肆。台资妻。

息男子可，乙卯生，年拾叁。中男。

息男子义，丁巳生，年拾壹。中男。

息女黄口，水亥生，年仵。小女。

息男子侯，辛酉生，年柒。小男。

息男黄口，甲子生，年肆。小男。

凡口七，不课
- 口五不税
  - 口四男
    - 口二中，年十三已下。
    - 口二小，年七已下。
  - 口一小女，年五。
- 口二台资，榷税令课
  - 一丁男。
  - 一丁妻。

计布一匹。

计麻二斤。

计租四石
- 二石五斗，输租。
- 一石五斗，折输草三围。

计受田口二
- 一丁男。
- 一丁妻。

应受田六十六亩
- 卅六亩已受
  - 十五亩麻。
  - 廿亩正。
  - 一亩园，二分未足。
- 卅亩未受。

一段十亩麻，舍西二步，东至舍，西北至渠，南至白丑奴。

一段廿亩正，舍东二步，东至侯老生，西至舍，南北至渠。

右件二段，户主文成分，麻正足。

右件一段，妻舍女分，麻足，正未受。

一段一亩居住园宅。

……

息男众僧，乙卯生，年拾叁。实年十八。

息男神和，甲子生，年肆。小男。

婢来花，己未生，年究。实年十八，进丁。

息男黄口，甲子生。年两。黄男上。

凡口六
- 口二不课
  - 口一小男，年四。
  - 口一黄男，年二。
- 口四课见输
  - 口三良
    - 二丁男。
    - 一丁妻。
  - 口一贱，丁婢。

计布一匹三丈
- 一匹二丈良。
- 一丈贱。

计麻三斤八两
- 三斤良。
- 八两贱。

计租六石四斗五升
- 四石二斗租
  - 三石七斗五升良。
  - 四斗五升贱。
- 二石二斗五升，折输草四围半。

计受田口四
- 口三良
  - 二丁男。
  - 一丁妻。
- 口一贱，丁婢。

应受田九十一亩
- 卌一亩已受
  - 卌亩麻。
  - 十亩正。
  - 一亩园。二分未足
- 五十亩未受。

……

本件文书记载人户的年龄和计算人数、受田数、纳税数的总数时，为避免后人窜改，通常使用字形较繁的异体字或同音字，如究（九）、伍（五）、两（二）、研（斛）、斫（斗）等等。它对当时敦煌所实施的受田标准、丁中年限、赋税数额等都有比较详细的记载，如田制就有应受田、已受田、未受田、足、未足、麻田、园、课田、不课田等；丁户有老、丁、女、贱、婢等；纳税量词有石、升、斗、斤、两、匹、丈、尺、围等，比较清晰地反映了当时敦煌的人口、土地、赋税等情况，对了解敦煌乃至河西的地域经济有很大的作用。同时，本件还是目前所知反映北朝均田赋役制度的唯一出土文书，而历史文献中对北朝实施均田制的记载比较简略，许多具体的细节无法获知，而通过对本件文书的研究，可以从一个侧面了解北朝田制及赋税制度的相关情况，解决一些长期悬而未解的问题。

这些当时、当地的留存文献，既是研究河西地域经济和文化的重要材料，又可以与史籍文献的记载进行对比分析，探讨全国政策的一致性。

敦煌文献中不仅有《西凉建初十二年（416年）敦煌郡敦煌县西宕乡高昌里籍》《西魏大统十三年（547）瓜州效谷郡计帐》这样的地域文献，还有许多中原的典制文献，如《永徽东宫诸府职员令残卷》（P. 4634、S. 1880、S. 3375、S. 11446）、P. 2819《开元公式令》、P. 3087和S. 4673《神龙散颁刑部格》、S. 1344《开元户部格》、北图周字51号《开元职方格》、P. 4978《开元兵部选格》、P. 4745《贞观吏部式》、P. 2507《开元水部式》、P. 2504《天宝令式表》等等，都是敦煌文献中所留存下来唐代令、格、式残卷，它使我们看到了唐代令、格、式的大致原貌，对研究唐代官制、法制及水利灌溉等，提供了第一手资料，可补一般文献史籍之不足。[①]

另如敦煌文献中的儒家典籍就有九类近40种，共有三种源流：前

① 参阅王永兴《敦煌吐鲁番文书与唐史研究》，载《文史知识》1985年第6期。

朝旧典，即唐以前流传到敦煌的典籍，其中就有从南朝传到敦煌的；唐代官书，即官方专门颁行的典籍，基本上是通过唐代官方流传到敦煌的典籍；外地新籍，即根据需要从外地引进的非官方典籍。通过对这些儒家典籍的分析、探讨可知，敦煌文献中的儒家典籍，既反映了南朝的主流文化，又反映了隋唐的主流文化。自东晋南渡以后，北朝都是少数民族建立的政权，南朝自认是华夏文化的正统。所谓南朝文化，就是代表当时中国的主流文化。“敦煌文化远与南朝主流文化衔接，近与隋唐主流文化接轨，既代表华夏文明，也反映了隋唐主流文化的‘南朝化’”。[①] 由此可知，敦煌文化并没有因地处西北边陲而与中华主流文化隔离。

就是以宣扬、讲解佛教图像为主的变文，也可能是中国传统文化的产物。因为西晋郭璞在注释司马相如《天子游猎赋》中的“蟨蛩蛩，辚虚距”时，已经使用了“变文”这一词语，即“距虚即蛩蛩，变文互言耳”。[②] 郭璞所说的“变文”，是儒家注经时常用的方法之一，即用通俗的词语来解释难懂的词语。[③] 另外，《毛诗注疏》曰：“鱼潜在渊，或在于渚。《传》：良鱼在渊，小鱼在渚。《笺》云：此言鱼之性寒则逃于渊，温则见于渚，喻贤者世乱则隐，治平则出，在世君也。《正义》曰：毛以潜渊喻隐者，不云大鱼而云良鱼，以其喻善人，故变文称良也。”[④] 李小荣先生认为，孔颖达在《正义》中指出毛亨传《诗》时，用“良鱼”替换“大鱼”，与郭璞“变文互言”的含义是一样的。

正是因为“变文”这一注经的语言形式早就出现了，可能影响到了汉魏六朝的杂赋，并转变为一种文学的形式。我们知道，中国雅文学

---

① 王素《敦煌儒典与隋唐主流文化——兼谈南朝主流文化的“南朝化”问题》，《故宫博物院院刊》2005 年 1 期。

② 《汉书》卷五十七上《司马相如传》，第 2539、2540 页。

③ 参阅李小荣《敦煌变文》，兰州：甘肃教育出版社，2013 年，第 47 页。

④ 《文渊阁四库全书》第 69 册，第 508 页。此据李小荣《敦煌变文》第 47 页。

的传统是汉赋、唐诗、宋词、元曲、明清小说，如果说变文的写作形式与赋有一定的关联，那出现的时间就比较早了。程毅中先生在 1961 年初完成的《关于变文的几点探索》一文，认为“变文”不一定就是受佛教影响而产生，可能也存在着中国传统源头，即受到古代的赋，尤其是杂赋的影响。“变文这种文学形式，主要是由汉语特点所规定的四六文和七言诗所构成的”“变文作为一种说唱文学，远可以从古代的赋找到来源”。认为敦煌写本《韩朋赋》《燕子赋》等“在演述故事上和变文是相同的，只是在形式上还保存着杂赋的格局”。如《燕子赋》“实际上就是一首五言诗”，《舜子至孝变文》“就是以六言为主的赋体”，《伍子胥变文》“基本上是四六文，中间又插入几首歌词”。通过对变文体裁和内容的分析可知，“变文是在我国民族固有的赋和诗歌骈文的基础上演进而来的”，它“既有悠久深厚的历史基础，又有丰富多样的变化形式”①。

以上我们从五凉文化的角度探讨了产生敦煌学的基础与背景，而敦煌学研究的对象是敦煌文献、敦煌石窟、敦煌史地和敦煌学理论。② 敦煌学理论在敦煌学产生后不断发展、完善，而五凉历史文化是敦煌学产生的基础。正如赵俪生先生所说：“欲究敦煌之学，须先明敦煌之学之背景与基础，即所谓‘河西之学’者是。所谓‘河西之学’，包括四郡、五凉、三秦与一夏，而以‘五凉’为最根本。”③ 由于汉魏时期河西政治稳定、经济发展，才产生了光辉灿烂的“五凉文化”，正是在“五凉文化”的基础上，产生了敦煌石窟艺术。敦煌文献中的世俗文

---

① 程毅中《关于变文的几点探索》，《文学遗产增刊》第 10 辑（1963 年 7 月）。此据周绍良、白化文编《敦煌变文论文录》，上海：上海古籍出版社，1982 年，上册第 373—396 页。

② 参阅刘进宝《再论敦煌学的概念和研究对象》，《敦煌研究》2019 年第 5 期。

③ 参阅赵俪生《张澍的生平及其著述——为敦煌学研究贡一脔》，《兰州大学学报》1980 年第 4 期。

献，既有五凉时期统治敦煌所留存下来的《西凉建初十二年（416 年）敦煌郡敦煌县西宕乡高昌里籍》《西魏大统十三年（547）瓜州效谷郡计帐》等地域文献，也有反映中国传统文化的典制文献和儒家经典，说明地处西北边陲的敦煌，一直与中华主流文化有着密切的联系。

正由于敦煌处于丝绸之路的要冲，长期持续的多元文化的交融荟萃，吸纳了不同地区、不同国家的文明精华，从而丰富了中华文化的内涵，催生了敦煌莫高窟和丰富多彩的敦煌文化。在历史的长河中，敦煌始终以中华传统文化为根基，并不断吸纳、接受其他地域和民族的文明成果。也就是说，敦煌文化既传承着中华传统文化的精华，同时还吸收了古代印度文明、波斯文明、希腊文明的优秀成果，从而成为举世瞩目、特色鲜明的地域文化。

第四节　古代兰州的交通

兰州位于甘肃省中部，自古以来，它不仅是西北地区的交通枢纽，而且还是中原地区与欧、亚、非文化交流，经济贸易与政治相互往来的交通孔道。因此，古代兰州地区的交通在本地经济乃至全国经济史上都占有重要的地位。

一、陆上交通与丝绸之路

兰州是甘肃政治、经济、文化的中心，由于其所居地理位置的重要性，公路交通的兴起与发展都是以兰州地区为中心，而向本省各地县和邻省辐射的。

兰州地区的陆路交通源远流长。据考古资料证实，早在原始社会的新石器时代，兰州就已有人类活动。兰州地区的先民们在狩猎、觅食、汲水等过程中，走出了许多不规则的道路，与此同时，他们须将猎取到的动物和采集到的植物用手提、肩扛或拖拽的方式进行转运。这些活动，构成了最简单的交通方式。

兰州的古文化遗存很多，在齐家文化墓葬中，挖掘出许多磨制的玉片和海贝，在永登县蒋家坪出土了一把青铜刀。这些物品显然不是本地的产物。据考古学家推测，玉可能是从新疆来的，贝是从沿海地区来的。这一事实说明，早在距今四五千年以前的新石器时代，兰州和新疆及沿海地区，已经有了货物交换和交通往来。但由于生产力水平的低下，人们基本上囿于自然选择的生活领地，这种交换和往来没有形成规模。

战争，拉开了兰州大规模道路交通的序幕。秦始皇统一中国后，派大将蒙恬率 30 万大军击走匈奴后，“西境已极于现在甘肃兰州一带”。[①] 为了巩固边防，秦驻军屯田，“城河上为塞”，在战国时秦、赵、燕三国长城的基础上，进一步拓展长城。《史记·秦始皇本纪》载：“西北斥逐匈奴，自榆中并河以东，属之阴山，以为四十四县，城河上为塞。又使蒙恬渡河取高阙，阳山、北假中，筑亭障以逐戎人。”[②] 汉朝时，从武帝元鼎六年（前 111 年）开始，分段从令居（今永登县南）建筑汉长城到敦煌。长城既是防御的屏障，又是一条重要的军事交通线。

秦汉之际，匈奴占据河西。由于汉王朝国力衰弱，不得不对匈奴采取“和亲”政策。但“和亲”并不能满足匈奴奴隶主贵族的贪欲，他们不断攻扰汉边郡，劫掠边民。经过汉初六七十年的休养生息后，到武帝时，国力已非常强盛，便积极准备采取对匈奴的战争。武帝元光二年（前 133 年）的马邑之谋，揭开了汉匈战争的序幕。为了“断匈奴右臂”，汉武帝曾两次派张骞出使西域，以联络大月氏和乌孙共同抗击匈奴。张骞出使西域，虽没有达到军事目的，但开通了中西交往的丝绸之路，客观上促进了中国与亚、非、欧各国的政治、经济、文化交流。

早在张骞通西域之前，丝绸之路就已经出现了。当张骞到大夏时，

① 白寿彝《中国交通史》，北京：商务印书馆，1937 年，第 59 页。
② 《史记》卷六《秦始皇本纪》，北京：中华书局，1963 年，第 253 页。

“见邛竹杖、蜀布，问曰：安得此？大夏国人曰：吾贾人往市之身毒”。[①] 从当时的外国著作中我们知道，早在公元前 8 世纪至公元前 4 世纪，欧洲和印度各国都知道东方有一个“丝国”，名曰“赛里斯”。从而可知，早在张骞通西域之前，我国中原地区经过兰州、河西走廊到西域，乃至西亚、欧洲的交通道路早已出现了，只不过名称不叫“丝绸之路”罢了。

兰州是丝绸之路的重镇。它“地据南北之中，为东西咽喉扼塞”之处，对于古代丝绸之路的衔接、畅通起过十分重要的作用。丝绸之路以长安为起点，进入甘肃境内后，路线纵横交织，情形比较复杂。就其主要线路来说，有北、中、南三道，兰州位于中路的中段。兰州虽然不是古代丝绸之路的必经之地，但因丝绸之路从长安向西，到了兰州附近后，无论走哪条路线，都必须渡过黄河进入河西走廊，而金城渡口又是这一带黄河上重要的渡口之一，因此兰州仍不失为古代丝绸之路上的一个重镇。无论在丝绸之路的开拓过程中，还是在以后的中西经济文化交流和贸易往来中，情况都是如此。

丝绸之路从金城过黄河的渡口在哪里呢？金城郡是西汉昭帝始元六年（前 81 年）设立的，当时领有 13 个县，郡治在允吾（今甘肃永靖、青海民和之间）。金城郡的金城县在兰州西固一带，其范围应包括现在的兰州市区。所谓从金城渡黄河，就是从金城县，即现在兰州市西固一带渡黄河。

据学者考证，武帝建元三年（前 138 年）张骞出使西域时，就是从后来属于金城郡辖地的临津渡口（今永靖县境内）渡过黄河的。武帝元狩二年（前 121 年）霍去病进军河西时，其渡河地点，去时在今河口西南，来时在今西固城北。传说，南渡之前，他还在今皋兰县境内与匈奴鏖战了一场。公元前 50 年左右，赵充国曾率领 1 万多骑兵从金城渡

---

① 《史记》卷一百二十三《大宛列传》，第 3166 页。

口过河。东汉后期，武威地区的卢水胡起义，声势浩大，姑臧城情形十分危急，曹操命张既率兵数千人渡过黄河，增援武威。卢水胡得知张既兵至，估计他可能从靖远渡黄河，就在鹯阴渡口黄河西岸伏兵7000。张既得知此情，将计就计，扬言要从鹯阴口渡河，暗中却率兵数千从金城渡河，直抵武威。[①]

丝绸之路开通后，经过兰州、河西走廊，中西经济交往源源不断，并逐渐繁荣。我国内地的丝和丝织品，钢铁和冶炼技术以及精美的手工艺品如漆器、玉器、铜器等著名特产，都经过丝绸之路而传入中亚，并经中亚远播欧洲，这是对人类文明的一大贡献。

丝绸之路上的经济文化交流，对兰州经济的发展有很大影响。通过丝绸之路，中外商人及使臣纷至沓来，兰州逐渐成为西北地区经济贸易的重要关口。

二、水上交通及其设施与运输工具

兰州位于黄河上游。黄河自西向东流贯兰州，市区的主要部分就建筑在黄河两岸的一片片谷地上。

黄河穿过盐锅峡后，在西固区的达川与湟水河交汇，继而流过八盘峡，和庄浪河在河口汇合，然后蜿蜒东下，将兰州盆地弯弯曲曲地劈作南北两半。流经榆中县境内的桑园峡后，便向宁夏回族自治区奔去。

正由于黄河横贯兰州，为了渡河、治河而修筑了一些渡口和桥梁。再加上兰州的水流难以舟楫，我们的先民们便独创了黄河轻舟——皮筏。

1. 渡口

河道上的渡口，一般都是自然形成的产物。渡口的地点必须是人们

---

① 参阅杨建新、卢苇《丝绸之路》，兰州：甘肃人民出版社，1988年，第115—116页；程兆生编著《金城漫话》，兰州：甘肃人民出版社，1987年，第49—52页。

往来的通道，水流较为平坦，两岸容易利用。在交通运输中，人们不仅需要在这里过渡，而且自然条件也允许在这里过渡。

兰州的渡口主要在黄河岸上，由于自然条件的影响，一般都出现在峡谷下口与宽阔的河谷盆地交汇处。兰州境内黄河上的渡口，主要有河口渡（又名金城渡口）、新城渡、钟家河渡、浮桥渡、金城关渡（又名金城津）、皋兰县什川渡等。特别是金城津和金城渡口尤为重要，它们与永靖县的临津渡口、靖远县的索桥渡口及鹯阴渡口，同为丝绸之路上必经的几个咽喉要津，在中西交通史上占有十分重要的地位。

从金城渡口的历史可知，从西汉到南北朝时期，金城渡口一直是黄河上游的一个重要的军事渡口。隋王朝建立后，由于设立了五泉县，金城渡口的重要性才逐渐被金城津所取代。

金城津故址在今兰州市城关区中山铁桥西侧约 1 公里处，是北周武帝（561—578 年）时开设的。《元和郡县图志》载："金城关，在（兰）州城西。周武帝置金城津，隋开皇十八年改津为关。"① 隋朝以前，这里可能只是一个普通的渡口，至唐高祖武德二年（619 年）将金城郡郡治迁到五泉县（即今城关区一带）后，金城津才逐渐成为"控扼冲要，道通西域"的一个要津。由于它南临黄河，北依高山，行道狭隘，形势雄伟险要，是古代赴河西、新疆的必经孔道，更是丝绸古道上的一个重要渡口。唐代著名边塞诗人岑参专门有《题金城临河驿楼》诗一首，描写了金城津的雄伟及重要地位："古戍依重险，高楼接五凉。山根盘驿道，河水浸城墙。庭树巢鹦鹉，园花隐麝香。"② 从唐代一直到清末，许多中外旅行家、商人、僧侣、使臣，都曾光顾过金城关。如道光二十二年（1842 年），民族英雄林则徐充军伊犁途经兰州时，就是

① （唐）李吉甫撰《元和郡县图志》卷三十九《陇右道上》，贺次君点校，北京：中华书局，1983 年，第 988 页。

② （清）彭定求等编《全唐诗》卷二百《岑参三》，北京：中华书局，1960 年，第 2089 页。

从架设在金城津的镇远浮桥上渡过黄河，然后通过金城关，经十里店前往新疆的。

隋唐以后，由于自然的侵蚀，再加上战争的原因，曾对金城关进行过多次修葺。据记载，仅有明一代就修过3次，即洪武十七年，正统十年，成化十三年。关于正统十年（1445年）重修金城关的情况，黄谏的《金城关记》记载说，在黄河上“架浮梁以渡河。河之北有关，凡甘、肃官员之朝会，陕右民庶之转输，腹里军士之轮班操备皆逾于是”。旧关创自洪武甲子（洪武十七年，1384年），至今（正统十年，1445年）“凡六十一年。其城垣颓圮，戍楼倾坏”。由于此关“为西州要塞，其堕圮若此，岂所以壮威远夷而屏藩中国也哉？乃揆画经理，劝工募力，重修葺之。拓其城郭，甃以砖石，而戍楼睥睨以次而成。其外又广其地为瓮城，城内正北筑台高丈余，上构真武殿”。[①] 30多年后的成化十三年（1477年）又进行了一次修缮。

为什么历代不断修建金城津（关）呢？这是由于金城津在交通史上，特别是中西交通上具有重要地位的缘故。正如清代甘肃学者张澍的《金城关》诗所描述：“倚岩百尺峙雄关，西域咽喉在此间。白马涛声喧日夜，青鸳幢影出冈峦。”[②] 张澍将金城关比作通西域的咽喉要地，充分反映了其在中西交通史上的重要地位。在《闲游黄河岸》中更有“一片孤城枕石关，河流飞入断云间。滔滔东去谁能挽？赖有龙门底柱山”[③] 的描述，将兰州的金城关（石关），陕西的禹门口（龙门）和河南的三门山（底柱山）相提并论，充分说明了金城关在水上交通中的地位和作用。

---

① 见邓明主编《兰州市志·地方文献志》，兰州：兰州大学出版社，2008年，第495—496页。

② 张澍《养素堂诗集》卷二十三《西归集》。参阅柴多茂《张澍咏陇诗选注》，北京：团结出版社，2020年，第153页。

③ 张澍《养素堂诗集》卷九《兰山集》。参阅柴多茂《张澍》，兰州：甘肃教育出版社，2016年，第198页。

2. 桥梁

渡河的工具既有船只，又有木筏，皮筏等。当然最便利的还要算桥梁了。兰州一直是通往西域的交通要道，也是一个军事重镇。清代顾祖禹说："控河为险，隔阂羌戎，自汉以来，河西雄郡，金城为最。"[①] 由于黄河横贯兰州，因此桥梁的架设是交通运输中不可缺少的一个重要环节，当然也在民族贸易，经济活动中占有重要的地位。

据历史文献记载，兰州境内黄河上的桥梁架设，最迟是在北宋年间。《续资治通鉴长编》记载，绍圣四年（1097 年）夏，"枢密院言，兰州近日修复金城关，系就浮桥"。[②]《西夏书事》也载其事说，同年夏天，渭州知州章楶命钟传"将步骑二万，出不意造河梁济师，作金城关，扼其险要，夏兵遂败"。[③] 由于宋军在兰州建桥渡河，遂战败西夏军，收复了被西夏占领的兰州。

与此同时，宋代还在河口修建了浮桥。《续资治通鉴长编》载："熙河兰会路经略使孙路言：兰州之西喀罗川口有古浮桥旧基。" 由于军事需要，孙路当时建议朝廷，在喀罗川口修复浮桥，"以通甘凉，隔绝西蕃"。[④] 建议很快得到枢密院同意，孙路即组织施工，并于元符二年（1099 年）二月上奏，喀罗川口浮桥建成。喀罗川口，即现在的河口，位于庄浪河入黄河处。古代中西交通从这里分为两路：一路经享堂、民和，直达青海；一路经永登、古浪、武威，直通新疆。[⑤]

---

① （清）顾祖禹撰《读史方舆纪要》卷六十《陕西九・兰州》，贺次君，施和金点校，北京：中华书局，2005 年，第 2871 页。

② （宋）李焘撰《续资治通鉴长编》卷四百八十五"哲宗绍圣四年（1097）"，北京：中华书局，1993 年，第 11522 页。

③ （清）吴广成《西夏书事校证》卷三十，龚世俊等校证，兰州：甘肃文化出版社，1995 年，第 342—343 页。

④ （宋）李焘撰《续资治通鉴长编》卷五百五"哲宗元符二年（1099）"，第 12028 页。

⑤ 参阅薛仰敬《甘肃古代黄河桥梁考》，载《兰州学刊》1984 年第 2 期，第 79—80 页。

明代初年，又多次在兰州城西修造浮桥。“洪武五年，宋国公冯胜奉命西征，守御指挥佥事赵祥，去城西七里许，造浮桥以济师，师还，遂撤弗用。又三年，卫国公邓愈帅师定地，置西凉、西宁、庄浪诸卫，仍去城十里造桥，以通往来……名曰镇远。然河流悍急，堤坝弗固，咸谓非久远计。又九年，兰州卫指挥佥事杨廉，视城北河水少缓，拟改置桥，近且易守。询诸父老，以为古之金城关在焉。”[①]《河桥记》所说前两次造桥的遗址，在今兰州市七里河入黄河处的吴家园与十里店大桥之间。[②] 由于这里河流湍急，堤坝不固，不能长久，且造桥不便，特别是很难驻守，因此洪武十七年（1384 年）兰卫指挥佥事杨廉根据自然地形，并亲自调查，访问父老后，就将浮桥改建于“河水少缓”“且近易守”的城北白塔山下，即现在的中山铁桥处。

据徐兰《河桥记》记载，杨廉改建浮桥的工程于当年六月开始，次年二月竣工。他“躬督吏士”“造舟二十有八，常用二十有五，河涨则用其余以广之。每舟相去一丈五尺，上流定以石鳖如舟之数，舟上加板，栏楯两傍，以卫行者。桥南、北岸各树铁柱一、木柱六，铁锁大绳贯桥令相属，随波升降，帖若坦途”。除此之外，还在桥南八十步处“新筑小城”一座，“延袤数十丈，中置门，以诘行旅”。桥北则“因山为城，延袤二百丈，东西置门，建楼其上”。[③] 上书杨廉题“镇远桥”三个大字。这个整体建筑，就是被人誉为“边徼之要津，千古之伟观”的镇远浮桥。造桥所用的铁柱，就是人们所说的“将军柱”，因为它们

① （乾隆）《皋兰县志》卷十八《碑记》，页三一。此据邓明主编《兰州市志·地方文献志》，兰州：兰州大学出版社，2008 年，第 493 页。另参阅甘肃省地方史志编纂委员会、甘肃省交通史志年鉴编写委员会编纂《甘肃省志》第 38 卷《公路交通志》，兰州：甘肃人民出版社，1993 年，第 1041—1042 页。

② 参阅李世华、石道全《甘肃公路交通史》第一册《古代道路交通 近代道路交通》，北京：人民交通出版社，1987 年，第 157 页。

③ 邓明主编《兰州市志·地方文献志》，兰州：兰州大学出版社，2008 年，第 493 页。

分别由冯胜和邓愈监铸，故有此名。将军柱共有四根，杨廉改建浮桥之初，南北两岸各竖一根，后来增加为二根。清宣统二年（1910 年）兰州铁桥建成后，四根将军柱即被废弃。除了一根在“大炼钢铁”时被毁外，两根至今还埋在岸边泥沙中，幸存的一根乃邓愈监铸。邓愈柱目前竖立在中山铁桥南端东侧纪念亭中央，其上部有铭文三十四字：“洪武九年岁次丙辰八月吉日，总兵官卫国公建斯柱于浮桥之南，系铁缆壹佰贰拾丈。”①

镇远浮桥建成后，大大便利了西北的交通及中西交通的发展，更是兰州交通史上的一件大事。明永乐十八年（1420 年），来自撒马尔汗的沙哈鲁王的使节经兰州浮桥时作了这样的记述，他们于 10 月 22 日“抵达哈剌沐涟（黄河）。它是一条有点像乌浒水的大河。河上有一座由二十三艘船搭成的桥，壮丽坚实，用一条粗如人腿的铁链连接，铁链又两头各拴在一根粗若人腰，在岸上有十腕尺远，并且结实地埋进地里的铁桩上，船是用大钩跟这条链子连接起来。船上铺有大木板，坚固平坦，所有牲口毫无困难地从上面通过。哈剌沐涟河的对面是一座大城市。使臣受到迄今为止最盛大的筵席款待”。② 清康熙年间甘肃巡抚齐世武在《天下第一桥记》中说：“黄河历雍、豫以至于海，皆无梁，惟皋兰有桥，绵亘黄河上游，其称为天下第一桥无疑。此桥西通张掖、武威、酒泉、湟中诸镇，凡塞外部落重驿来王者，莫不经此桥而东，以达于京师；若置邮，商旅借以济者，更无俟言。”③ 对镇远浮桥给予了极高评价。

---

① 兰州市城关区地方志编纂委员会《城关区志》第 21 编《文化 · 金石碑刻》“镇远桥铁将军柱”，兰州：甘肃人民出版社，2000 年，第 942 页。

② 《沙哈鲁遣使中国记》，见何高济译《海屯行记　鄂多立克东游录　沙哈鲁遣使中国记》，北京：中华书局，2002 年，第 122 页。

③ 邓明主编《兰州市志 · 地方文献志》，兰州：兰州大学出版社，2008 年，第 493 页；参阅甘肃省地方史志编纂委员会、甘肃省交通史志年鉴编写委员会编纂《甘肃省志》第 38 卷《公路交通志》，第 1040—1041 页。

镇远浮桥的建成，是兰州水上交通的一件大事，与以前的渡河工具——木船、筏子，更是不能同日而语的。它是丝绸之路上商旅往还，军事运输的必需产物。汉唐以来，兰州一直是丝绸之路的重镇，商旅、僧人、使节的频繁往来，客观上已有了这种需求，明初经济的发展更为修桥创造了条件。浮桥的建造既是交通发展的产物，反过来又进一步促进了中西交通和社会经济的发展。原来，丝绸之路的通道有三条，兰州只是其中之中路，自从兰州通桥以后，它的地位便日益重要。《兰州古今注》说：“逾桥西出金城关十余里，北入谷过永登，北至甘凉，西达湟中。逾桥东出凤林关，北走秦王川则为宁夏通衢。”[①] 《读史方舆纪要》说，此桥乃通西域之“咽喉重地，敌若据此桥，则河西隔绝，饷援难通”。[②] 从此之后，丝路中道独盛，南北两道相形见绌，兰州便逐渐成为西北交通之孔道。

然而，由于它结构比较简陋，据有关文献记载：“顾浮桥当夏水盛涨时或中断，冬冰冲激亦辄断，断必溺人。而冰桥将开将结之时，人马车辆之失陷者尤夥。”[③] 因此，仍旧不十分安全。再加浮桥建成后，每年冬天拆除，春天又架，既花费大，又受到季节的限制，还是不能满足人们生活及“辖轩、传符，商贾、征旅”[④] 的需要，因此，在黄河上早日建成一座永久性的桥梁，便成了人们生活及中西交通的迫切需要。

兰州的桥梁除浮桥外，还有卧桥。兰州卧桥又名西津桥，它坐落在城西阿干河上。传说建于唐代，屡坏屡修。《皋兰县志·桥津》载其桥

① 张维《兰州古今注》“天下第一桥”，甘肃省文献征集会，1943 年，后收入《中国西北文献》丛书第 3 辑《西北史地文献》第 24 卷，兰州古籍书店，1990 年，第 12 页。

② （清）顾祖禹撰《读史方舆纪要》卷六十《陕西九·兰州》，贺次君，施和金点校，第 2877 页。

③ 《兰州市志》第五十一卷《文物志·创建兰州黄河铁桥碑记》，兰州：兰州大学出版社，2006 年，第 264 页。

④ 《兰州市志》第五十一卷《文物志·创建兰州黄河铁桥碑记》，第 263 页。

说："卧桥又名三公桥，在袖川门西二百步，当阿干河口，架木横空，东西十余丈，其下无柱，高可五丈，其上覆盖如屋，楹栏齐整，亦匠心之巧者。""西津桥有三，一在西园西南，俗谓上桥，一在西园西北，俗谓下桥，一在西园东，即卧桥。"[①]

兰州卧桥在阿干河上，明永乐中建成。清嘉庆二年（1797 年）县民刘汝捐资重修。十一年（1806 年）布政使蔡廷衡修桥西迤南堤岸。道光二十一年（1841 年）绅士曹晓霞补修。光绪三十年（1904 年）公募重修。

兰州境内的卧桥除西津桥外，还有兴隆山的云龙桥。由于云龙桥壮丽别致，凡来兴隆山游览者，都把它看作兴隆山的标志，题诗作画，摄影留念。据《榆中县志》记载，过去"每逢六月朝拜之期，或值溪水泛涨，波浪涌猛""朝拜者只有望山焚香而去"。清乾隆二十八年（1763 年），邑候唐铭组织人力，在此建桥，故名"唐公桥"，但十多年后被洪水冲毁。乾隆五十年（1785 年），山西省曲沃县人刘一明募资重建此桥，不久又被大水冲毁。嘉庆八年（1803 年）邑候李醇和根据水势，依山重建，"嘉庆十五年六月夜半大雨，复被暴水冲崩无迹"。嘉庆十九年（1814 年），由道士募化重修后，旋被洪水冲毁。光绪二十六年（1900 年），甘肃布政使岑春萱拨白银 1000 两，以重修此桥。桥修成后，在两端增设了牌坊。榆中知县陈昌"以其桥架栖云、兴龙二峰之间，取两山通气之意"，改名"云龙桥"。[②]

浮桥等修成后，大大便利于兰州地区与河西、青海及中原的经济往来，既有利于兰州以外地区经济的发展，又刺激了本地的经济，进一步密切了兰州地区与其他地区经济的联系。

---

① （清）吴鼎新修，黄建中纂《乾隆皋兰县志》卷四《桥津》，乾隆四十三年（1778 年）刻，此据《中国地方志集成·甘肃府县志辑（3）》，南京：凤凰出版社，2008 年影印本，第 54 页。

② 参阅梁国宁《从兰州的握桥谈起》，载《兰州学刊》1986 年第 2 期。

3. 筏子

用于交通的筏有木筏、皮筏两种，兰州境内主要使用皮筏。皮筏也称为浑脱、浮囊，主要有牛皮筏和羊皮筏两种。这是在甘、宁、青一带颇具地方特色的水上运输工具，曾在历史上为发展我国古代西北地区的水上运输业作出过重大贡献。明代文学家李开先“不用轻帆与短棹，浑脱飞渡只须臾”[①] 的诗句，就唱出了皮筏的轻便与灵巧。

皮筏最晚在宋代就已出现。王延德在太平兴国六国（981 年）出使高昌时曾见过，在其《西州使程记》[②] 中说，临黄河而居的茅女娲子族“以羊皮为囊，吹气实之，浮于水：或以囊驼牵木筏而渡”。宋仁宋宝元元年（1038 年），泾原秦凤安抚使在奏书中也曾讲到：“若穷其巢穴，须涉大河，长舟巨舰，非仓卒可具也，若浮囊挽梗联络而进，我师半渡，贼乘势掩击，未知何谋可以捍御。”[③] 当时“河北道近岁为羊浑脱，动以千计”。[④] 可知皮筏已开始大量使用了。

兰州的皮筏出现于何时，由于史志没有明确记载，是很难说出其具体时间了。但可以明确的是，至迟在清代康熙年间，兰州就已出现皮筏了。康熙十四年（1675 年）二月，西宁总兵王进宝曾奉命率部队来兰州讨伐王辅臣（时任陕西提督）的叛军，当他率部队到达黄河边时，曾在张家河湾拆用民房木料，结革囊作成皮筏，夜渡黄河，大破新城，又破皋兰龙尾山。六月，王辅臣部众也曾造皮筏百余，想乘筏渡河逃跑。王进宝指挥部队沿河邀击，使王辅臣部众无法渡河，被围困在城

---

① （明）李开先著，路工辑校《李开先集》上《闲居集·塞上曲》，北京：中华书局，1959 年，第 249 页。

② 见杨建新主编《古西行记选注》，银川：宁夏人民出版社，1987 年，第 158 页。

③ 《宋史》卷二百八十三《夏竦传》，北京：中华书局，1977 年，第 9573 页。

④ 《宋史》卷三百三十九《苏辙传》，北京：中华书局，1977 年，第 10827 页。

内，最后粮尽势穷，被迫投降。由此可知，早在康熙年间，兰州就已经大批地制造和使用皮筏了。

皮筏的制作比较简易。羊皮筏多以山羊皮为囊，羊皮剥下后，先在水中浸泡三四天，然后捞出曝晒一日，将毛铲除干净，再稍加补缀整理，皮内加入食盐半市斤，水少许，胡麻油半市斤，就可以置于烈日下曝晒了。当晒到外皮呈红褐色时，皮囊就算制成了。吹气使之鼓胀后，即可浮之于水。皮囊制成后，用大小木椽作骨干，将皮胎串连而成，就成为运输工具——羊皮筏子了。最大的羊皮筏用红筒（皮囊又谓之红筒）600 个，筏上装桨 6—8 把，筏身长 22 米，宽 7 米，载重量可达 20—30 吨。这种大型皮筏一般用来长途运输，可由兰州远驶包头。此外，还有一种小型羊皮筏，一般用 10 多个红筒组装而成，由一人驾驶，进行短途运输。当年由新城、河口一带往兰州运送瓜果蔬菜及输送黄河两岸的行人，多用这种皮筏。在黄河沿岸的一些渡口上，也有许多羊皮筏子转渡行人。由于羊皮筏子轻巧灵便，运用自如，所以人们称其为黄河轻舟。

牛皮筏的制作方法与羊皮筏基本相同。李心衡《金川琐记》曰：“甘肃邻近黄河之西宁一带，多浑脱，盖取羊皮，去骨肉制成轻浮水面。”[①] 叶子奇《草木子》也说：“北人杀小牛，自脊上开一孔，逐旋取去内头骨肉，外皮皆完。揉软用以盛乳酪酒湩，谓之浑脱。”[②] 其不同处是羊皮筏充气，牛皮筏则不充气，而是用羊毛或草之类的轻软货物填充其中，故又称之为草筏子。牛皮囊填充以后，便由大木椽 6 根、小木椽 40 根做骨干，将皮囊串连起来，这样牛皮筏子就算制成了。大型的牛皮筏一般用皮囊 128 个，筏身长约 25 米，宽约 7 米，装桨 6—7 把，

---

① （清）李心衡纂《金川琐记》卷二“皮船”，《丛书集成初编》据艺海珠尘本排印，北京：商务印书馆，1936 年，第 16 页。

② （明）叶子奇撰《草木子》卷四下《杂俎篇》，北京：中华书局，1959 年，第 85 页。

载重量 20—30 吨。中型筏用皮囊 64 个，载重量 10—15 吨。牛皮筏一般都担负长途的客货水上运输。

皮筏在兰州的水上运输中占有很重要的地位，这是由于其适合于甘肃的自然地理特点。第一，它吃水浅，利于在复杂的河道中航行；第二，它不怕触礁，即便是划破一两个红筒也不妨碍其正常航行；第三，它制作简便，操纵灵活，在没有码头的情况下也可以靠岸；第四，它造价低廉，运输成本低，经济实用。[①]

正是由于皮筏有这样许多优点，因此筏运在兰州一直比较兴盛。从兰州运货到包头只需 10 多天时间，一般载重量为 3. 5 万斤，运费每百斤 15 元，每筏可纯收入运费 5000 元（银币），其经济价值是很高的。另外，从大夏河、洮河、黄河上游往兰州运送木材的皮筏，每个可运木材 100—300 根，需水手 2—6 人。木材经营商从洮、岷一带编筏下水，经河州东乡到兰州经销。

皮筏不仅长途转运货物，而且还担负着长途客运的任务。我国第一个要求大学开放女禁，实行男女同班的女学生邓春兰，1919 年从兰州去北京大学上学时，乘的就是皮筏。20 世纪 30 年代，著名新闻记者范长江来西北采访，也乘坐过皮筏。在其《中国的西北角》一书中，就详细记述了他乘皮筏从兰州前往内蒙古的乐趣和见闻：“筏上如张设帐幕，则立即可以布置成宽敞的水手行宫，空气与光线皆十足的美好，而且随河水的流动，终日有千变万化的风景，可以供旅行者的观赏。兼以兰州至宁夏之中卫一段，为黄河流域峡谷区，水急而险，较黄河之流于平沙地者，有特殊的奇象。”“兰州以下黄河，在离城六七十里以后，有长六十里的大峡，险水最多，故普通水手不易通过，于是应运而产生一种专门驾驭大峡一段险水为职业的水手，名峡把式。峡把式皆系特别精通水性，熟悉水纹的老手，他们能领导皮筏，安然通过几个非常危险

① 参阅吴景山《甘肃古代的渡口及水运工具》，《西北史地》1988 年第 4 期。

的地方。过了危险地带以后，他们又离开皮筏，回到兰州，作下一批皮筏的保险者。”①

筏子是兰州地区为适合特殊的地理环境而运用的一种运输工具，它有效地利用黄河水资源将外地商品运到兰州地区，又将兰州地区的物品外运，具有较高的经济效益，活跃了兰州地区的商品经济。

三、交通的基层管理组织——驿站

驿站乃官方交通管理的基层组织，是掌投递公文、转运官物及供来往官员休息的机构，自隋以后，皆隶属于兵部。驿站虽然直接起源于军事方面的需要，它却在客观上有利于经济的发展。

隋唐时期，官府在全国主要驿道路线上普遍设置驿站，站距约为30里。元朝的交通事业很发达，成吉思汗为了军事需要，曾建驿站、辟官道。当时从中国到欧洲有两条驿道，其中一条是从陕西、甘肃兰州经天山南路而达中亚、西亚，再到欧洲。公元1277年，马可·波罗来中国，就是途经河西走廊，过兰州而去京都的。

元代兰州的交通比以前有了较大的发展，驿道建设初具规模，尤其干线驿道，不仅设施齐全，管理也较完善。元朝在兰州地区设置的驿道主要有：

（1）兰州—西安，这是一条规模较大的驿道。

（2）兰州—陇南—四川。

（3）兰州—青海，从兰州渡黄河西行，至永登向西南行到青海。

（4）兰州—西域，从兰州金城关渡黄河至庄浪达星星峡，入西域。

（5）兰州—银川，从兰州渡黄河北行，经蔡家河至宁夏银川。

这5条干线驿道，联结陕、川、宁、青、新5省区，又通过支线驿道，联系各州、府、县和重要城镇，对西北各民族的互相往来、商业贸

---

① 范长江著、中国社会科学院新闻研究所编《中国的西北角》，北京：新华出版社，1980年，第167—168页。

易和经济文化交流发挥了广泛的作用。

元代兰州地区有两个驿站，即兰州驿和金州驿（今榆中境内）。驿站备有马匹、牛、驴、车、船等运输工具，并设有供食宿的馆舍。元朝对道路及其驿站的管理非常严格，对道路的管护，桥梁的维修、拆卸等都有一套制度；道旁的树木也不能随便砍伐，违者将依法治罪。1965年，甘肃省博物馆在兰州收集到一块银字圆牌，铁质，高15厘米，宽11.5厘米。正面有八思巴蒙古文5行，据蔡美彪先生考释，系“长生天气力里皇帝圣旨，如违，要罪过者”① 之意。它是由居守地方的蒙古诸王贵族或军事长官所掌管，用以派遣使臣，昭示沿途驿站的令牌。

明代兰州的驿道，主要沿边防线延伸。当时兰州为边陲地带，为了防止侵扰，沿边修了一些长城。边防路线往往以长城为屏障，并和长城的关隘、烽燧紧密相联，构成综合性防御体系的交通路线。由于有重兵卫护，它又是一条商贸运输路线，使商人的长途贩运比较安全。兰州的边防路线在九边中占有重要地位，九边中的宁夏大边和甘凉大边各以兰州为终点和起点，固原边经过皋兰。这一时期，兰州的驿站很多。洪武九年（1376年），明政府在皋兰县（今兰州）南关置兰泉驿，东至清水驿、定远驿，西至沙井驿、红城子驿、在城驿、大通河驿、苦水湾驿、武胜驿，南至摩云驿。除大量的驿站外，明政府还专门设置了运输业务的管理机构——递运所。兰州境内有3个递运所，即兰泉递运所、清水递运所和定远镇递运所。驿站的增加和递运所的设立，反映了当时兰州运输业的繁荣和交通的发达，同时又促进了兰州地区运输业和交通业的发展。

清朝时期，兰州的驿站在历代驿道的基础上，或拓宽整修，或架桥接通，或重开新路，有了较大的发展。不论是从兰州到新疆、青海，还是到宁夏、陕西，都有好几条驿道畅通。就是兰州的地方道路，也以兰

---

① 蔡美彪《八思巴字碑刻文物集释》，北京：中国社会科学出版社，2011年，第301页。

泉驿为中心，四面八方畅通无阻。

兰州的驿道经历代的开拓修建，到清代时已初具规模，驿道网已形成。道路标准、运输工具、治路设施等各个方面，都比以前有了较大的改进和提高，并为近代公路的兴起奠定了基础。① 当然，由于历史的局限，以及地理、气候等自然条件的制约，道路并不十分畅通，行路仍有一定的困难。如从兰州到陕西，“边塞路程悠远，又兼惊沙乱石，足碍驰驱，较中原行路之难，奚跷倍蓰。士人赴陕应试，非月余两月之久不达。”②

清朝兰州的驿站，较前略有增加，但变化不大。驿站的功能及人员配备有所加强，大型驿站以兰泉驿为例，驿站配备马 60 匹，牛 22 头，伕 35 人，管理人员 22 人，每年约耗银 2351. 6 两；中型驿站以定远驿、清水驿为例，每个驿站配备马 45 匹，牛 15 头，伕 28 人，管理人员 15 人，每年各耗银 1774. 4 两；小型驿站以沙井驿、苦水驿、红城驿、大通驿为例，每个驿站配备马 45 匹，牛 15 头，伕 32 人，管理人员 15 人，每年各耗银约 453 两，粮 282 石，料 594 石，草 5400 束。③

四、兰州交通发展的原因

古代兰州交通的发展，主要是由兰州的自然地理环境所决定的，即中西交通的孔道、边防战争的战场或基地、民族交往与融合的重要场所。

1. 兰州的特殊地理位置，决定了这里的交通比较发达

古代兰州的交通，是整个中西交通的一个组成部分。自从张骞通西域后，丝绸之路正式开通，中西政治、经济、文化交流逐渐繁荣与昌

---

① 参阅徐学力《古道纵横演兴衰》，《西北史地》1988 年第 1 期。

② 参阅左宗棠《请分甘肃乡闱并分设学政折》，见《左宗棠全集 · 奏稿五》，长沙：岳麓书社，1991 年，第 559 页。

③ 数字参阅李世华、石道全《甘肃公路交通史》第一册《古代道路交通 近代道路交通》，北京：人民交通出版社，1987 年，第 146—148 页表。

盛。在古代历史上，丝绸之路虽然时通时断，但从总体上看，在宋代海上丝绸之路兴盛以前，它一直是中西经济、文化交流的大动脉，是中西各国及各族人民维系友谊的“友谊之路”和传播文化的“文化之路”。而兰州历来是丝绸之路的重镇，在中西交通中具有非常重要的地位。

汉唐时期，是中西交通的黄金时代，同时也是兰州交通的大发展时期。汉代对河西四郡的开发及对西域地区的经营，莫不把兰州作为重要基地或据点，从而促进了兰州交通的发展。汉代的兰州属金城郡，而金城郡的建置就是中西交通的产物。在张骞出使西域时期，汉武帝派兵打败了居住河西的匈奴，并逐渐设置了河西四郡。汉昭帝时，又设置金城郡，是为河西五郡。汉代的金城郡，有“户三万八千四百七十，口十四万九千六百四十八。县十三：允吾、浩亹、令居、枝阳、金城、榆中、枹罕、白石、河关、破羌、安夷、允街、临羌”[①]。汉代对金城地区的经济开发处于一个高潮。

丝绸之路开通之后，河西地区成了中西交通的一个天然走廊和必经之地，金城郡的东部——兰州，与武威郡的媪围（治今兰州东北）随之在中西交通上的地位也显得重要起来了。因此在当时兰州境内的一段黄河上，已有了方便行旅的不少渡口，“钟家河以下四渡皆汉时古渡”就是一个明证。也是由于兰州在中西交通中的地位逐渐重要，汉王朝才分陇西、天水、张掖各二县而设置了金城郡。

魏晋南北朝时期，虽然中原战乱频仍，但由于河西地区比较稳定，兰州在中西交通中仍占有一定的位置。隋唐时期，我国统一的多民族的封建国家进入了繁荣阶段，经济文化高度发展，居于当时世界文明的前列，中西文化交流也达到了高度繁荣的时期。

隋王朝建立后，为了加强专制主义的中央集权统治，隋文帝杨坚采取了一系列措施。废郡并州，实行州县两级制就是其中措施之一。开皇

---

① 《汉书》卷二十八《地理志》，北京：中华书局，1964年，第1610页。

初，改“金城”为“兰州”，并设兰州总管府，兰州之称由此而始。隋炀帝大业元年（605 年）废兰州总管府，大业三年复称金城郡。唐王朝初年，于高祖武德八年（625 年）在兰州设都督府，后来又一度称金城郡，乾元元年（758 年）郡废，复为兰州治。

唐代的兰州是我国古代人民与亚洲、非洲，乃至欧洲各国人民友好往来的交通孔道之一，僧侣、商人、使臣往来频繁，车水马龙，十分繁华热闹。为了加强兰州在中西交通中的地位，唐王朝曾在兰州境内黄河西北岸，依山临河扩建了隋时的城楼关隘，其中宏伟险要的金城关就成为唐通西域的一个要津。唐代著名高僧玄奘，在西行中就曾经过兰州，《大慈恩寺三藏法师传》卷一载，玄奘到秦州后，“停一宿，逢兰州伴，又随去至兰州，二宿。遇凉州人送官马归，又随去至彼”。[①] 玄奘由兰州金城关渡过黄河，然后沿庄浪河西行，翻越乌鞘岭而达凉州。由以上叙述可知，古代兰州的交通，既是整个中西交通的一个组成部分，又随着中西交通的发展而不断发展。古代兰州地区的经济受到这一因素的影响和制约。

2. 古代兰州交通的发展，与战争有着密切的关系

历史上，兰州交通线的开辟大多与军事活动有关，这是因为兰州地处要塞，东可以屏障中原，西可以控扼河西，是中原沟通河湟、河西及西域的关隘，历来被统治阶级视为军事重镇。

秦始皇统一中国后，兰州就巩固地列入了祖国的版图。公元前 215 年，秦始皇派蒙恬率大军北攻匈奴，“西北斥逐匈奴，自榆中并河以东，属之阴山，以为四十四县，城河上为塞”。[②] 为了防御匈奴的掠夺性扰乱，秦王朝又大规模地修筑了长城，“秦已并天下，乃使蒙恬将三十万众北逐戎狄，收河南。筑长城，因地形，用制险塞，起临洮，至辽东，

---

① （唐）慧立、彦悰《大慈恩寺三藏法师传》，孙毓棠、谢方点校，北京：中华书局，2000 年，第 11 页。

② 《史记》卷六《秦始皇本纪》，北京：中华书局，1963 年，第 253 页。

延袤万余里”。[1]

汉王朝建立后，打败了匈奴，设置了河西四郡。在河西空无匈奴的情况下，汉王朝始筑令居以西的长城。令居就在今永登县境内。汉朝经营河西，兰州是其军事重镇和重要基地，为了加强对河西的控制，汉朝便设置了金城郡。全面系统开发金城地区的形势终于出现。

隋统一南北后，为了保障中西交通的畅通，隋炀帝派大军降服了吐谷浑势力，并亲巡河西张掖，有效地发展了这里的国际贸易。

唐代，中西交通畅达，商业贸易、文化交流高度发展。兰州的地方道路也有了较大的发展，并增加了邮驿，“邮驿以备军速”。

兰州乃东西交通要冲，历来为兵家必争之地。这一特点在宋朝表现得尤为突出。建隆元年（960 年），北宋王朝建立，但河西及黄河以北的大部分地区仍由西夏占据。双方干戈不息，地处前线的兰州屡遭兵燹，时而属宋，时而归夏。宋夏虽然长期进行战争，但双方民间的贸易却比较活跃，后来又发展为官方贸易。其中最主要的是茶马互市。熙宁六年（1073 年）“增置市易于兰州”。贸易离不开运输，运输促进贸易，因而兰州曾一度出现了“门市不饥，商贩如织”的盛况。

3. 兰州是一个多民族居住的地区，民族间的融合往来，也是兰州交通发展的重要原因之一

兰州历来为西北商旅汇集之地，畜牧产品等物资集散之地，兵家必争之地。在古代，兰州的得失，对于不断争霸夺权的各族统治者来说，是至关重要的。因此，汉时的羌族，唐时的吐蕃，宋时的西夏党项族，都曾在这里与中原政权兵戈相攘。各民族之间的战争，固然给劳动人民带来了痛苦与灾难，但在战前或战后，民族之间的各种往来，则增进了各民族的联系，加速了各民族的融合，从而在客观上促进了兰州交通的

---

① 《史记》卷八十八《蒙恬列传》，北京：中华书局，1963 年，第 2565—2566 页。

发展。如唐代前期，唐蕃联姻，对唐朝初期的社会安定和开通陕西经兰州通往青海、西藏的道路交通以及汉藏经济、文化交流等，都有重要的作用。

唐以文成公主、金城公主下嫁吐蕃赞普时，兰州已是西北交通重镇。从长安到兰州，大都经渭水流域，越陇山，经成纪、天水、陇西、巉口、榆中到兰州。再由兰州渡黄河经鄯州、河源至柏海进入西藏。唐朝使臣及地方官员多循这条路线入藏，穆宗长庆二年（822 年），大理卿刘元鼎以唐蕃会盟使的身份，与吐蕃首领论纳罗在拉萨会盟，也是沿这条路线入藏的。“元鼎踰（逾）成纪、武川、抵河（指黄河）广武梁，故时城郭未堕，兰州地皆秔（粳）稻，桃李榆柳岑蔚，户皆唐人，见使者麾盖，夹道观。”① 据清代学者张国常考证，“广武梁”在今兰州河口，即庄浪河入黄河处。② 另外，自唐代以后，兰州地区是茶马互市的主要据点之一，随着民族贸易往来的频繁，兰州地区遂成为联结西北、东南少数民族与中原地区经济往来的主要孔道。

第五节 略论林则徐对西北边患的预见

在中华民族几千年的历史中，特别是在近百年来反抗外国资本主义侵略者的斗争中，涌现出许许多多的爱国志士和民族英雄，犹如灿烂群星，鼓舞、激励着国人。林则徐就是一位值得人们怀念和尊敬的爱国人物。

一、林则徐爱国防俄思想的来源

林则徐是近代中国杰出的爱国者。鸦片战争前，他主张严厉禁烟，

① 《新唐书》卷二百一十六《吐蕃传》下，北京：中华书局，1975 年，第 6102 页。

② 参阅《甘肃公路交通史》第一册《古代道路交通 近代道路交通》，第 407 页。

并为此进行了卓有成效的斗争；鸦片战争爆发后，他是坚定的抗战派。正是在林则徐的组织领导下，英国侵略者在广州吃了当头棒。但是，当时统治中国的是腐朽的清王朝，大敌当前却倒行逆施，卖国投降有赏、爱国抗战当罚，林则徐被强加以所谓“误国病民”的罪名，受到革职查办和遣戍伊犁的处分。

伊犁林则徐纪念馆

“精卫原知填海误，蚊虻早愧负山多。西行有梦随丹漆，东望何人问斧柯。”[1] 1842 年 3 月，林则徐怀着沉痛悲愤的忧国心情，从河南开封踏上了漫漫戍途。然而，林则徐的反侵略爱国思想却随着戍途的伸延而倍增。正如他到达兰州时在致友人书中说的：“逆焰已若燎原，身虽放逸，安能委诸不闻不见？润州（镇江）失后，未得续耗，不知近日

① 林则徐《云左山房诗钞》卷六《壬寅二月祥符河复，仍由河干遣戍伊犁，蒲城相国涕泣为别，愧无以慰其意，呈诗二首》，林则徐全集编辑委员会编《林则徐全集》第六册《诗词卷》，福州：海峡文艺出版社，2002 年，第 3077 页。

又复何如？愈行愈远，徒觉忧心如焚耳。”[①] 在以后几个月的日子里，林则徐经历“车箱簸似箕中粟”[②] 的艰辛长途跋涉，穿过百丈严关，踏尽苍茫瀚海，于同年十二月十日到达了流放的目的地——新疆伊犁。林则徐到达伊犁之时，正是沙皇俄国加紧窥伺我国西北边陲之日。

1831—1832 年，沙皇政府两次召开“西伯利亚问题委员会”专门会议，进一步策划向中国西北边疆侵略扩张，决定继续沿用“渐进行动”和“审慎行事”的原则，蚕食中国领土。为了便于向南扩张侵略势力，1838 年，沙俄西西伯利亚总督署从托博尔斯克移到了鄂木斯克。

沙俄在步步进逼和逐渐蚕食我国边疆的同时，还不断派遣间谍潜入我国巴尔喀什湖以东以南地区，窥测形势，刺探情报。19 世纪三四十年代，沙皇政府根据这些情报，测绘了五俄里比一吋的整个额尔齐斯河以南的草原地区直至楚克里克河、爱古斯河为止的地图，勘查测量了巴尔喀什湖及伊犁河口。[③] 沙皇俄国的这些活动，都是为其以后吞并中国西北边疆而做的准备。

林则徐本来对沙俄穷兵黩武的历史早已略有所闻。当他受命钦差前往广州查办鸦片时，就注意考察西事，组织人员编译了《四洲志》，其中记述沙俄扩张的事实，指出“彼达王”（即彼得大帝）改革后，即在欧洲争霸，近年“攻取波兰国十部落，又击败佛兰西国王十三万之众，其兴勃然，遂为欧罗巴最雄大国”。[④]“自击败佛兰西，威震邻国，开疆拓地，阅十二年即增兵至六十八万六千，倍于其旧”。[⑤] 还指出沙俄占领的“悉毕厘阿”（即西伯利亚）幅员辽阔，清初侵犯我国黑龙江，被

---

① 《林少穆制府遣戍伊犁行次兰州致姚春木王冬寿书》，载《中国近代史料丛刊》第一种《鸦片战争（二）》，上海：神州国光社，1954 年，第 568 页。

② 林则徐《戏为塞外绝句》，载林则徐全集编辑委员会编《林则徐全集》第六册《诗词卷》，第 3090 页。

③ 兰斯代尔《中国中亚细亚》第一卷，第 273 页（内部油印交流本）。

④ 林则徐《四洲志》，北京：朝华出版社，2018 年，第 67 页。

⑤ 林则徐《四洲志》，第 67 页。

中国军队打败，“俄罗斯败归山后，故濒江荒地仍属满洲，后即以此为界”（指签订《尼布楚条约》）。但扩张野心不止，还企图向东侵犯。《四洲志》第一次向中华民族揭露了沙皇俄国侵略扩张的历史。1841 年 8 月，林则徐在镇江与魏源会晤时，彼此“万感苍茫”，对国事忧心忡忡。魏源在诗中提出的“方术三年艾，河山两戒图”，[①] 是两人反侵略思想的共同语言，主张必须早作反侵略的准备，必须同时警惕西北和东南两处的边界，预见到了沙俄威胁我国西北的隐患。现在林则徐在新疆又耳闻目睹沙俄肆无忌惮地骚扰。历史的教训和严峻的现实，使林则徐对沙俄向外扩张的野心有了更清醒的认识，坚定了必须警惕、抵抗沙俄侵略的信念。

林则徐防御沙俄侵略思想的形成，也和龚自珍、魏源等人的影响分不开的。

林则徐和龚自珍、魏源关系密切，互相影响很大，尤其是龚自珍的《西域置行省议》和魏源的《西域属国说》，对林则徐在新疆防备沙俄侵略、建设边疆、保卫边疆影响极深。

龚自珍非常重视新疆的统一和巩固，认为只要建设新疆，虽然“用帑数千万，不可谓费”“积两朝西顾之焦劳，军书百尺，不可谓劳；八旗子弟，绿旗疏贱，感遇而捐躯，不可谓折”。[②]

为了巩固新疆和建设新疆，龚自珍大力提倡移民实边，建议“大募京师游食非土著之民，及直隶、山东、河南之民，陕西、甘肃之民，令西徙”。其他各省人民“愿往者皆往”。为鼓励人民西迁，还建议愿意西迁的人，“官给每户盘费若干，每丁盘费若干”。即路费、毡房、牛具、土地，籽种等皆由官给。“其地丁钱赋，应暂行免纳，俟二十年后，

---

① 魏源《魏源全集》第十二册，长沙：岳麓书社，2004 年，第 662 页。

② 龚自珍《西域置行省议》，载《龚自珍全集》，上海：上海人民出版社，1975 年，第 105 页。

再如内地交谷外，另有丁赋例”。[1] 组织失去土地的农民到新疆修渠引水，开荒种地，从事生产。

从历史上看，移民实边从来就不是作为一项单纯的经济措施，而是一项着眼于以巩固边疆为主，包含军事、政治、经济在内的综合性措施。为了加强新疆边防，防备沙俄入侵，龚自珍主张加强新疆的地方兵力，应该“以边安边”，不应该依赖内地。足食足兵，“开垦则责成南路，训练则责成北路”，加强北疆的兵力。“南路有事，有调发，宜调发及于北路而止”。[2] 同时，龚自珍还建议加强伊犁将军所辖的驻防武装力量，责成伊犁将军勤加练兵。这对于防御沙俄对我国西北边疆的侵略，保卫国家的统一与领土的完整具有重大的意义。

魏源是清末有名的思想家和史学家。鸦片战争期间在两江总督裕谦幕府，参与浙东战事，是一位反抗侵略的爱国人物。魏源了解西域的历史，懂得西域在国防上的重要地位，他说：“汉世天山以北为乌孙逐水草诸国，天山以南为城郭三十六国。唐设北庭、安西都护，开置四镇，自昔风气判然南北。”[3] 并指出“俄罗斯为北徼极大之邦”，[4] 要防备沙俄对我国北方，尤其是对西北的侵略。

为了有效地防备沙俄，魏源主张由中央王朝统一西域。“盖新疆内地以天山为纲，南回北准；而外地则以葱岭为纲，东新疆，西属国，属国中又有二：由天山北路而西北为左右哈萨克，由天山南路而西南为左右布鲁特，虽同一游牧行国，而非准非回非蒙古矣……然岭以西之属国，非岭以东之郡县矣。”[5]

林则徐与龚自珍、魏源接触较多，“早在鸦片战争以前，林则徐就

---

① 龚自珍《西域置行省议》，第 106—107 页。

② 龚自珍《御试安边绥远疏》，《龚自珍全集》，第 113 页。

③ 魏源《乾隆绥服西属国记》，《魏源全集》第三册，长沙：岳麓书社，2004 年，第 166 页。

④ 魏源《答人问西北边域书》，《魏源全集》第十三册，第 417 页。

⑤ 魏源《乾隆绥服西属国记》，《魏源全集》第三册，第 166 页。

和龚自珍、魏源一起注意研究西北史地和边防”，[1] 龚自珍和魏源一向热情支持林则徐的禁烟、抗英活动。鸦片战争爆发后，魏源写了许多诗歌颂林则徐的抗英功绩，怒斥投降派对他的排斥、诬蔑和打击。正由于他们三人关系密切，交往频繁，因而相互影响也大。可以说，林则徐的防俄思想是龚自珍、魏源防俄思想的进一步发展。

林则徐衔命前往广州查禁鸦片后，即开始了与外国侵略者的坚决斗争，他从密查暗访到勒令交烟，从虎门销毒到索具甘结，在这一系列斗争中，打开了认识帝国主义本性的视野，加上林则徐到广州后，“日日使人刺探西事，翻译西书，又购其新闻纸”，[2] 积累资料，编成《四洲志》叙述各国历史、疆域、政治等情况，有助于对外情的认识。所以，当清朝最高统治者——道光皇帝及其手下的弛禁派、投降派把英国发动鸦片战争归咎于林则徐等人的禁烟而决定惩罚禁烟派，借以乞求侵略者的谅解时，林则徐一针见血地指出，“若谓夷兵之来，系由禁烟而起，则彼之以鸦片入内地者，早已包藏祸心”，并进一步指出，“抑知夷性无厌，得一步又进一步，若使威不能克，即恐患无已时，且他国效尤，更不可不虑”。[3] 不仅揭露了英国侵略者的本质，提醒人们防备英国的侵略，而且还要提防其他资本主义国家的趁火打劫。林则徐对资本主义侵略者的剖析，虽然只是初步的，还不可能达到理性认识的高度，但这种见地比当时中国的统治层高出一筹。林则徐关于沙俄侵华的论断，无疑是这种卓见的发展和具体化。

此外，家庭教育以及历代民族英雄的高大形象，对于培育激励林则徐的爱国思想也起过重要的作用。比如 1819 年，林则徐路过河南汤阴，

---

① 厦门大学历史系编写组《鸦片战争时期的林则徐》，福州：福建人民出版社，1978 年，第 74 页。

② 魏源《道光洋艘征抚记（上）》，《魏源全集》第三册，第 460 页。

③ 林则徐《密陈夷务不能歇手片》，中国第一历史档案馆编《鸦片战争档案史料》第二册，天津：天津古籍出版社，1992 年，第 406—407 页。

拜谒了岳飞祠，并吟诗曰："不为君王忌两宫，权臣敢挠将臣功。黄龙未饮心徒赤，白马难遮血已红。尺土临安高枕计，大军河朔撼山空。灵旗故土归来后，祠庙犹严草木风。"① 痛斥投降派，颂扬岳飞永生不死的战斗精神，表明了林则徐对民族英雄的无限敬仰与崇拜。1820—1822年，他两度任职杭州，除了为岳飞修葺祠墓外，还为于谦、文天祥修葺祠墓。

二、林则徐巩固边疆的措施——屯田

思想往往是行动的先导。林则徐的可贵处，在于他没有把预防沙俄侵略停留在认识上，而是果断地采取了许多巩固边防的反侵略措施。

林则徐经过长途跋涉到达伊犁时，身体已非常虚弱，"作字不能过二百，看书不能及卅行"。② 虽然如此，他还是细心观察西北防备，研究备边、实边的办法。他以诗言志，提醒伊犁将军开子捷："三载无边烽，华夷悉安堵"，"厝薪火难测，亡羊牢必补。"③ 必须安中思危，严防沙皇俄国的突然袭击。

林则徐经过周密考察，且耳闻目睹西北的贫瘠、荒凉，认识到只有发展农业生产，开发边疆，才能使边疆得到巩固。同时，伊犁是我国西部重镇，"清高宗平定准噶尔后，命参赞大臣阿桂，至伊犁镇守，专理屯田……是为伊犁屯田之始"。④ 林则徐着眼边防并了解伊犁屯田的有利条件和基础，因而向伊犁将军布彦泰提出了屯田实边的建议。

---

① 林则徐《云左山房诗钞》卷一《汤阴谒岳忠武祠》，载《清代诗文集汇编》五百四十八，第654页。

② 林则徐《致刘建韶（道光二十二年十一月十九日于伊犁）》，载《林则徐全集》第七册《信札卷》，福州：海峡文艺出版社，2002年，第320页。

③ 林则徐《云左山房诗钞》卷七《送伊犁领军开子捷》，载《清代诗文集汇编》五百四十八，第702页。

④ 沈达铭《清代经营伊犁纪》，《西北通讯》第三卷第一期，1948年，第11页。

伊犁林则徐纪念馆中的纪功碑

布彦泰积极支持林则徐的屯田建议，他向皇帝奏明，应该“量才器使”林则徐。他说：“新疆方兴屯田，无可属，计无逾公者，特疏请公总其事。”① 1844 年（道光二十四年)，“布彦泰奏请饬（林）则徐勘办开垦事宜”。② 在布彦泰的推荐请求下，道光帝发布谕旨：“伊犁前办开垦事宜，经该将军奏明委林则徐查勘办理。”③ 1843 年至 1844 年，林则徐在伊犁倡导开垦惠远城东的阿齐苏河废地，计三棵树、红柳湾一带三万三千多亩，阿勒卜斯十六万一千余亩。④

勘垦惠远城的工作，使布彦泰进一步认识到了林则徐的才干，在他

① 金安清《林文忠公传》，载《续碑传集》卷二十四，台北：明文书局，1985 年，第 306 页。

② 《清史列传》卷三十八《林则徐传》，北京：中华书局，1987 年，第 2968 页。

③ 《东华续录》道光五十，上海：上海古籍出版社，2008 年，第 665 页。

④ 《清史稿》卷三百八十二《布彦泰传》，北京：中华书局，1977 年，第 11639—11640 页。

的奏请下，道光帝委饬林则徐办理南疆的勘垦工作。

1845 年是林则徐在新疆紧张进行勘垦工作并效果显著的一年。是年“二月，各处地上积雪方消，正可乘时履勘，林则徐……到了库车”。[①] 库车成为林则徐勘垦南疆的起点。林则徐了解到“该处所垦荒地在距城七十里之托衣伯尔底地方，当即会同（全庆）往勘，逐段丈量该地……核与原奏六万八千余亩之数有赢”。[②] 在库车开垦耕地近七万亩。

库车勘垦后，林则徐又依次西行至阿克苏。在阿克苏垦地十一万三千余亩。又至乌什、和田、喀什噶尔、叶尔羌、伊拉里克、塔尔纳沁等地。1845 年 7 月，胜利完成了南疆八城的勘垦，经过一年半的时间，垦辟田地六十余万亩。

南疆八城的垦勘结束后，七至十月，林则徐又继续勘垦北疆吐鲁番和哈密两地的屯田。

林则徐在新疆屯垦，不仅垦辟土地，而且还勘察水源，疏通水渠，规划水利工程。如在喀喇沙尔就“开垦道大小六道，共长九千百余丈”。[③] 同时，他还把新疆劳动人民使用“坎儿井”的传统灌溉方法加以改进和推广。“初，吐鲁番有溉田，久芜，云贵总督林则徐谪戍伊犁，始濬托克逊及伊拉里克等渠，复增穿井渠通水，民用温给”。[④] 林则徐“周历天山南北二万里，东西十八城。浚水源，辟沟渠，教民耕作”。经过他屯垦后，“大漠广野，悉成沃衍，烟户相望，耕作皆满，合兵农而一之，岁省国家转输无算，而回民生计亦大裕，为百余年入版图未有之盛”。[⑤]

---

① 《新疆垦荒奏稿》（抄本）。

② 布彦泰等《新疆伊犁将军奏稿》（抄本）。

③ 《新疆垦荒奏稿》（抄本）。

④ 《新疆图志》卷二《建置（二）》，上海：上海古籍出版社，2015 年，第 29 页。

⑤ 金安清《林文忠公传》，载《续碑传集》卷二十四，第 306—307 页。

林则徐在新疆勘垦的同时，还针对边防形势和反侵略的需要，向伊犁将军提出“改屯兵为操防”“合兵农而一之”的建议，并让遣往新疆的犯人也屯田，将勘垦的一部分土地分给当地回族耕种。他又提出《招民四条》，指出：（一）“关内关外官员如能资送眷民前赴回疆耕种，可否分别奖励，以期踊跃也……可否通饬陕甘等省及口外各处文武，有能资送眷民到回疆某城领地承种者，均准报明各本省捐办。仍按其户口之多寡，道路之远近、分别先定奖励章程、庶皆踊跃遵行，争相招至。”（二）“新疆效力废员，可否令其招致户民，量减年限以资报效也。”（三）“换防告驻之兵，可否酌令徙眷，即以余丁领地承种也……改防为眷，较之招致民户，似觉事半功倍。”（四）“发遣新疆常犯内间有携眷者，可否分往回城，以资广育也……此等向来均分在伊犁、乌鲁木齐等处，不发回疆。可否嗣后择其情事可原、携有妻室者，即拨赴回疆承种地亩，递年渐积，人数自多，似与原定外遣之意亦相吻合。”①

《招民四条》是林则徐“屯田”与“边备”紧密结合、“兵”与“农”紧密结合设想的具体化。

林则徐在新疆近三年，为加强边备、防御沙俄的侵略，历经艰辛，取得了巨大的成绩。

三、历史证明了林则徐的预见

1845 年 10 月，林则徐奉旨获释入关。林则徐虽然离开了新疆，但他并没有忘记祖国的西北，而是时刻注视着西北的形势，担心沙俄的入侵。当他被“赦入关时，人以英夷事问之，谓其害直无所底止”。林则徐说：“英夷何足深虑，其志不过以鸦片及奇巧之物劫取中国钱帛已耳！予观俄国势日强大，所规画布置，志实不小。英夷由海道犯中国实难，

① 《新疆伊犁将军奏稿》（抄本）。

但善守海口，则无如我何！俄夷则西北包我边境，南可由滇入，陆路相通，防不胜防。将来必为大患，是则重可忧也。”[①] 他在临终前的几个月，又断然指出：“终为中国患者，其俄罗斯乎！吾老矣，君等当见之。”[②]

历史证明了林则徐的论断。林则徐死后不久，沙俄便于 1851 年 8 月 6 日胁迫清政府签订了《中俄伊犁塔尔巴哈台通商章程》，通过这个章程，沙俄攫取了在中国西北地区设置领事、免税贸易、享受领事裁判权等一系列政治、经济上的特权。

伊犁林则徐纪念馆中的林则徐塑像。两边的对联是林则徐的名句：“苟利国家生死以，岂因祸福避趋之。”林则徐去世后，左宗棠的挽联说：“附公者不皆君子，间公者必是小人。”

---

① 来新夏《林则徐年谱》，上海：上海人民出版社，1985 年第 2 版，第 504—505 页。

② 李元度《国朝先正事略》卷二十五《林文忠公事略》，长沙：岳麓书社，1991 年，第 733 页。

《中俄伊犁塔尔巴哈台通商章程》是沙俄利用鸦片战争后中国开始沦为半殖民地，西方资本主义国家竞相侵略中国的情况下，强迫清朝政府签订的第一个不平等条约。章程的签订，为沙俄从陆路打开了入侵中国西北的大门。

1858 年，沙俄强迫清政府签订不平等的《瑷珲条约》。霸占了黑龙江以北、外兴安岭以南六十多万平方公里的中国领土。1860 年，沙俄又乘英法联军攻占北京，以威胁手段迫使清政府签订了不平等的中俄《北京条约》，把乌苏里江以东四十万平方公里的中国领土强行划归俄国。沙俄还通过《北京条约》和 1864 年的《中俄勘分西北界约纪》，割占了中国西部四十四万多平方公里的领土。1871 年，沙俄又公然出兵强占中国的伊犁地区，并于 1881 年通过《中俄伊犁条约》和以后的几个勘界议定书，侵占中国西部七万平方公里的领土。短短三十年，沙俄竟霸占了中国一百五十多万平方公里的领土。无可辩驳的事实，验证了林则徐对沙俄侵华预见的正确性。

帝国主义与封建主义相结合，把中国变为半殖民半封建的过程，也就是中国人民反对帝国主义及其走狗的过程。[①] 中国近代史，就是由这两个对立面的斗争和这种斗争发展的结果。可以毫不夸张地说，一部中国近代史，就是一部中国人民英勇顽强的革命斗争史，一部惊天动地的爱国运动史。林则徐在中国面临沦入半殖民地半封建的危急关头，不但严厉禁烟，领导广东人民抗击英军，而且在无辜被革职流放后，仍保持高度的爱国主义精神，在新疆勘垦荒地，“合兵农而一之”，加强西北边防，为防备沙俄入侵做出了巨大贡献。并以敏锐的洞察力，对沙俄侵略中国的必然趋势，作了非常正确的判断。历史证明，林则徐是近代中国坚决维护中华民族利益的爱国者和具有卓识远见的政治家，他的名字和近代中国人民反抗资本主义侵略的伟大斗争一起，永远载入史册。

---

① 毛泽东《中国革命和中国共产党》，《毛泽东选集》第二卷，北京：人民出版社，1966 年，第 595 页。

第三章　丝绸之路的开拓与发展

从世界历史的大局着眼，丝绸之路是一条世界通道，它曾是连接世界上最古老的文明古国——中国、印度、埃及、巴比伦等国家的纽带。在丝绸之路的要冲，诞生了至今仍在影响人们思想的佛教、基督教和伊斯兰教。在丝绸之路所经过的地区，曾经出现过波斯帝国、马其顿帝国、罗马帝国、奥斯曼帝国等地跨亚、非、欧三大洲的世界大帝国，并都在世界历史上扮演过重要角色。世界上许多具有划时代意义的发明创造和思想流派，如中国的四大发明、印度的佛教等，首先是通过丝绸之路，传布到了全世界，进而对世界文明作出了贡献。因此我们可以这样认为，丝绸之路从政治、经济、文化等各个方面，影响和推动了世界上很大一部分地区社会历史的发展。

第一节　张骞出使西域与“丝绸之路”的开通

西域一名，始于西汉，有广狭二义。就其广义而言，我国新疆及其以西的中亚、南亚、西亚等地区，皆可称之为西域；就其狭义而言，则主要是指我国新疆天山南北地区，即葱岭以东、甘肃敦煌以西之地。

一、张骞出使西域

匈奴在汉文帝时把势力发展到西域，由西边日逐王统治天山南北的

30 多个城邦国家。日逐王设置“僮仆都尉，使领西域，常居焉耆、危须（今博斯腾湖北）、尉黎间，赋税诸国，取富给焉”。[①] 匈奴贵族凭借西域丰厚的物资，如虎添翼，力量更加强大。不仅经常对中原侵掠，甚至将战火蔓延到甘泉、长安一带。这不仅给西域各族和中原劳动人民带来了极大的痛苦，而且中断了西域地区与内地的联系，阻塞了中西陆路交往的通道。

匈奴占据河西后，又与居住在今日青海省的西羌相接，它们联合起来，对汉王朝的西北地区形成了包围之势。因此，匈奴控制西域、西羌后，成为向西汉发动进攻的一只强有力的“右臂”。汉武帝即位后，了解到了这种局势，所以在反击匈奴战争开始之前，从战略策略上考虑，决定争取与西域各国结盟以孤立匈奴，并隔断匈奴与西羌的联系，这就是“断匈奴右臂”的战略。汉武帝之通西域，主要目的即在于此。同时，汉朝国内经济发展，商业繁荣，在客观上也要求打通对西域贸易的商路。张骞就是在这种背景下出使西域，开通联系中西交往的丝绸之路的。

对于强大的匈奴，汉武帝是以极其慎重的态度对待的。公元前 138 年，当汉武帝听到“匈奴降者言：匈奴破月氏王，以其头为饮器，月氏遁而怨匈奴，无与共击之”[②] 的情报后，十分重视。他认为联络被匈奴赶走的大月氏，以共同对付匈奴的右侧，然后集中大军，从正面猛烈攻击匈奴的中心，就可以制服强悍的匈奴骑兵，彻底战败匈奴。为此，他决定派人去西域联络大月氏。当时要去西域，出陇西郡后，必须经过河西走廊，而河西却由匈奴占据，这就需要一个特别机智勇敢的人，才能完成这重大的使命。汉武帝公开召“募能使者”[③]。于是，汉中人张骞

① （汉）班固《汉书》卷九十六上《西域传》，北京：中华书局，1964 年，第 3872 页。

② 《汉书》卷六十一《张骞传》，第 2687 页。

③ 《汉书》卷六十一《张骞传》，第 2687 页。

应募，出使月氏。

汉武帝建元三年（前138年），张骞带着100多人的使团，第一次出使西域。他们从长安启程，经陇西郡后继续向西进发。一进入河西走廊，他们就被匈奴骑兵捉住，并押送到了单于庭（约在今内蒙古呼和浩特市一带）。匈奴单于对张骞说："月氏在吾北，汉何以得往使？吾欲使越，汉肯听我乎？"[①] 单于很想诱降张骞，始而威吓，张骞不怕；继而又用官职利禄来诱惑，并迫使张骞娶匈奴女为妻。但是，张骞坚贞不屈，"持汉节不失"[②]。他虽然被软禁，却一直在等待时机准备逃脱，以期完成自己的使命。他在匈奴过了10年半囚犯式的生活，终于乘匈奴防备疏懈之机，和随从甘父等一起，逃离匈奴。

张骞逃出后继续西进。他与甘父等越过葱岭，到达大宛（今费尔干纳）。"大宛闻汉之饶财，欲通不得"[③]，见到张骞非常高兴。张骞向大宛王陈述了自己出使的目的后，大宛王派人送他到康居（今撒马尔罕一带），经康居再转达大月氏（今阿姆河上游），终于到了出使的目的地。但是，这时大月氏王已被胡人所杀，其夫人被立为王，而且大月氏还占有了"地肥饶，少寇"[④] 的大夏之地，已不想再找匈奴报仇了。张骞在大夏停留一年多都未说服大月氏王，于是只好东返长安。在返回途中，为避免再次被匈奴俘获，他计划不走河西走廊，而是"欲从羌中归"[⑤]，即经柴达木盆地和河西走廊之间的羌族居住地返回，但不幸仍被匈奴捕获。一年后，张骞乘匈奴内乱之机，与甘父逃出，在汉武帝元朔三年（前126年）回到了长安。

张骞第一次出使西域，历时13年，两次被匈奴捕获，出发时100

---

① 《汉书》卷六十一《张骞传》，第2687页。

② 《史记》卷一百二十三《大宛列传》，北京：中华书局，1982年，第3157页。

③ 《汉书》卷六十一《张骞传》，第2688页。

④ 《史记》卷一百二十三《大宛列传》，第3157页。

⑤ 《史记》卷一百二十三《大宛列传》，第3158页。

莫高窟第 323 窟的张骞出使西域图

余人，归来时仅存他和甘父两人了。他们跋涉于沙漠、戈壁、冰天雪地之中，以射猎飞禽走兽为食物，历尽艰险，行程万里，表现了中国人民坚贞的使命感。

张骞这次出使虽然没有达到和大月氏结盟共同攻击匈奴的目的，但“骞身所至者，大宛、大月氏、大夏、康居，而传闻其旁大国五六”[①]，了解到有关西域各国的政治、经济、风俗、民情等情况，这对汉朝了解其外部世界，是十分重要的。

汉武帝元狩四年（前 119 年）张骞第二次出使西域。这次出使之前，汉匈之间的形势已发生了很大的变化。汉武帝元朔二年（前 127 年），汉将卫青大败匈奴，将匈奴赶到黄河以北，汉朝控制了“河南地”区（今黄河河套以南一带）；汉武帝元朔六年（前 123 年），张骞

① 《汉书》卷六十一《张骞传》，第 2689 页。

"从大将军击匈奴，知水草处，军得以不乏，乃封骞为博望侯"[①]；汉武帝元狩二年（前121年），在汉将霍去病两次出击河西的严重打击下，匈奴浑邪王投降汉朝，汉朝完全控制了河西走廊；汉武帝元狩四年（前119年），卫青、霍去病分两路出击漠北，又大败匈奴，连匈奴单于也几乎被俘。从此，匈奴不得不把单于王庭从大漠以南移到大漠以北（今蒙古人民共和国车车尔勒格东）。汉王朝取得了反击战争的基本胜利。

汉武帝决心把反击匈奴的战争进行到底，于是再次召见张骞问计。张骞在第一次出使西域时得知分布在今伊塞克湖以东伊犁河流域地区的乌孙国，原来世居河西，与匈奴有矛盾，不肯听命于匈奴。匈奴派兵攻打乌孙又未能获胜，因此乌孙与匈奴之间的矛盾更深。张骞向武帝提出，要彻底击溃匈奴，必须利用乌孙与匈奴之间的矛盾。建议与乌孙和亲，结成抗匈同盟，"招以益东，居故浑邪之地，与汉结昆弟，其势宜听，听则是断匈奴右臂也。既连乌孙，自其西大夏之属皆可招来而为外臣"[②]。这就是说，要彻底击败匈奴，必须联络已占据天山以北、巴尔喀什湖以东以南的强大乌孙国。

汉武帝采纳了张骞的建议，决定再次派他去西域联络乌孙。元狩四年（前119年），汉武帝拜张骞为中郎将，带着300名副使及随从，每人带马各两匹，牛羊以万数以及金币帛值数千巨万，浩浩荡荡出使西域。这时，河西走廊已在西汉政府管辖之下，途中没有什么阻碍。他们从长安出发，经陇西到敦煌，穿过白龙堆（今新疆罗布泊附近）向西北再经焉耆、龟兹，顺利到达乌孙的赤谷城（今吉尔吉斯斯坦伊塞克湖州依什提克）。

张骞到乌孙赤谷城后，由于乌孙内部一分为三，未能统一，加之离匈奴很近而不了解汉朝，所以西汉欲同乌孙联盟共同攻打匈奴的意愿暂

① 《汉书》卷六十一《张骞传》，第2691页。
② 《史记》卷一百二十三《大宛列传》，第3168页。

时未能实现。但乌孙表示愿与汉建立密切的关系。当张骞返汉时，“乌孙使数十人，马数十匹”[①]，随同张骞到长安向汉朝致谢。

张骞在赤谷城期间，还“分遣副使使大宛、康居、月氏、大夏”[②]等国，进行友好活动。这些副使先后完成了使命，并和各国使节一道回到长安。

二、“丝绸之路”的开通及中西文化的交流

张骞两次出使西域，长达二十余年，行程数万里。他的重大贡献主要是：

第一，张骞出使西域以其亲身实践发现了“丝绸之路”，开通了中西陆路交通，为中国和中亚各国及地区的政治、经济、文化交流开创了新纪元。

早在张骞通西域前的战国时期，中国的丝和丝织品就已传入西方，被西方一些国家誉为著名的特产。公元前四五世纪，希腊人称中国为“赛里斯”，即是“丝国”的意思。但联系中西交通的路线、行经地点，史籍记载却语焉不详。张骞两次出使西域，发现和考察了被匈奴中断和阻塞了的“丝绸之路”，使过去与西域诸国交通的传说和零散记载得到了进一步的证实和订正，使人们大大增长了对“丝绸之路”的认识。《史记·大宛列传》和《汉书·西域传》，就是根据张骞的报告写成的，它们详细记载了当时“丝绸之路”的具体路线和沿线的重要城镇。自此以后，“丝绸之路”虽然有许多变化和发展，但大体说来，则是在张骞所发现的主要交通干线的基础上变更和发展的。具体说来，就是由西汉首都长安出发西行，经陇西，穿过河西走廊，到达中西陆路交通的咽喉之地——敦煌，由敦煌再分为两路：

南路：由敦煌西南行，出阳关（今敦煌市西南）沿南山（今昆仑

① 《汉书》卷六十一《张骞传》，第2692页。
② 《汉书》卷六十一《张骞传》，第2692页。

山脉）北麓，经鄯善（今新疆若羌县）、且末（今新疆且末县西南十五里之废墟）、精绝（今新疆民丰县北尼雅古址）、扜弥（今新疆于田县东巴什拉乎拉克）、于阗（今新疆和田县南）、皮山（今新疆皮山县一带）、莎车（今新疆莎车县）、疏勒（今新疆喀什市），然后翻越葱岭，向南到达大月氏、大夏、罽宾、身毒（今印度）等国。

北路：由敦煌西北行，出玉门关（今甘肃敦煌市西北），穿过白龙堆，沿北山（今天山山脉）南麓，经尉犁（今新疆焉耆县南）、乌垒（今新疆轮台县东北）、龟兹（今新疆库车县）、姑墨（今新疆阿克苏市）、温宿（今新疆乌什县），到疏勒，与南道汇合，然后越过葱岭，向西北经大宛，到达康居、奄蔡等国。

丝绸之路的南北两道，是汉武帝时期中西经济文化交流的大动脉。这两条道路所经路线及城镇，都是张骞通西域时所经过的。因此，他对这条中西陆路交通线的发现与提出，有首创之功。正是由于张骞开拓了长期被匈奴阻塞的“丝绸之路”，沟通了被中断的东西方经济、文化交流，使汉族和西北边疆各族，使中国人民和亚洲、欧洲各国人民的友好关系进入了一个新的阶段。因此，史书把张骞出使西域誉称为“凿空”。

第二，张骞出使西域使汉朝政府了解到“丝绸之路”上的各个民族和国家的真实情况，并和他们建立了友好关系，使“丝绸之路”进一步繁荣和畅通。

张骞通西域后，汉朝政府通过“丝绸之路”把内地的丝和丝织品、钢铁及其冶炼技术，以及精美的手工艺品（如漆器、铜镜、陶器等著名特产）传入天山南北和中亚，并经中亚远播欧洲。后来，中国四大发明中的造纸法、印刷术、火药也是经由这条道路传入西方的。这都是它对人类文明的重大贡献。

“不是张骞通西域，安得佳种自西来。”古代这脍炙人口的诗句也反映了自张骞通西域后，西方各国的物产通过“丝绸之路”传入我国内地的情况。西方的葡萄、苜蓿、酒杯藤、胡桃（核桃）、胡麻、胡豆（蚕豆）、胡瓜（黄瓜）、石榴等物产和佛教、祆教、景教、摩尼教等宗教，以及音乐、绘画、雕塑等艺术，都是随着“丝绸之路”的繁荣和畅通而传入中国的，这就大大丰富了中国人民的物质生活和精神文化生活。

张骞出使西域图（局部）

张骞通西域，使“丝绸之路”进入了空前繁荣的时期，赴西域的使者“相望于道，一辈（批）大者数百，少者百余人”[①]，一年之中出使使团“多者十余，少者五六辈”。[②] 一批批的使者络绎不绝地前往西域，“远者八九岁，近者数岁而反”。[③] 他们在出使时往往称颂张骞的功绩，打着张骞的旗号，借以取得各国的信任。“张骞凿空，其后使往者，皆称博望侯，以为质于外国，外国由此信之。”[④] 可见，张骞的出使在西域各地留下了深刻的印象。而来汉朝的边疆民族和中亚的使者，也

① 《汉书》卷六十一《张骞传》，第 2694 页。
② 《汉书》卷六十一《张骞传》，第 2694 页。
③ 《汉书》卷六十一《张骞传》，第 2694 页。
④ 《史记》卷一百二十三《大宛列传》，第 3169 页。

“莫不献方奇，纳爱质，露顶肘行，东向而朝天子”[①]；而“欲通货市买”的“胡商贩客，日款于塞下”。这些中西经济、文化交流的使者都是无名英雄，他们的业绩以张骞和“丝绸之路”之名而永存。

第二节　霍去病与河西之战

河西地区位于黄河以西，南面是祁连山，北面是蒙古高原的戈壁边缘，是一个东西长、南北窄的狭长地带。古代的中外使者、商人、僧徒西去东来，都必须经过河西，它是古代中西陆路交通的必经之地。这个地区和祖国中原地区一样，都经历了原始社会和奴隶社会阶段。从战国到秦代，活动在河西地区的主要是月氏、塞种胡、乌孙等族。在这些种族中，以月氏最为强大。塞种“本允姓之戎，世居敦煌，为月氏迫逐，遂往葱岭南奔”。[②]《汉书·西域传下》说：“大月氏西破走塞王，塞王南越县度，大月氏居其地。”[③] 故到秦汉之际，主要是月氏和乌孙活动在河西地区。

匈奴属蒙古人种，最早见于战国时期的《逸周书》《战国策》。据现有史料记载和考古发掘证实，匈奴人在夏、商、周时期就活跃于蒙古高原，在匈奴政权全盛时期，其疆域东至辽河，西至阿尔泰，北抵外贝加尔地区，南达长城。

匈奴占领河西，是在冒顿单于时期。冒顿即位之初，匈奴曾西击月氏。约在汉文帝四年（前 167 年）之前，匈奴又向月氏发动了第二次进攻。这次进攻的结果是“灭夷月氏”。正如文帝四年匈奴冒顿单于给汉

---

① 《后汉书》卷八十八《西域传》，北京：中华书局，1973 年，第 2930 页。

② 荀济《论佛教表》引《汉书·西域传》，见《广弘明集》卷七，此据《大正藏》第五十二册，第 129 页上。又，此条不见于今本《汉书·西域传》。

③ 《汉书》卷九十六下《西域传下·乌孙》，北京：中华书局，1964 年，第 3901 页。

文帝的书信中说："今以少吏之败约，故罚右贤王，使至西方求月氏击之。以天之福，吏卒良，马力强，以灭夷月氏，尽斩杀降下定之。楼兰、乌孙、呼揭及其旁二十六国皆已为匈奴。诸引弓之民并为一家，北州以定。愿寝兵休士养马，除前事，复故约。"① 匈奴在河西地区对月氏取得了决定性的胜利，迫使其暂时降服，并且还乘机把势力伸入到西域各国。但这时匈奴并没有彻底征服月氏，到了老上稽粥单于时（前174年—前160年在位），匈奴与月氏间又进行了第三次大战。在这次战争中，老上单于杀了月氏王，"以其头为饮器"，月氏受到了沉重打击。于是"月氏乃远去，过大宛，西击大夏而臣之，都妫水北为王庭。其余小众不能去者，保南山羌，号小月氏"。② 从此河西地区便被匈奴占据，成为匈奴的牧场，由匈奴浑邪王和休屠王直接驻守。

至于"本与大月氏共在敦煌间"的乌孙，当冒顿打败月氏，又"定楼兰、乌孙、呼揭及其旁二十六国"以后，也就被匈奴所支配了。后来乌孙王昆莫乘老上单于病逝（前161年）便脱离匈奴，在伊犁河流域建立了乌孙国。原来居住在甘肃河西地区的月氏和乌孙西迁以后，对中西交通和经济文化方面的交流产生了一定的促进作用。

自月氏、乌孙西迁以后，匈奴便占据了河西。匈奴占据河西及西域后，除赋税诸国外，还严重地破坏和阻塞中西交流，并与羌人连结，威胁着汉朝的安全。但是，西汉初期，由于汉帝国的统一没有巩固，地方封建侯王与中央政府之间的矛盾十分尖锐，使国力都消耗在内战上，又加上楚汉战争之后，国内生产受到严重破坏，急待恢复。"汉兴，接秦之弊，诸侯并起，民失作业，而大饥馑。凡米石五千，人相食，死者过半。"③ 在这种情况下，西汉政府实在无力对外作战。所有这些，便是汉初不得不对匈奴采取妥协的和亲政策的原因。

---

① 《汉书》卷九十四上《匈奴传》，第3757页。
② 《汉书》卷九十六上《西域传》，第3891页。
③ 《汉书》卷二十四上《食货志》，第1127页。

汉匈和亲，西汉王朝每年给匈奴大量财物，并多次下嫁公主，但这并不能满足匈奴贵族的贪欲。他们经常侵汉边郡，杀掠人民。“汉兴以来，修好结和亲，所聘遗单于者甚厚；然不纪重质厚赂之故改节，而暴害滋甚。”[①] “匈奴数和亲，而常先犯约，贪侵盗驱，长诈之国也。反复无信，百约百叛。”[②] 这正如班固所说：“昔和亲之论，发于刘敬。是时天下初定，新遭平城之难，故从其言，约结和亲，赂遗单于，冀以救安边境。孝惠、高后时遵而不违，匈奴寇盗不为衰止，而单于反以加骄倨。逮至孝文，与通关市，妻以汉女，增厚其赂，岁以千金，而匈奴数背约束，边境屡被其害。”[③] 因此，汉王朝积蓄力量，准备反击匈奴的战争势在必行。

西汉王朝在经过六七十年的休养生息之后，至武帝即位之时，汉朝国力已很充实。《史记》载：“汉兴，七十余年之间，国家无事，非遇水旱之灾，民则人给家足，都鄙廪庾皆满，而府库余货财。京师之钱累巨万，贯朽而不可校；太仓之粟，陈陈相因，充溢露积于外，至腐败不可食。众庶街巷有马，阡陌之间成群。”[④] 这说明了社会的安定富庶。而且经过平定“异姓诸王”的背叛，又经过文、景的削藩和平定“同姓诸王”的“七国之乱”后，中原割据势力和大商贾的势力都遭到了极大的打击，中央集权已大大加强和巩固。这样，西汉王朝就有足够的经济力量和军事力量来反击匈奴了。武帝采纳抗战派大臣的主张，开始了抗击匈奴的战争。

汉武帝元光二年（前 133 年）诱敌的马邑之谋，揭开了抗匈战争的序幕。它是西汉王朝与匈奴由和亲转化到战争的转折点。汉王朝对匈奴的反击战争，主要有三次，即公元前 127 年的河南之战，公元前 121 年

---

① （汉）桓宽《盐铁论》卷八《结和第四十三》，王利器校注，天津：天津古籍出版社，1983 年，第 488 页。

② 《盐铁论》卷八《和亲第四十八》，第 525 页。

③ 《汉书》卷九十四下《匈奴传》，第 3830—3831 页。

④ 《史记》卷三十《平准书第八》，第 1420 页。

的河西之战和公元前 119 年的漠北之战。经过河南之战，汉朝收复了“河南地”；经过漠北之战，“匈奴远遁，而幕（漠）南无王庭。”[①]

在西汉前期的冒顿、老上、军臣单于时期，匈奴势力强盛，不断深入汉境，也将单于的王庭设在阴山南部（今内蒙古）。经过武帝时期对匈奴的打击，匈奴势力衰退，伊稚斜单于将王庭迁到漠北（今蒙古国乌兰巴图附近）。从此，匈奴的活动范围主要在大漠之中，故说“漠南无王庭”。

河西之战共两次，主要是由青年将领霍去病指挥的。霍去病出身于奴隶，他的外祖母卫媪和母亲卫少儿都是平阳侯曹氏家里的侍婢，他本人则是这家的奴产子。后来，霍去病的姨母卫子夫被汉武帝立为皇后，舅父卫青受宠，他因此才结束了奴隶生涯，来到了汉武帝身边。由于他善骑射，得到汉武帝的赏识，被提拔为侍中。在汉匈激烈交战的时候，霍去病踏上了抗匈战争的战场。

公元前 123 年，霍去病曾随大将军卫青出塞作战。这一年，他才十八岁，汉武帝任命他为票姚校尉。在这次战争中，霍去病“斩首虏二千二十八级，及相国、当户，斩单于大父行籍若侯产，生捕季父罗姑比……（武帝因此）封去病为冠军侯。”[②] 由于霍去病勇敢善战，有勇有谋，因此，汉武帝把指挥河西之战的重任交给了他。

汉武帝元狩二年（前 121 年）春，霍去病率轻骑万人，由陇西出发向河西作尝试性的进攻。汉军的进军路线，是经过慎重选择的。因为“从羌中，险，羌人恶之；少北，则为匈奴所得”[③]，因此其进军路线既不能深入羌中，与强大的西羌相遇，遭其阻击；又不能接近匈奴本部，惊动匈奴的主力，使自己陷于重围，难以自拔。当时汉军只能在匈奴统治势力薄弱和接近西羌本部的边缘地区，即两大势力的结合部穿行而

---

① 《汉书》卷九十四上《匈奴传》，第 3770 页。
② 《史记》卷一百一十一《卫将军骠骑列传》，第 2928 页。
③ 《汉书》卷六十一《张骞传》，第 2690 页。

过，这样才能迅速到达河西浑邪王、休屠王部驻地，收到轻骑出击的效果。

据《汉书·霍去病传》载：元狩二年春霍去病“将万骑出陇西，有功。上曰：‘票骑将军率戎士逾乌盭，讨遬濮，涉狐奴，历五王国……转战六日，过焉支山千有余里，合短兵，鏖皋兰下，杀折兰王，斩卢侯王，锐悍者诛，全甲获丑，执浑邪王子及相国、都尉，捷首虏八千九百六十级，收休屠祭天金人’。”[①]

《汉书》中“逾乌盭”的“乌盭”，根据王宗维先生的推论，就是汉代的乌逆水或乌亭逆水，今天的庄浪河。[②] 颜师古注：“乌盭，山名也”，非是。按地理方位推测，霍去病所经之地，必然是渡乌逆水，沿南山西行，过谷水，向焉支山进军。那么颜师古为何将“乌盭”注为山名呢？这主要是没有细察地形，望文生义。认为“逾”就是翻越山岭，故将“乌盭”注为山名。据陈梦家先生《汉简缀述》中称：古代“逾”不作翻越山岭解，而作渡水解。因此，“逾乌盭”，乃是渡乌逆水。

“涉狐奴”的“狐奴”河，正是《汉书·地理志》所记的谷水，即现在由武威南山流入民勤白亭海的石羊河。

霍去病从谷水西行，中间经历了五个王国，转战六日后到达焉支山。焉支山在今山丹县境内，它与祁连山都是匈奴右部的主要牧场。因为这次进兵是尝试性的轻骑奇袭，因此霍去病到焉支山后没有继续前进，而是立即回军，复经千余里，到达皋兰山下，又“杀折兰王，斩卢侯王”[③]。

霍去病进军的路线，是由陇西郡西北上，约在今兰州西渡河，再过

① 《汉书》卷五十五《霍去病传》，第 2479 页。

② 参阅王宗维《论霍去病在祁连山之战》，文载《西北大学学报》（哲学社会科学版），1982 年 3 期，第 74 页。

③ 《汉书》卷五十五《霍去病传》，第 2479 页。

乌逆水，从山北麓西行，经过遫濮部落牧地，渡过谷水，到达焉支山而返。这条路基本上就是汉代丝绸之路东段的一部分。

霍去病这次出师河西，取得了较大的胜利，并了解到了一些匈奴在河西的活动情况，熟悉了地理环境。因此汉王朝决定乘胜出击，再次进军河西，以便彻底打败匈奴在河西的势力，控制河西，保护中西交通。

同年夏季，霍去病再次出师河西。据《汉书》记载："其夏，去病与合骑侯敖俱出北地，异道……去病至祁连山，捕首虏甚多。上曰：'票骑将军涉钧耆，济居延，遂臻小月氏，攻祁连山，扬武乎觻得，得单于单桓、酋涂王，及相国、都尉以众降下者二千五百人，可谓能舍服知成而止矣。捷首虏三万二百，获五王，王母、单于阏氏、王子五十九人，相国、将军、当户、都尉六十三人……'。"[①] 霍去病的胜利，给了匈奴势力又一次沉重的打击。

河西的匈奴在一年中连遭两次打击，已有不能支持之势，而匈奴单于又怪罪浑邪王和休屠王无能。"其秋，单于怒昆邪王（即浑邪王）、休屠王居西方为汉所杀虏数万人，欲召诛之。昆邪、休屠王恐，谋降汉。"[②] 浑邪王、休屠王经过商量，便派人和在黄河沿岸修筑边塞的将军李息联系。李息立即报告汉武帝。"上恐其以诈降而袭边，乃令去病将兵往迎之。"[③] 当汉军渡过黄河与浑邪王、休屠王部众相遇时，休屠王临时反悔，浑邪王部众也有不欲降者，浑邪王杀了休屠王，并收编了他的部众。这时霍去病当机立断，率军驰入浑邪王营中，"斩其欲亡者八千人"，尽将其众渡河东进。匈奴降汉者"凡四万余人，号十万"[④]。接着霍去病派人护送浑邪王到长安，受到了汉武帝的隆重接待，武帝封浑邪王与其亲信数人为侯。汉政府把投降的匈奴部众安置在"河南地"

---

① 《汉书》卷五十五《霍去病传》，第 2480 页。

② 《汉书》卷九十四上《匈奴传》，第 3769 页。

③ 《汉书》卷五十五《霍去病传》，第 2482 页。

④ 《汉书》卷九十四上《匈奴传》，第 3769 页。

之原陇西、北地、上郡、朔方、云中五郡故塞之外。从此，河西走廊正式归入了汉朝的版图。投降汉朝的匈奴也从此接受汉文化，逐渐与汉族相融合。

浑邪王归汉后，汉武帝对其部众的安置措施是有利于汉匈融合的，是值得称道的。而直接促成这种汉匈融合局面的则是霍去病。

河西之战是汉匈关系史上具有关键性的一次战争。其结果，使汉朝与匈奴在军事力量的对比上发生变化。汉朝占领河西本身，就是对匈奴势力的严重打击，因为祁连山和焉支山松柏茂密，水草丰盛，冬温夏凉，是匈奴宜于夏天放牧的优良牧场之一。匈奴一旦失去它，实谓痛心疾首。《史记正义》引《西河故事》云："匈奴失祁连、焉支二山，乃歌曰：'亡我祁连山，使我六畜不蕃息；失我焉支山，使我妇女无颜色'，其慜惜乃如此。"[①] 加之数万之众的损失，对其力量的削弱是很大的。而汉武帝在此基础上又把战果的影响继续扩大。这样，汉朝在军事上逐渐由原来的劣势转变为优势，相反，匈奴在军事上，则由原来的优势逐渐转向劣势。因此我们说，河西之战是汉匈势力对比的转折点，对汉王朝来说，具有重大的意义。

霍去病为何能不断取胜呢？霍去病在军事上的战功不是偶然的。虽然他平时"为人少言"，但在战场上却机智勇猛。他身为部队的统帅，作战时却"常与壮骑先其大军"，[②] 奋勇当先。他每战"敢深入"，直插敌人腹地，出其不意，攻其不备。远方作战，尤其是骑兵作战，军粮的运输供应是很困难的，但他却能"取食于敌，卓行殊远而粮不绝"，[③] 从而保证了远征奇袭的胜利。同时，霍去病还注意制定作战方略。他每制定作战方略，都是从现实实际出发，而不是纸上谈兵。"上尝欲教之

---

① 《史记》卷一百一十《匈奴列传》，第 2909 页。

② 《汉书》卷五十五《霍去病传》，第 2481 页。

③ 《汉书》卷五十五《霍去病传》，第 2487 页。

吴孙兵法，对曰：顾方略何如耳，不至学古兵法。”[①] 正因为他能制定切合实际的战略战术，故每战必胜。

霍去病在抗匈战争中功勋卓著，多次得到汉武帝的奖赏。汉武帝前后赏赐他一万七千多户，且加官大司马，“秩禄与大将军等”[②]。真可谓官高禄厚。当汉武帝为他建造宅第，让他去看看是否满意时，他谢绝说：“匈奴不灭，无以家为也。”[③] 可见他心中仍然牵挂着国家的安危。

公元前 117 年，霍去病不幸病逝，年仅二十四岁。汉武帝为表彰他的功劳，在出殡那天，征发边郡归附的匈奴人，身穿黑甲，排列长队，把霍去病的灵柩从长安护送到茂陵，为他举行了隆重的葬礼。并把他埋葬在自己的陵墓旁边，“为冢象祁连山”，且“谥之并武与广地曰景桓侯”。[④]

第三节　河西四郡与边防设施

河西地区正式归入汉朝版图后，汉武帝为了继续加强与西域的交通，并隔断羌、匈之间的联系以孤立匈奴，便在河西地区推行了一系列政治、经济措施，郡县的设置就是一项重要的措施。

一、河西四郡的设置

关于河西四郡的设置年代，不仅《史记》与《汉书》的记载矛盾，就是《史记》的《传》与《传》和《汉书》的《纪》《志》与《传》之间，记载也各不相同。司马光《资治通鉴》的记载与《汉书》也不完全一致。今人张维华、劳榦、黄文弼、陈梦家等先生对此问题都有专

① 《汉书》卷五十五《霍去病传》，第 2488 页。
② 《汉书》卷五十五《霍去病传》，第 2488 页。
③ 《汉书》卷五十五《霍去病传》，第 2488 页。
④ 《汉书》卷五十五《霍去病传》，第 2489 页。

文考证，但结论仍不相同。[①]

《汉书·武帝纪》记载，元狩二年“秋，匈奴昆邪王杀休屠王，并将其众合四万余人来降，置五属国以处之，以其地为武威、酒泉郡”。[②]元鼎六年，“分武威、酒泉地置张掖、敦煌郡，徙民以实之”。[③]

据以上记载，武威、酒泉郡置于元狩二年（前121年），张掖、敦煌郡置于元鼎六年（前111年）。但《汉书·地理志》的记载则又不同。

《汉书·地理志》载：“武威郡，故匈奴休屠王地，武帝太初四年开。”[④] 又云：“张掖郡，故匈奴昆邪王地，武帝太初元年开。”[⑤] 又云：“酒泉郡，武帝太初元年开。”[⑥] 又云：“敦煌郡，武帝后元（下当脱一元字）年分酒泉置。”[⑦]

据以上记载，酒泉、张掖置郡在太初元年（前104年），武威置郡在太初四年（前101年），敦煌置郡在后元元年（前88年）。

《资治通鉴》则系酒泉、武威郡于元鼎二年（前115年）置，张掖、敦煌于元鼎六年（前111年）置。

今人黄文弼先生认为，汉代西北边塞凡有郡县设置，必在兵事前后，均与重大的军事行动有关，或属交通上之必需。[⑧] 据此，我们可大

---

① 参阅张维华《汉河西四郡设置年代考疑》，载《中国文化研究汇刊》卷二（1942年），收入张维华《汉史论集》，济南：齐鲁书社，1980年；黄文弼《河西四郡建置年代考》，载《西北史地论丛》，上海：上海人民出版社，1981年；陈梦家《河西四郡的设置年代》，载《汉简缀述》，北京：中华书局，1980年。

② 《汉书》卷六《武帝纪》，第176—177页。

③ 《汉书》卷六《武帝纪》，第189页。

④ 《汉书》卷二十八《地理志》，第1612页。

⑤ 《汉书》卷二十八《地理志》，第1613页。

⑥ 《汉书》卷二十八《地理志》，第1614页。

⑦ 《汉书》卷二十八《地理志》，第1614页。

⑧ 参阅黄文弼《河西四郡建置年代考》，载《西北史地论丛》，上海：上海人民出版社，1981年，第105—107页。

致推断河西四郡的设置过程及时间。经公元前121年的河西之战后，汉武帝的对匈战争取得了很大胜利，出现了“金城、河西西并南山至盐泽，空无匈奴”[①] 的局面。张骞曾向武帝献策说：“今单于新困于汉，而故浑邪地空无人。蛮夷俗贪汉财物，今诚以此时而厚币赂乌孙，招以益东，居故浑邪之地，与汉结昆弟，其势宜听，听则是断匈奴右臂也……天子以为然，拜骞为中郎将”[②] 而出使乌孙。从而可知，在张骞出使乌孙以前，河西当无设郡之事。而张骞出使乌孙在元狩之末，于元鼎二年（前115年）返汉，这是河西设郡年代的上限。

1. 设酒泉郡之年代。《史记・大宛列传》云：“自博望侯骞死后，匈奴闻汉通乌孙，怒，欲击之。及汉使乌孙，若出其南，抵大宛、大月氏相属，乌孙乃恐，使使献马，愿得尚汉女翁主为昆弟。”[③] 又说：“而汉始筑令居以西，初置酒泉郡以通西北国。”[④]《史记》对于酒泉郡建置之年代，虽然没有明确说是何年，然而一定在张骞自乌孙还，西北交通发展之际，故云“初置酒泉郡，以通西北国”。张骞自乌孙还后年余，西域诸国，如大宛、康居、大月氏、大夏、安息、身毒等，骞所遣副使以往者，多遣使来回报汉朝。《大宛列传》云：“其后岁余，骞所遣使通大夏之属者，皆颇与其人俱来，于是西北国始通于汉矣。”[⑤] 自此而后，使节往还，异常频繁，西北交通，大有发展。由此可得知：（1）既然此时乌孙已明白表示不想东还，在汉朝方面，则对于浑邪王故地势必着手经营，不能再任其废弃而不顾；（2）此时西北交通线已开，各国使节、商人东来西去，往返不断。汉王朝为了维持已开之交通线，并供应各国往返使臣，也有在河西建郡之必要；（3）当时汉王朝通西域的愿望很强烈，张骞出使乌孙时就有很多副使随行，准备与各国联系。

---

① 《史记》卷一百二十三《大宛列传》，第3167页。
② 《史记》卷一百二十三《大宛列传》，第3168页。
③ 《史记》卷一百二十三《大宛列传》，第3170页。
④ 《史记》卷一百二十三《大宛列传》，第3170页。
⑤ 《史记》卷一百二十三《大宛列传》，第3169页。

西域交通线开通之后，又多次遣使。在这种热切的愿望之下，汉王朝对于通西域的必经之地——河西走廊，当然不能忽视，而必须积极经营。由以上三事而论，酒泉郡的建置，当在张骞自乌孙返汉之后。张骞死后岁余，他所遣副使与各国使节一同来汉，“于是西北国始通于汉矣”。据《百官公卿表》，张骞死于元鼎三年（前 114 年），则西北国始通于汉当在元鼎四年（前 113 年）之后。这时，中西交通既开，往来使节频繁，故设置酒泉郡以通西北国，所以，酒泉郡的设置也应在此时。

2. 设武威、张掖郡之年代。酒泉设郡，是为了通西北国。而武威、张掖设郡，则与隔绝羌胡交通有着直接的关系。武威、张掖地处匈奴与羌之间，地理位置十分重要。故武帝为了“隔绝羌胡，使南北不得交关”，[①] 以削弱匈奴势力，于元鼎六年（前 111 年）平定西羌后，即“置酒泉郡以隔绝胡与羌通之路”。[②] 但酒泉远在西北，与隔绝羌、胡无关，故引文中的“置酒泉郡”可能是指置武威、张掖郡，并非指酒泉郡。因《汉书·西域传》曰：“初置酒泉郡，后稍发徙民充实之，分置武威、张掖、敦煌，列四郡，据两关焉。”[③] 正因为武威、张掖、敦煌皆自酒泉分出，故泛言之，举酒泉以包括其他三郡。《武帝纪》称赵破奴出令居击匈奴，当时匈奴在令居之北，武威在令居之西北，张掖又在武威之西。而西羌则在张掖、武威之西南，故此二郡为匈奴与西羌交通之要道，置郡以隔绝羌匈联系，是汉王朝在边防上采取的重要措施。因此，元鼎六年（前 111 年）便分置了武威、张掖郡。

3. 设敦煌郡之年代。敦煌郡的设置，则与李广利伐大宛有密切关系。汉王朝为了进一步扩大在西域的影响，于太初元年（前 104 年）

---

① 《后汉书》卷八十七《西羌传》，第 2876 页。
② 《汉书》卷九十四上《匈奴传》，第 3773 页。
③ 《汉书》卷九十六上《西域传》，第 3873 页。

“拜李广利为贰师将军，发属国六千骑，及郡国恶少年数万人，以往伐宛”。[①] 而“关东蝗大起，蜚西至敦煌。”[②] 太初二年（前 103 年），李广利伐宛失利，乃“引兵而还。往来二岁。还至敦煌，士不过什一二。使使上书言……天子闻之，大怒，而使使遮玉门，曰军有敢入者辄斩之！贰师恐，因留敦煌”。[③] 李广利伐大宛为汉代出兵西域之重要战役，后方必有布置，此时设置敦煌郡，既可以备军事之转输，又有利于中西各国使者之往来。李广利第一次伐宛在太初元年，太初二年留兵敦煌，而敦煌之名亦出现于此时，因此我们认为，敦煌都的设置可能也在此时。

在汉代，敦煌是中西交通的咽喉之地。它南枕祁连、西控西域，是中西交通南北两道的分合点，东西方文明荟萃的枢纽。东汉应劭解释敦煌二字说：“敦，大也；煌，盛也。”[④] 随着使节、商人、僧侣的出入，官署的设置，戍卒屯田等等，敦煌遂成为汉与西域经济文化交流的咽喉。

汉代经营西域，有如一幕幕话剧，而敦煌则是汉政府导演话剧的后台，也是汉政府获得情报以决策西域的耳目。[⑤] 汉破楼兰、联乌孙、伐大宛，与匈奴争车师等等，都与敦煌有着密切的联系。

上自西域都护，下至屯田戍卒，由于其原籍均在内地，所以都把敦煌之玉门关、阳关当作他们回归故土的象征。班超在西域三十一年，晚年上书说：“臣不敢望到酒泉郡，但愿生入玉门关。”[⑥] 凡罢都护、废屯田之时，汉政府派人迎接吏士，“出敦煌，迎入塞”，就算完成了使命。

① 《史记》卷一百二十三《大宛列传》，第 3174 页。

② 《史记》卷一百二十三《大宛列传》，第 3175 页。

③ 《史记》卷一百二十三《大宛列传》，第 3175 页。

④ 《汉书》卷二十八下《地理志》注，第 1614 页。

⑤ 参阅施萍亭《敦煌与莫高窟》，载《敦煌研究》试刊第一期，兰州：甘肃人民出版社，1982 年，第 153 页。

⑥ 《后汉书》卷四十七《班超传》，第 1583 页。

对当时的旅行者来说，“西出阳关”就意味着凄怆的离别，“生还玉门”就象征着幸福的重聚。

以上说的酒泉、武威、张掖、敦煌四郡，就是一般所说的河西四郡。关于河西四郡的属县，据《汉书·地理志》记载：

武威郡，县十：姑臧（郡治，今武威市西北）、武威（今武威市东北）、休屠（今武威市四坝乡三岔古城）、揟次（今古浪县土门镇西）、鸾鸟（今武威市西北沙城子古城）、媪围（今景泰县卢阳镇吊沟古城）、张掖（在武威市东河乡）、宣威（今民勤县大坝乡文一古城）、苍松（今古浪县东北）、扑𢷴（今古浪县北）。

张掖郡，县十：觻得（郡治，今张掖市甘州区西北黑水国北城遗址）、昭武（今临泽县东北之昭武古城）、删丹（今山丹县南霍城乡双湖古城）、氐池（今张掖市东南）、屋兰（今张掖市碱滩乡东古城）、日勒（今山丹县城东南位奇乡五里墩古城）、番和（今永昌县西之西寨古城）、显美（武威市西之朵浪城）、居延（今内蒙古额济纳旗）、骊靬（今永昌县城西南之焦家庄乡南古城）。

酒泉郡，县九：禄福（郡治，今酒泉市肃州区）、表是（今高台县城西新墩子城）、乐涫（今肃州区皇城遗址），绥弥（今肃州区临水乡古城）、玉门（今玉门市赤金镇）、会水（今金塔县金塔乡东沙窝西古城）、沙头（或作池头，今玉门市花海乡比家滩古城）、乾齐（今玉门市玉门镇东南之西域城）、天陈（今玉门市昌马乡）。

敦煌郡，县六：敦煌（郡治，今敦煌市西）、冥安（今瓜州县锁阳城遗址）、广至（今瓜州县踏实乡西北之破城子）、渊泉（今瓜州县河东乡屯庄古城）、龙勒（今敦煌市南湖乡寿昌古城）、效谷（今敦煌市东北郭家堡乡墩墩湾古城）。[①]

汉王朝在河西地区推行郡县制，把广大落后的边远地区的社会制

---

① 河西四郡所辖县的古今地名对照，参阅高荣《先秦汉魏河西史略》，天津：天津古籍出版社，2007年，第92—94页。

度，用行政手段纳入到封建政治的范畴之中。河西四郡的设置，是西汉王朝开发河西的第一个重大措施。

二、汉在河西的边防设施

自从河西归入汉的版图后，西汉王朝为了保证这个地区的安全和维护“丝绸之路”的畅通，便修筑了其安全防御线——长城。

汉长城遗址（1914 年斯坦因摄）

河西长城是随着边防形势的变化在几个不同时期分段修筑而成的。

令居以西至酒泉：汉筑令居以西之边塞，见于《史记·大宛列传》：“而汉始筑令居以西，初置酒泉郡，以通西北国。”[①]《汉书·张骞传》亦详记此事，而注引臣瓒曰：“令居，县名也，属金城，筑塞西至

① 《史记》卷一百二十三《大宛列传》，第 3170 页。

酒泉也。”[①]《汉书·西域传》云：“汉兴，至于孝武，事征四夷，广威德，而张骞始开西域之迹。其后骠骑将军击破匈奴右地，降浑邪、休屠王，遂空其地，始筑令居以西，初置酒泉郡。”[②] 元狩二年（前121年），霍去病在河西之战中打败了匈奴，匈奴浑邪王、休屠王降汉，汉始有河西之地。故知令居以西至酒泉长城的修筑，是元狩二年以后之事。《史记·匈奴列传》称：“骠骑封于狼居胥山，禅姑衍，临翰海而还。是后匈奴远遁，而幕（漠）南无王庭。汉度河，自朔方以西至令居，往往通渠置田，官吏卒五六万人。”[③] 可知，令居在骠骑封狼居胥禅姑衍时，已成为西北之军事要冲。令居既成为边防要塞，那么，保护其安全的边防设施长城也一定建立起来了。而骠骑之封狼居禅姑衍为元狩二年稍后之事，因此，令居塞之起筑，也就在元狩二年或稍后的时间。[④]

酒泉至玉门间：酒泉至玉门间这段长城，是在赵破奴、王恢破楼兰、姑师以后修筑的。《史记·大宛列传》载：“其明年，击姑师，破奴与轻骑七百余先至，虏楼兰王，遂破姑师，因举兵威以困乌孙大宛之属……于是酒泉列亭障至玉门矣。”[⑤] 按赵破奴与王恢虏楼兰王，破姑师，事在元封五年（前106年），而《史记》记酒泉至玉门的长城之修筑，与此事并述，可知酒泉至玉门的长城，筑于元封五年。

敦煌至盐泽间：敦煌至盐泽这一段长城，是李广利伐大宛以后修筑的。《史记·大宛列传》云：“汉已伐宛……而敦煌置酒泉都尉，西至盐水，往往有亭。”[⑥]《汉书·西域传》亦言及此，云：“自贰师将军伐

① 《汉书》卷六十一《张骞传》，第2694页。
② 《汉书》卷九十六上《西域传》，第3873页。
③ 《史记》卷一百一十《匈奴列传》，第2911页。
④ 参阅张维华《中国长城建置考》上编，北京：中华书局，1979年，第146—147页。
⑤ 《史记》卷一百二十三《大宛列传》，第3171—3172页。
⑥ 《史记》卷一百二十三《大宛列传》，第3179页。

大宛之后，西域震惧，多遣使来贡献，汉使西域者益得职，于是自敦煌西至盐泽，往往起亭。”[①] 这里所说的盐水或盐泽，即今新疆维吾尔自治区西部之罗布泊（又称蒲昌海）。汉自敦煌至罗布泊所筑长城是在李广利伐大宛之后，而李广利伐大宛，始于太初元年（前 104 年），终于太初四年（前 101 年）。可知，此段长城的修筑，当在天汉年间（前 100 年—前 97 年）或稍后。

敦煌汉长城（2003 年摄）

这只是河西主要的几段长城建筑情况，而整个长城防御线的修筑情况大概是这样的：公元前 127 年，汉朝收复“河南地”后，置朔方、五原郡，移民垦荒，并将秦时沿黄河的长城加以修整。这是武帝第一次大规模地修整长城防御线。公元前 121 年，汉收复河西后，便把长城由朔方沿黄河往西延长至令居。随后，汉朝政府又将长城从令居分段向西延

① 《汉书》卷九十六上《西域传》，第 3873 页。

长到玉门，所谓自“酒泉列亭障至玉门矣”[①]。以后随着匈奴势力不断向西北转移，汉朝也相应地加强了西北边防。公元前 101 年李广利伐大宛取得胜利后，汉王朝又把长城延伸到了盐泽。《汉书·西域传》曰：“自敦煌西至盐泽，往往起亭。”[②] 这就是河西走廊以北东西长达千余公里的边塞防御线——长城。

长城在汉代又称为“塞”，由每隔五公里左右的小城堡连着。小城堡设有发放警报的“烽台”，称为“亭”或“燧”。这些小城堡按其大小派驻着几十名到一二百名戍卒，由“候长”“燧长”管理。隔若干个“燧”，有一个较大的城，叫作“障”，由“侯官”统率。各候官又由都尉统率，都尉住在更大的城堡里，即郡城或县城。故以“亭”“障”往往连用，代表着长城的防御工事。

住在亭障的士兵，要密切注视敌情，称为“斥候”，有警要放出信号，称“烽燧”。驻在亭障的戍卒，也要开垦田地，疏通水利。他们保卫着我国古代西北边疆和人民的生产。

关于汉代的烽燧制度，《汉书·贾谊传》曰：“斥候望烽燧不得卧，将吏被介胄而睡。”[③] 文颖注云：“边方备胡寇，作高土橹（橹为无顶之屋），橹上作桔皋，桔皋头兜零，以薪草置其中，常低之，有寇即火然举之以相告，曰烽。又多积薪，寇至即燃之，以望其烟，曰燧。”[④] 张晏注云：“昼举烽，夜燔燧也。”[⑤] 从此可以看出汉代的烽燧情形。

关于报警的信号，一是烽表，即用红布和白布缝成帆状物。在敌人侵入时，则悬挂在亭障的高竿上，按侵入者的多少、远近而增减数量，一燧挂烽，其他燧照传。二是烽烟，即焚薪取烟，亭障上有烟筒，焚薪

---

① 《史记》卷一百二十三《大宛列传》，第 3172 页。
② 《汉书》卷九十六上《西域传》，第 3873 页。
③ 《汉书》卷四十八《贾谊传》，第 2240 页。
④ 《汉书》卷四十八《贾谊传》，第 2241 页。
⑤ 《汉书》卷四十八《贾谊传》，第 2241 页。

玉门关的烽燧遗址（斯坦因 1907 年摄）

敦煌汉长城的烽燧（2004 年摄）

之烟通过烟筒直上天空，白天易于被远处望见，这是情况紧急时的信号。三是苣火，夜间通报情况用燃苣火取代烽表。这是将点燃的苇束悬上高竿，也按侵入者的多少、远近而增减数量。四是积薪，积薪是叠积在亭燧附近的大草垛。无论是白天，还是夜晚，最紧急的警报就是焚烧积薪。

汉长城附近的积薪

以上所举四种报警信号，只是就一般情况而言。实际上汉代发放警报信号是有制度规定的，即“烽火品约”。具体规定较为复杂，这里就不谈了。

总之，汉代的烽燧亭障，实际上是军事防御线上设立的军事通讯哨所。自从烽燧制度建立后，由于“汉边郡烽火候望精明，匈奴为边寇者少利，希复犯塞”。[1] 它为保护河西地区居民的正常生活和“丝绸之路”上的来往使者、商贾的安全，起着重大作用。

① 《汉书》卷九十四上《匈奴传》，第 3784 页。

第四节　法显西行述论

对于中西交通史的研究，人们往往注意于汉唐盛世，研究较多的也是汉代的张骞和唐朝的玄奘。而对于中西交通史上的一个重要阶段——魏晋南北朝时期却注意不够，对于此时期中西交通史上的一个伟大人物——法显亦研究甚少。其实法显西行，对中西交通的贡献和张骞、玄奘一样，都是很大的。其西行所经之地，“汉之张骞、甘英皆不至”。且“观夫自古神州之地，轻生徇法之宾，显法师则创辟荒途，奘法师乃中开王路”。[①] 在这里，义净将法显和玄奘同时并举，对比起来，创辟荒途比继开中路要更加艰难，而且魏晋南北朝是一个长期分裂割据、战争连绵、社会动荡的时代，较之汉、唐盛世，客观条件自然也差多了，这更衬托出了法显西行之伟大。现就阅读文献所得，并吸收前人研究成果，将法显印度之行作初步探讨。

一、法显西行的背景和原因

法显西行印度是当时社会的需要。

佛教自东汉初年正式传入中国后，到了魏晋南北朝时期，得到了很大发展。三国时期，就有天竺、安息、康居等国的沙门昙柯迦罗、谛昙、康僧铠等，先后来到洛阳从事经典的翻译。此时佛教也由中原辗转传入江南，支谦、康僧会等先后达吴国的都城建业。当时居地偏僻的蜀国“似乎也已流传佛教”。[②]

当时佛教界的一个重大事件是佛教戒律的传来。此时中土虽已有佛

① （唐）义净《大唐西域求法高僧传校注》，王邦维校注，北京：中华书局，1988 年，第 1 页。

② 中国佛教协会编《中国佛教》第一辑，北京：知识出版社，1980 年，第 11 页。

法流行，然而僧众只是剪除头发，并没有禀受归戒，所有斋供礼仪都取法于传统的祠祀。公元250年（魏废帝嘉平二年），中天竺律学沙门昙柯迦罗游化洛阳，他主张一切行为应遵佛制，于是洛阳僧众共请其译出戒律，迦罗恐律文繁缛冗长，无法为大众所接受，因而译出《僧祇戒心》，即摩诃僧祇部的戒本一卷，又邀请当地的梵僧举行受戒的羯磨来传戒，这是中土有戒律受戒之始。西晋时，仅洛阳一地，就有佛寺42座。[①] 全国多至180座，出家僧尼达3700余人。[②] 所翻译的经、律和集传等共275部，加上新旧各种失译人的经典58部，合计333部。此时佛经翻译已遍及全国，不仅洛阳、长安、敦煌，及至天水、嵩山、淮阳、广州等地，都有僧众或翻译经典，或弘传教义，或从事其他佛教活动。到了东晋，佛教更加兴盛，西域的于阗、龟兹，河西的凉州、敦煌，都成了佛教传播的中心。

综上所述，魏晋南北朝是中国佛教的大发展时期，其原因是中国继秦汉的大一统局面结束后，又走向了分裂割据，民族关系十分复杂，封建割据，战争连绵不断。同时，豪族门阀地主的势力亦不断膨胀，更加重了对佃客和奴婢的奴役，因此社会矛盾异常尖锐、农民战争不断爆发。在这样混乱的局势下，即使是封建统治阶级，也常常感到朝不保夕，前景茫然，更不要说身受残酷剥削、饱尝战乱之苦的劳动人民了。所有这一切，都为佛教的兴盛创造了有利的条件。

魏晋南北朝时期佛教迅速发展的另一重要原因是广大民众的需要。此时儒家“生死有命、富贵在天”的说教，已受到人们普遍的怀疑；道教宣扬“羽化成仙”“求取长生不老”之药，也根本无法实现。而佛教则从“神不灭论”出发，宣扬“生死轮回”“因果报应”的思想，把人们的注意从痛苦的现实转移到无法验证的来生幸福，贫困的劳动人民

---

① （北齐）魏收《魏书》卷一百一十四《释老志》，北京：中华书局，1974年，第3029页。

② 法琳《辨正论》卷三，见《大正藏》第52册，第502页。

产生了从宗教中寻找安慰和拯救的幻想。有的佛教流派，还不断宣扬“人皆可成佛”“顿悟成佛”的说教，对隔世的幸福作出廉价的许诺，似乎人人都能如愿以偿，这就更容易欺骗麻痹广大劳动人民。至于封建统治阶级，则于“现世的富贵权势之外，更妄想通过宗教而享受天国之乐；何况当时战争那样频繁，局势那样不安，连统治阶级现世的富贵权势也还得拜求佛菩萨来保佑”。[①] 再加上宗教能够麻痹人民的斗志，对统治阶级大为有利，因而封建统治者正需要这样的宗教来为其服务，并对佛教从政治上保护，经济上支持。

佛教在中国的传播，也激发了中国和尚到西域和外国求经的愿望和热诚。三国时的朱士行是有记载的第一个去西域求法的内地高僧。朱士行是三国曹魏时颍川人，少年出家后，“专务经典”。当时最流行的译本是竺佛朔译的《道行经》，但此经“文句简略，意义未周”[②]，朱士行在洛阳常讲此经，总觉其“文章隐质，诸未尽善。每叹曰：‘此经大乘之要，而译理不尽’”，[③] 便“誓志捐身，远求大本。遂以魏甘露五年（公元260年）发迹雍州，西渡流沙。既至于阗，果得梵书正本，凡九十章”。[④] 由其弟子送回洛阳，而朱士行本人则终生留在西域，八十岁病故。朱士行西行，虽仅至于阗，未达印度，但毕竟是我国僧人西行之始。从此以后，我国僧人西行求法者，便到处可见。我国僧人的西行是有多种动机的：有的想寻求名师指点；有的想瞻仰圣迹，躬拜圣体；有的想迎请大师东来传法；有的想学习梵经梵文，研求佛教经典。概括起来，有这样四种动机，便发生了高度地寻求一种新思想、新文化的热

---

① 章巽《法显传校注》，上海：上海古籍出版社，1985年，法显传校注序第1页。

② （南朝梁）释慧皎撰，汤用彤校注，汤一玄整理《高僧传》卷四《义解一》“朱士行”，北京：中华书局，1992年，第145页。

③ 《高僧传》卷四《义解一》“朱士行”，第145页。

④ 《高僧传》卷四《义解一》“朱士行”，第145页。

情。当然他们亦抱着中古时代坚强的宗教信念。[①]

正是由于中印之间佛教徒及其他人士的不断往来，加强了中印经济文化交流，使两国之间的关系较密切。再加上丝绸之路的开通，为法显西行印度创造了客观条件。

法显为何要去印度呢？我们认为其西行目的就是为了“至天竺寻求戒律”。《法显传》曰：“法显昔在长安，慨律藏残缺，于是……至天竺寻求戒律。”他们“既到中国（指中天竺），见沙门法则，众僧威仪，触事可观，乃追叹秦土边地，众僧戒律残缺”“法显本心欲令戒律流通汉地”[②]。从而可知，法显西行就是为了寻取中土佛教所迫切需要的戒律。

佛典传入中国的初期，并非直接由佛教的发祥地印度传来，很多来自西域的大月氏、安息、康居等国。这些经中亚和西域传来的佛典，往往篇章不备，或者转译失真，日渐不能满足社会的需要。自从晋宋以后，由于西域各国语言转译的过渡期已告终，对于胡语经典，已不加重视，而对于梵文正本佛典，却遵信之风盛行，所以从曹魏末年的朱士行开始，便产生了西行求法运动。此后见于记载的人数很多，但他们的成就和声名，都不及法显。

到东晋末年，由于社会矛盾加剧，佛教空前发展。同时，由于佛教组织扩大，寺院地主阶级的发展，加之佛经翻译不敷需要，尤其律藏未备，影响到僧伽制度的建立，故又是佛教界极为混乱的时期。此时佛教界的混乱现象，《弘明集》揭示得淋漓尽致：“今观诸沙门，通非其才，群居猥杂，未见秀异。混若泾渭浑波；泯若熏莸同篋。若源清则津流应鲜；根深则条颖必茂。考其言行，而始终不伦；究其本末，几有无有校。”今观诸沙门，“或垦殖田圃，与农夫齐流；或商旅博易，与众人

① 参阅贺昌群《古代西域交通与法显印度巡礼》，武汉：湖北人民出版社，1956 年，第 25 页。

② 《法显传校注》，第 141 页。

竞利；或矜恃医道，轻作寒暑；或机巧异端，以济生业；或占相孤虚，妄论吉凶；或诡道假权，要射时意；或聚畜委积，颐养有余；或抵掌空谈，坐食百姓。斯皆德不称服，行多违法”。[①] 佛教界的这种混乱现象，激起了社会的强烈不满，也引起了佛教界内部一些有识之士的注意。他们企图通过从天竺直接传译戒律，以矫正时弊，扭转这种混乱局面。法显西行印度寻求戒律，正体现了当时中国佛教发展的这种客观要求。

二、法显求法的艰难历程

法显原姓龚，晋平阳郡武阳人（今山西襄垣县），有兄长三人，都不幸早逝，父母“恐祸及之，三岁，便度为沙弥（童僧）”。[②] 法显进入寺院后，长时间不回家，“母欲见之不能得”。十岁时其父病逝，“叔父以其母寡独不立，逼使还俗”，[③] 他还是不肯还俗归家。不久其母去世，他办完丧事，“仍即还寺”。[④] 从这里可以看出，法显对佛教的信仰非常虔诚，且从小就性格倔强，一旦选定目标就不会随意改变。法显二十岁时受了大戒，从此对佛教更加诚笃。显“及受大戒，志行明敏，仪轨整肃，常慨经律舛阙，誓志寻求”。[⑤]

法显西行的时候，黄河流域正是五胡十六国割据的时代，河西走廊的形势非常混乱，民族间的纠纷及战争不断发生，因而道路时常断绝，这就给法显西行带来了许多客观上的困难。但是，佛教首先是由印度传入西域，再由西域经河西逐渐传入内地的，因而西域及河西的佛教也很兴盛。各民族、各割据王国虽然政治斗争激烈、战争不断，但对其信仰

---

① （南朝梁）释僧祐撰《弘明集校笺》，李小荣校笺，上海：上海古籍出版社，2013 年，第 296、297 页。

② （南朝梁）释僧祐撰《出三藏记集》卷十五《法显法师传》，苏晋仁、萧錬子点校，北京：中华书局，1995 年，第 573 页。

③ 《出三藏记集》卷十五《法显法师传》，第 573 页。

④ 《出三藏记集》卷十五《法显法师传》，第 573 页。

⑤ 《高僧传》卷三《译经下》“宋江陵辛寺释法显”，第 87 页。

的共同宗教——佛教，却都非常虔诚，所以佛教徒法显也就能穿过此是非之地，西行印度。

公元399年三月中旬，法显以六十五岁的高龄，与慧景、道整、慧应、慧嵬等从长安出发，“度陇，至乾归国”。[①] 此乾归国，即东晋时乞伏乾归所建之西秦。

法显在此“夏坐”[②] 三个月，然后经乐都、武威至张掖。在张掖“与智严、慧简、僧绍、宝云、僧景等相遇，欣于同志”，[③] 共同西行取经。法显等在张掖“夏坐”完毕，即进入敦煌。在敦煌期间，得到了敦煌太守李暠的资助，做好了穿行塔克拉玛干沙漠的准备。《法显传》载：沙漠“中多有恶鬼、热风，遇则皆死，无一全者。上无飞鸟，下无走兽，遍望极目，欲求度处，则莫知所拟，唯以死人枯骨为标识耳”。[④] 在当时的条件下，穿越大沙漠的困难是可想而知的。到了唐朝，仍是如此。玄奘在《大唐西域记》中描写塔克拉玛干沙漠说：“沙则流漫，聚散随风，人行无迹，遂多迷路。四远茫茫，莫知所指，是以往来者聚遗骸以记之。乏水草，多热风。风起则人蓄（畜）惛迷，因以成病。时闻歌啸，或闻号哭，视听之间，怳（恍）然不知所至，由此屡有丧亡。”[⑤]

法显等在塔克拉玛干沙漠中艰难行走十七日，终于穿过了沙漠，到了鄯善国（今新疆若羌县），鄯善国“俗人衣服粗与汉地同，但以毡褐为异”“从此西行，所经诸国类皆如是。唯国国胡语不同，然出家人皆

---

① 《法显传校注》，第3页。

② “夏坐”：又称“坐夏”，又名“安居”，是印度佛教徒遵释迦遗教奉行的习俗。在雨期三个月中，不外出，禁修梵行。因在雨期，又称“雨安居”。因可分为前中后三期，又称“三安居”。

③ 《法显传校注》，第3页。

④ 《法显传校注》，第6—7页。

⑤ 玄奘、辩机著，季羡林等校注《大唐西域记校注》卷十二，北京：中华书局，1985年，第1030—1031页。

习天竺书、天竺语”[①]。法显等从鄯善国，复西北行十五日，到焉夷国（今新疆焉耆回族自治县境）。焉夷国习小乘教，法显等习大乘教，故焉夷国的僧徒对他们很无礼义，不供给他们食宿。“智严、慧简、慧嵬遂返向高昌，欲求行资”[②]。法显得到了前秦皇族苻公孙的资助，便西南行直达于阗，“路中无居民，沙行艰难，所经之苦，人理莫比”[③]。到于阗后，“慧景、道整、慧达先发……法显等欲观行像，停三月日”[④]。法显等看了行像后，便行赴子合国（今新疆叶城县），在此住十五天，即南行入葱岭的于摩国，便又在此“夏坐”，此时晋隆安三年（公元401 年）。“夏坐”毕，即度葱岭。“葱岭冬夏有雪。又有毒龙，若失其意，则吐毒风，雨雪，飞沙砾石。遇此难者，万无一全”。[⑤] 度过葱岭后，就进入印度境——北印度了。然后渡印度河，“其道艰岨，崖岸崄绝，其山唯石，壁立千仞，临之目眩，欲进则投足无所。下有水，名新头河（即印度河）……汉之张骞、甘英皆不至”[⑥]。法显在北印度曾观礼四大塔：一为呵宿多国之菩萨割肉贸鸽处；一为犍陀卫国之菩萨以眼施人处；一为竺刹尸罗国之菩萨以头施人之处；一为山中某地菩萨投身餧（喂）饿虎处。法显等从竺刹尸罗国达弗楼沙国，在此“慧景病，道整住看”，慧应不幸死亡，“而慧达、宝云、僧景遂还秦土”“由是，法显独进”，[⑦] 西行取经。然后法显在那揭国城（今贾拉拉巴德城之西）住三月余，慧景病稍好后，就和道整赶来了。于是“法显等三人南度小雪山（今贾拉拉巴德城以南之塞弗德科山脉），雪山冬夏积雪。山北阴中遇寒风暴起，人皆噤战。慧景一人不堪复进，口出白沫，语法显云：

---

① 《法显传校注》，第 8 页。
② 《法显传校注》，第 10 页。
③ 《法显传校注》，第 12 页。
④ 《法显传校注》，第 14 页。
⑤ 《法显传校注》，第 24 页。
⑥ 《法显传校注》，第 26 页。
⑦ 《法显传校注》，第 40 页。

‘我亦不复活，便可时去，勿得俱死。’于是遂终。法显抚之悲号：‘本图不果，命也奈何！’复自力前，得过岭”[①]，便与道整二人进入了中印度。法显和道整在拘萨罗国舍卫城游历，“彼众僧出，问显等言‘汝从何国来？’答云：‘从汉地来。’彼众僧叹曰：‘奇哉！边地之人乃能求法至此！’自相谓言：‘我等诸师和上相承已来，未见汉道人来到此也’”。[②] 法显在中印度最大的城市巴连弗邑留居三年（405—407 年）学梵书梵语，写律藏。显本求戒律而至天竺，这时佛典的流传都凭记诵，师师口传。法显在此写得许多佛教经典。

“道整既到中国（指中印度），见沙门法则，众僧威仪，触事可观，乃追叹秦土边地，众僧戒律残缺。誓言：‘自今已去至得佛，愿不生边地。’故遂停不归。”[③] 道整留居中印度，劝法显亦留此，而“法显本心欲令戒律流通汉地，于是独还”。[④] 法显一人便顺恒水东下达瞻波国（瞻波，一作占波，在恒河南岸，今巴格浦地方，邻近加尔各答，相传佛曾到此说法），由此南下多摩梨帝国（今孟加拉国），“法显住此二年（408—409 年），写经及画像”，又得到了一些佛教典籍。冬初，法显乘东北季风泛海十四昼夜，抵达师子国（今斯里兰卡）。法显在斯里兰卡两年（410—411 年），游历了大塔、无畏山僧伽蓝、贝多树、王城及佛齿供养处、跋提精舍、摩诃毗诃罗精舍等佛迹。当法显在无畏山僧伽蓝一玉像边游览时，“忽于此玉像边见商人以晋地一白绢扇供养，不觉凄然，泪下满目”，[⑤] 便决心回归祖国。

义熙七年（411 年）八月，法显乘一商船回国。此船上有二百多人，船后拖一小船，以备急用。船行三日，便遇大风，“船漏水入”，商人都争相上小船。为了减轻载重量，大家都把粗重货物投掷海中，法

---

① 《法显传校注》，第 51 页。
② 《法显传校注》，第 72 页。
③ 《法显传校注》，第 141 页。
④ 《法显传校注》，第 141 页。
⑤ 《法显传校注》，第 151 页。

显“恐商人掷去经像”，便将所带随身用品及水瓶均抛入海中。船在海上漂泊九十余日，到了耶婆提（爪哇）。在耶婆提滞留五月余，又随其他商船，带五十日粮，于义熙八年（412 年）四月十六日向广州进发。船行一月余，又遇“黑风暴雨”“天多连阴”，船行亦不辨方向，只能在海上漂流，进入广州的计划也破灭了。大家无法，“便西北行求岸，昼夜十二日，到长广郡界牢山（今山东崂山县）南岸”。[①] 初到此，还不知是何地，直到看见了山东的大白菜，才知已回到了久别的祖国，高兴得他热泪盈眶。长广“太守李嶷敬信佛法，闻有沙门持经像乘船泛海而至”，便派人到海边迎接，“归至郡治”。[②]

法显乘商船回国，其行途的艰险，不仅有缺乏食物、淡水的时候，而且“大海弥漫无边，不识东西，唯望日、月、星宿而进。若阴雨时，为逐风去，亦无准”，[③] 甚至商船破损时，差点被商人推下海去。他经受多次风险，终于在公元 412 年回到中国。

法显在长广郡稍作停留就想南下，刺史尽力请求法显留下，法显回答说：“贫道投身于不返之地，志在弘通，所期未果，不得久停。”[④] 便南下达建康道场寺，开始了后期的翻译生涯。

总之，法显于公元 399 年和他的同行者从长安出发，穿行流沙戈壁，越山渡河，长途跋涉，到印度取经。他遍游印度，朝拜了佛迹，取回了经典，且乘船从海路归国，前后凡十三年多，行程数万里。同行者十人，智严、慧简、慧嵬在焉夷就已退回，僧绍在于阗告别，慧达、宝云、僧景在弗楼沙分离，慧应死于弗楼沙，慧景在小雪山逝世。只有法显和道整到达了中印度的巴连弗邑，但以后道整留居不归。求得经律，坚持到底，回归祖国的只有法显一人。他无疑是我国旅行家中漫游天

① 《法显传校注》，第 171 页。
② 《法显传校注》，第 173 页。
③ 《法显传校注》，第 167 页。
④ 《出三藏记集》卷十五《法显法师传》，第 576 页。

竺，并从海道归来的第一人。他对沿途及天竺各地情况有很多记述，著有《法显传》（又名《佛国记》）一书，是研究中西交通史和印度古代史的重要资料。

三、法显西行的价值和意义

法显印度之行，在中西交通史上占有十分重要的地位。他对中西交通的贡献主要体现在以下两个方面。

1. 法显西行促进了中西交通的发达

自张骞通西域后，西域诸国纷纷与汉朝政府建立了友好关系，丝绸之路出现了空前的繁荣和畅通。正是由于丝绸之路的繁荣和畅通，才为法显西行印度提供了客观条件。而张骞、甘英、朱士行等人的西行和印度、西域等地佛教徒、商人、使者的往来，成了法显西行的先驱。法显正是在前人开创事业的基础上西行探险，并且发展了前人开创的事业，其旅行范围超过了前代的探险家，为中西交通做出了更大的贡献。

法显西行所到之处，乃“汉之张骞、甘英皆不至”。其行途之远，是世界所惊叹的。虽然“法显去汉地积年，所与交接悉异域人，山川草木，举目无旧，又同行分披，或留或亡，顾影唯已，心常怀悲”①，但他仍然坚持不懈，继续探险，终于完成了其探险任务。清李光廷在其所著《汉西域图考》中说：“葱岭而西，古称荒徼。史书传述，道里难稽。非游踪亲践，莫知其真也。汉世张（骞）、甘（英）西使，摄（摩腾）、竺（法兰）东来，徒以口传，未闻载记。自晋法显卓锡西征，始著于录……学者知九州之外，复有九州矣。”② 亦说明了法显在中西交通史上的地位。

不但法显本人西行及《佛国记》的撰述，对中西交通有巨大贡献，

---

① 《法显传校注》，第 151 页。

② （清）李恢垣《汉西域图考》卷之七《附录》，台北：乐天出版社，1974 年，第 439 页。

而且他这一伟大的行动影响了后人，开了唐代中西交通空前繁盛的先河。自他西行之后，“于是感叹斯人，以为古今罕有。自大教东流，未有忘身求法如显之比”[①]。后代的探险家、旅行者在法显这一精神的感召下，沿着法显的足迹，纷纷西行探险。如南朝宋时，昙无竭“尝闻法显等躬践佛国，乃慨然有忘身之誓。遂以宋永初元年（420年），招集同志沙门僧猛，昙朗之徒二十五人……远适西方”[②]。他们经龟兹，登葱岭，过雪山，到达印度，学梵书梵语，后又渡恒河，乘船从海路达广州，其行程基本和法显相同。以后又有许多的商人、使节、僧徒沿着这一路线西去东来，从而出现了唐代中西交通的空前畅通。

法显对中西交通的最大贡献，是开辟了海上丝绸之路，使中西交通又有了一条既经济又方便的重要路线。当然，海上丝绸之路的出现，是历史的必然。首先，陆上要通过许多民族和国家，如果其中有一个发生变乱，就会影响全线的畅通。其次，陆上丝绸之路位于我国西北，地处内陆，只能向西外传，而我国的主要外销商品如丝、瓷、茶等，都产于东南沿海，这样长途向西运输，既不经济又不方便。最后，陆上的自然条件恶劣，要越过葱岭和沙漠戈壁，风沙弥漫，路途艰险，且时间长，运费高，运输量有限。陆上丝绸之路的这些缺陷，恰好是海路的优点。[③] 因此，海上中西交通线的出现，是势所必然的。但是，任何路都是人走出来的，海上中西交通线也是人开辟的，法显的功劳正是他首先开辟了这一交通线。

法显既是我国历史上横渡印度洋的第一人，又是到达印度、斯里兰卡、印度尼西亚的第一人。他所经斯里兰卡是东西方海上航路的要冲。其《佛国记》还记载了他途中经过的南亚、东南亚各国的历史、地理、

---

① 《法显传校注》，第179页。

② 《高僧传》卷三《译经下》“宋黄龙释昙无竭”，第93页。

③ 参阅陈炎《海上“丝绸之路”的历史和贡献》，载《文史知识》1985年10期。

水文、气象等情况及其航海的经历，这些记载是研究当时海路中西交通线的第一手资料。其西行不但扩大了中国人的视野，而且为中国人提供了另一种交通手段。这是因为法显西行之前，西行之人皆取西域陆路，而法显是从陆路西行而去，由海路乘船而归的第一人，因此使中国人的航海知识更为丰富。自法显西行之后，西行之人开始由南洋海路来往，这加速了中西交通的发达，使中国人的海上交通有了飞跃式发展。

2. 法显西行促进了中西文化的交流

魏晋南北朝时期中西文化交流的一个主要内容是佛教在中国不断发展，并为隋唐佛学的兴盛奠定了基础。

法显是在佛教兴盛的前提下西行求经的，他的西行反过来又促进了中国佛教的更加兴盛。

法显西行，志在寻求律藏。《法显传》曰："法显本求戒律，而北天竺诸国皆师师口传，无本可写，是以远步，及至中天竺。于此（巴连弗邑）摩诃衍僧伽蓝得一部律，是《摩诃僧祇众律》……复得一部抄律，可七千偈，是《萨婆多众律》，即此秦地众僧所行者也。亦皆师师口相传授，不书之于文字。复于此众中得《杂阿毗昙心》，可六千偈。又得一部《綖经》，二千五百偈。又得一部《方等般泥洹经》，可五千偈。又得《摩诃僧祇阿毗昙》。"法显住师子国两年，"更求得《弥沙塞律》藏本，得《长阿含》《杂阿含》，复得一部《杂藏》。此悉汉土所无者"。

综观法显所取经律，有两点值得注意：

第一、法显西行，本求戒律，佛家律共有五部，即萨婆多部十诵律、昙无德部四分律、摩诃僧祇众律、弥沙塞部五分律、迦叶维律。其中迦叶维律未至中国，至中国四部律中，法显携归者就有萨婆多众律、摩诃僧祇众律、弥沙塞律三部，可见他对戒律在汉地流传的贡献之大了。[1]

---

① 参阅章巽《法显传校注》，上海：上海古籍出版社，1985 年，法显传校注序第 4 页。

第二、随着魏晋南北朝时期阶级矛盾、民族矛盾的加深和佛教的大发展，涅槃佛性之学便大兴，它宣扬“一切众生皆有佛性”，直接向最广大的人民群众宣传佛教。法显携归并译的六卷方等大般泥洹经，对于涅槃佛性学说这一佛教教义和佛教活动的发展、扩大，实起了推波助澜的重要作用。[①]

此外，佛典传入中国（中原）的初期，大部分来自西域，并非直接来自佛教的发祥地印度。一般都是由梵文译成西域胡语，再由胡语译为汉文。由于语言上的隔阂和语言转译的失真，就影响了对佛教教义的理解。法显亲自到印度，学习梵书梵语，将当地许多口传佛经记录下来携归中国，从梵文直接译成汉文。他的这一行动直接影响了整个时代的翻译风尚，使这一时期佛典的梵汉翻译甚为进步。汤用彤先生认为，这一进步的原因有三：第一翻译眼光之渐正确；第二翻译工具之渐完备；第三翻译制度之渐严密。[②] 从而译出了许多佛经，使中国佛教有了正本经典。这对南北朝隋唐佛教的大盛，乃至中国佛学的发展都具有极为重要的作用。据《通鉴》载：“时（梁武帝萧衍时期）佛教盛于洛阳，沙门之外，自西域来者三千余人，魏主别为之立永明寺千余间以处之……由是远近承风，无不事佛，比及延昌，州郡共有一万三千余寺。”[③] 当时佛教的兴盛状况，从此可见一斑。

此外，法显西行促进了中西各民族、各国家之间的政治往来和经济交流。

总之，法显印度之行，与玄奘西行取经一样，都对中西交通有巨大贡献。他的《佛国记》也和玄奘的《大唐西域记》一样，是研究中西交通史和印度古代史的重要资料。

---

① 参阅章巽《法显传校注》，法显传校注序第 4 页。

② 参阅汤用彤《汉魏两晋南北朝佛教史》上册，北京：中华书局，1983 年，第 293—294 页。

③ 《资治通鉴》卷一百四十七“梁武帝天监八年”条，北京：中华书局，1956 年，第 4594 页。

第五节　隋代对丝路的经营和隋炀帝西巡

隋王朝建立之后，即积极经营西域，阻止北方游牧民族的侵扰，保证丝绸之路的畅通。当时的甘肃河西走廊，不仅是丝绸之路的必经之地，而且还是一个多民族聚居区，这里有汉、突厥、吐谷浑等民族，农耕与游牧混合交错，地区内部民族间的经济贸易比较成熟。同时河西地区还是联结河湟和西域地区的纽带，尤其是丝绸之路贯穿全境，中西政治、经济、文化的双向交流，都必须通过这里。河西地区这种特殊的交通与地理位置，决定了张掖的国际贸易地位，使其成为隋代国际性贸易的名城，并具有得天独厚的条件。

一、开拓西域贸易的裴矩

裴矩（548—627 年），字弘大，河东闻喜（今山西闻喜）人。他虽幼年丧父，但因出身于以文学传家的世族家庭，青年时代即勤勉好学，留心时事，稍长即进入仕途。他一生历事北齐、北周、隋、唐四朝，还参加过窦建德农民起义政权。然而最有意义的事迹，则是隋炀帝时期他在丝绸之路上的活动，尤其是主持张掖互市，业绩可观。

隋王朝统一南北后，立即采取了一系列措施巩固其统治，其中之一就是阻止强大的北方游牧民族的侵扰，保证丝绸之路的畅通。河西地区不仅是丝绸之路的必经之地，而且是一个多民族聚居区，这里有汉、突厥、吐谷浑等民族，农耕与游牧犬牙交错，因此，本地区民族间的经济贸易就显得异常活跃。同时，河西地区还是连接河湟和西域地区的纽带，尤其是丝绸之路贯穿全境，中西政治、经济、文化的双向交流，都必须通过这里。河西地区这种特殊的交通与地理位置，决定了张掖的国际贸易地位，使其成为隋代国际性贸易名城，并具有得天独厚的条件。

为了加强集权统治，隋政府在河西地区民间民族贸易异常活跃的基础上，采取了“啖之以利，劝令入朝”的措施，以相当优惠的政策鼓励外籍商人与隋政府直接贸易。一些外籍商人也打着使节的旗号，或者随同使节一道前来中原，与隋政府以“进贡”“赏赐”的名义进行贸易。一方面进行货物的交换，获得了商业利润，另一方面又满足了天朝大国的虚荣心。因此，隋炀帝便派谙熟西域诸地情况的吏部侍郎裴矩前往张掖主持互市，企图控制与外商的贸易，以适应中央集权的需要，同时最大程度上满足皇室贵族及其统治者对外来高级奢侈品的需求。

裴矩主持的张掖互市，主要任务是“引致西蕃”，进行招商活动。他为了吸引西域诸国前来与中国贸易，常常“于武威，张掖间往来以引致之”[①]。众所周知，由于魏晋南北朝时期中原地区的长期战乱，对外交往与中西经济交流也明显减少。隋统一南北后，西方诸国对隋朝经济恢复发展的情况及其对外贸易政策并不十分了解，因此裴矩到张掖主持互市后，一方面给予前来贸易的胡商尽可能多的商业利益，“啖以厚利，令其转相讽谕”[②]，以扩大隋朝的影响，鼓励更多的西域胡商前来贸易。另一方面，他还向西域各国的来华使节展示中国的富有，介绍与中国贸易的广阔前景，以推动西方诸国统治者以国家层面发展国际贸易。例如隋炀帝西巡河西前，裴矩曾往敦煌，派遣使节赴高昌、伊吾等国，以巨大的商业利益为条件，说服其国君前来参加会议，借此加强中国与西域地区的国际贸易。

大业初，“西域诸胡多至张掖交市，帝使吏部侍郎裴矩掌之”[③]。大业三年（607 年）裴矩到张掖“监知关市”后，就主动交好“诸商胡至者”“诱令言其国俗山川险易”[④]。充分利用与外商接近的便利条件，倾心结交西域各国的官吏、商人等，注意了解各地的自然、地理、历

① 《隋书》卷八十三《西域传》，北京：中华书局，1982 年，第 1841 页。
② 《隋书》卷八十三《西域传》，第 1841 页。
③ 《资治通鉴》卷一百八十“隋炀帝大业三年”条，第 5634 页。
④ 《隋书》卷六十七《裴矩传》，第 1578 页。

史、风土人情、物产、服饰、礼仪等情况，同时还阅读了大量的图书典籍，积累了丰富的资料。在此基础上撰写了《西域图记》三卷，上奏朝廷。此书虽已佚失，但在《隋书·裴矩传》和《北史·裴矩传》中，都保留了它的序言。这篇序言虽然只有一千来字，但仔细阅读，仍可大体了解当时通西域的道路及裴矩经营西域的整个战略战术。

在序言中，裴矩首先追述了自汉至隋西域与中原王朝关系的历史，并指出由于时代的变迁，各民族或部落的兴亡及其更迭，“部民交错，封疆移改”，现在已多“不可记识”。至于“诸国山川”和各地区的“姓氏风土，服章物产”，也“全无纂录，世所弗闻”[①]。因此，他根据自己的见闻和典籍记载，撰写了《西域图记》一书。

《西域图记》中包括四十四个国家和地区的情况，序言中最有价值的地方是记录了当时通西域的几条道路，即北道（又称新北道）、中道（汉代的北道）和南道。这是我国对于丝绸之路通道最早、最系统的记载。具体来说：

北道　出敦煌至伊吾（今哈密），再经蒲类（今巴里坤）、铁勒部，渡今楚河、锡尔河而达西海（今地中海）。在我国境内大致是沿天山北麓而至中亚。

中道　出敦煌至高昌（今吐鲁番），经焉耆，龟兹（今库车）、疏勒（今喀什），越葱岭，再经乌兹别克斯坦的费尔干纳、乌拉提尤别等地而至波斯（今伊朗）。在我国境内大致是沿天山南麓而至葱岭。

南道　出敦煌至鄯善（今若羌），经于阗、朱俱波（今叶城南）、渴盘陀（今塔什库尔干），越葱岭，再经阿富汗、巴基斯坦而至印度各地。在我国境内大致是沿着塔克拉玛干沙漠南缘至帕米尔高原。

中西交通的这三条道路都“发自敦煌”，然后经伊吾、高昌、鄯善而达中亚、欧洲，“故知伊吾、高昌、鄯善并西域之门户也”[②]。裴矩最

---

① 《隋书》卷六十七《裴矩传》，第 1579 页。
② 《隋书》卷六十七《裴矩传》，第 1580 页。

早将这三条通道的具体路线记录下来，还列举了西域四十四个国家或政权，并对每个国家或政权做了简略介绍，对其服饰仪形和山川地理等还绘制了图样。在序言中裴矩写道："臣既因抚纳，监知关市，寻讨书传，访采胡人，或有所疑，即详众口，依其本国服饰仪形，王及庶人，各显容止，即丹青模写，为《西域图记》，共成三卷，合四十四国。仍别造地图，穷其要害。从西顷以去，北海之南，纵横所亘，将二万里。"[①]可见此书原是一本图文并茂的著作，这也反映了隋王朝对于中西交通的认识比以前任何时期都要明确。另外，裴矩对于丝绸之路三条通道"总凑敦煌，是其咽喉之地"[②]的记载，反映了隋政府对河西地区战略地位的认识，比以前更为清晰。裴矩所做的这些工作，既加强了隋王朝本土与西域诸地的政治、经济、文化联系，又提高了张掖的国际贸易地位，使张掖成为隋唐时期一个重要的国际贸易城市。

裴矩不仅明确记载了丝绸之路的三条通道，西域诸国的具体情况，而且还分析了西域的形势，提出了经营西域的具体方略。他认为西域诸国早就愿意交好中原王朝，只是由于吐谷浑和突厥的阻挠，"故朝贡不通"[③]。因此，要经营西域，必须采取"服而抚之，务存安辑"的办法，即"皇华遣使，弗动兵车，诸蕃既从，浑、厥可灭"[④]。隋王朝正是以裴矩的建议作为经营西域的决策依据，并采用了历史上传统的"以夷制夷"的策略，制服了吐谷浑势力。"自西平临羌城以西，且末以东，祁连以南，雪山以北，东西四千里，南北二千里，皆为隋有。"[⑤]隋王朝还在吐谷浑旧地设置了鄯善、且末、西海、河源四郡，并徙民以实之。

击灭吐谷浑势力后，隋炀帝进而以薛世雄为玉门道行军大将，与裴矩一起进军西域，并占领伊吾（今哈密），就地筑伊吾城。《隋书·薛

① 《隋书》卷六十七《裴矩传》，第1579页。
② 《隋书》卷六十七《裴矩传》，第1580页。
③ 《隋书》卷六十七《裴矩传》，第1580页。
④ 《隋书》卷六十七《裴矩传》，第1580页。
⑤ 《隋书》卷八十三《吐谷浑传》，第1845页。

世雄传》记其事曰："伊吾初谓隋军不能至，皆不设备，及闻世雄兵已度碛，大惧，请降。"[①] 隋军占据伊吾后，为了巩固这一通西域的交通孔道，裴矩等在汉伊吾城的东面另筑新城。为了防止西域各国前来争夺，裴矩便派人传谕各国："天子为蕃人交易悬远，所以城伊吾耳。"[②] 因此各国"不复来竞"，很快就修好了伊吾新城。

由于隋炀帝和裴矩君臣的不懈努力，吐谷浑和西突厥先后内附隋朝，从而保证了隋王朝对丝绸之路的有效控制和对河西及西域的经营。因此，裴矩第二次来到张掖主持互市时，不仅派人去高昌、伊吾等地，邀请西域各国国王、使节及商人前来张掖参观访问。而且还特别注重以张掖为中转站，向长安和洛阳招引西域使臣和商人。

据历史文献记载，在裴矩的尽心联络下，西域各地经张掖到长安的人络绎不绝，沿途各地，按规定都要为他们提供免费的食宿，致使所经郡县的费用往往"以万万计"[③]。各族使节到达内地后，还应邀参加各种祭典、文娱和商业活动。例如，大业四年（608 年）八月，隋炀帝亲祀恒岳，不仅河北一带的郡守，就连西域各国的使臣也参加了助祭。另外，大业六年（610 年）正月，各族酋长和使节齐集于东都洛阳，隋炀帝认为这是国家强盛、四海升平的象征。为了庆贺，便从正月十五日开始，在皇城端门外大街上演戏。戏场方圆五千步，乐队一万八千人，穿着打扮，鲜艳入时，"列坐棚阁而纵观"[④] 的人多达十几万。从傍晚到清晨，灯火辉煌，映照天地，欢乐之声响彻云霄，传于数十里之外。这样的场面夜复一夜，竟闹了半个来月，"所费巨万"。这样欢乐的气氛，其实就是民间正月十五玩灯火风俗的反映。这一风俗，早在南朝梁陈年间就很盛行，隋文帝开皇三年（583 年），治书侍御史柳彧认为其"非

① 《隋书》卷六十五《薛世雄传》，第 1534 页。
② 《隋书》卷六十七《裴矩传》，第 1581 页。
③ 《资治通鉴》卷一百八十"隋炀帝大业三年"条，第 5635 页。
④ 《隋书》卷六十七《裴矩传》，第 1581 页。

益于化，实损于民”[1]，便奏请隋文帝禁止了。而炀帝为了点缀其“太平盛世”，又重新玩起了灯火。从此以后，岁以为常，这种风俗又兴盛起来。

裴矩所招引的西域胡商不仅来长安贸易，而且还纷纷要求到洛阳最繁华的东市进行贸易，这一要求也得到了炀帝的允许。为了炫耀隋王朝的富庶，炀帝下令在与西域胡商贸易之前，店铺首先要整修市容，要求檐宇整洁，帷帐鲜丽，珍货充积，并且人人都要穿上新衣服。开市以后，果然如此，甚至卖菜的摊位，也铺着龙须席（用龙须草编的一种贵重席子）。胡人客商路过酒食店时，主人都热情地将他们请入店内招待，酒醉饭饱而去，分文不取。胡商见此情景，有的惊叹不已，认为隋朝是“仙晨帝所”。但也有人表示怀疑，指着缠在树上的缯帛说，中原也有穷人，衣不蔽体，为什么不把这些布送给他们做衣穿，缠在树上有什么用呢？在盛况空前的丝路贸易和裴矩主持的张掖互市中，隋炀帝荒唐矫饰，奢侈靡费，不仅引起了当时各族人民的非议，而且也遭到了后世史家的谴责，裴矩与谋其事，应负一定的责任。但这只是问题的一个侧面。从另一方面讲，裴矩主持张掖互市，促进了丝路贸易及中西经济、文化交流，则是有一定进步意义的。

由裴矩积极筹划并亲自主持的张掖互市，是当时中西经济文化发展与交流的客观需要，也是当时商品生产发展的必然结果。张掖互市扩大了隋与西域、中亚、波斯的经济联系，使隋朝的经济影响迅速扩展到欧亚大陆的广阔地域。从某种意义上说，裴矩主持的张掖互市，为以后隋唐时期丝路贸易的全面繁荣和中西文化交流奠定了坚实的政治、经济基础，从而使魏晋南北朝时期滞缓的丝路贸易从隋朝开始发生了质的变化。

但不可否认，由于当时整个生产力发展水平的制约，再加上中国古

---

① 《隋书》卷六十二《柳彧传》，第 1484 页。

代社会重农轻商的传统观念的影响，张掖互市的主要目的并不是为了商品交换，而是主要基于宣扬国威，粉饰太平，吸引外国使节或商人朝贡的考虑而进行的。可以说，张掖互市，政治、外交方面的目的明显超过了经济目的。互市期间的炀帝西巡，其目的也并不是为了促进中西贸易，而是为了“示中国之盛”。其结果，使河西地区的经济潜力并没有充分发挥出来。互市所需要的物品，也大部分来自中原内地和西域诸国。而河西，尤其是张掖本地直接生产的很少，可见张掖互市明显地带有过境性贸易的色彩。

从互市的结果来看，对当地的农业、畜牧业和手工业、加工业没有产生重大的影响，也没有改变河西地区传统的生产结构与格局，更没有使张掖互市成为带动当地经济发展的契机。相反，大规模互市的进行，长期的迎来送往，所费人力、物力颇多，却影响了河西地区的正常生产与生活。

二、隋炀帝西巡与张掖盛会

炀帝西巡，首先是为了安定西部边陲。众所周知，我国自汉至唐的十来个建都长安的王朝，都十分注重西北方面的防御，从汉武帝在河西走廊设张掖郡时，就取“张国臂掖”之意。顾祖禹在《读史方舆纪要》中曾说“昔人言：欲保秦陇，必固河西；欲固河西，必斥西域”[①]，就合乎逻辑地总结了这方面的历史经验。

自从南北朝以来，由于突厥、吐谷浑等部的骚扰，西部边境很不安定。尤其是吐谷浑，据有今青海大部、南疆一部分和甘南、川西北一些地方，“东西三千里，南北千余里”。人口虽不过数十万，但时与突厥、党项连兵，长期以来是西陲边地的不安定因素。

隋王朝刚建立的开皇二年（582 年），吐谷浑就来寇边，“西方多被

① （清）顾祖禹《读史方舆纪要》卷六十三《陕西十二》“甘肃镇”，贺次君、施和金点校，北京：中华书局，2005 年，第 2972 页。

其害”。文帝命凉州刺史贺娄子幹发五州兵，深入其境“杀男女万余口，二旬而还”。由于吐谷浑的多次骚扰，隋文帝曾想改变陇右地区不设村坞的旧俗，“勒民为堡，营田积谷，以备不虞”[①]。而贺娄子幹认为这种做法不妥，便上书陈其利弊。文帝虽然采纳了子幹的建议，但并没有解决吐谷浑经常寇边的问题。开皇三年（583 年）四月，吐谷浑寇临洮；五月，又寇凉州；六月，再寇岷州、临洮；不久，又寇廓州（治今青海贵德附近）。

从开皇四年（584 年）开始，吐谷浑内部因王位继承问题经常发生内乱，争斗的一方也经常和隋建立友好关系，以壮大自己的力量。自此以后，文帝时期和吐谷浑再也没有发生战争。

大业元年（605 年），隋炀帝继位后，隋朝和吐谷浑的关系又发生了变化。这时，隋王朝经过十多年的努力，生产发展，社会开始呈现繁荣景象。同时北方的突厥日益衰落，启民可汗降隋，都兰可汗被隋军击败后为部下所杀，步迦可汗内部大乱，逃奔吐谷浑。这就使隋炀帝有了征服邻近少数民族政权的条件和基础。而炀帝本人又好大喜功，具有向外扩张的雄心。

另外，炀帝时期吐谷浑力量又有所壮大，继续骚扰隋朝边境。如大业年间就多次侵扰张掖。有一次吐谷浑来寇张掖时，被长孙炽率精骑五千击走，直追至青海。处于河西走廊中心的张掖尚且被频繁侵袭，西部边境的情况就可想而知了。

大业四年（608 年），活动于西域地区的西突厥处罗可汗，多次为内部铁勒各部所败。裴矩企图诱迫处罗可汗降隋，离间东、西突厥间的关系。炀帝从裴矩之策，遣司朝谒者崔君肃，奉诏书前往西突厥执行使命。崔氏对处罗采取攻心战术，诱逼处罗“称藩受诏”。当崔君肃看到离间处罗之计已有成效时，又乘机对处罗提出：“启民内附，先帝嘉之，

① 《隋书》卷五十三《贺娄子幹传》，第 1352 页。

赏赐极厚，故致兵强国富。今可汗后附，与之（启民）争宠，须深结于天子，自表至诚。既以道远，未得朝觐，宜立一功，以明臣节。”处罗问如何立功？崔君肃答，可汗若请诛吐谷浑，“天子必许。汉击其内，可汗攻其外，破之必矣。然后身自入朝，道路无阻，因见老母，不亦可乎？”① 处罗应允。但处罗因部内铁勒反叛，根本没有力量进攻吐谷浑以向隋邀功。

这时，居于贪汗山（今新疆吐鲁番北博格达山）一带的铁勒诸部自打败处罗可汗后，各部立契苾歌棱为莫何可汗，势力逐渐强大，便攻掠隋河西地区。后铁勒向隋请罪，炀帝即遣裴矩劝诱铁勒击吐谷浑以自效，莫何可汗出兵击败吐谷浑。吐谷浑遣使向隋朝求援，抵达西平郡附近。炀帝乘机遣宇文述出西平抵临羌城（今西宁西）掩击。吐谷浑伏允可汗见隋兵势众，遂向西逃遁。宇文述率军追击，大破其众。但当隋军撤回后，伏允又复其故地，且率大军集结于隋西平之西、凉州以南一带。这样，炀帝便于翌年大业五年（609 年）初，开始了以征服吐谷浑为目的的西巡。

隋炀帝西巡的另一目的，是为了打通丝绸之路，发展商业贸易。因为丝绸之路不仅是中西政治、经济、文化交流之路，也是一条国际贸易之路。由于它在世界政治、经济、文化、军事乃至宗教等方面具有很大的重要性，因而历代争夺这条道路控制权的斗争也就非常激烈，并在东西方间演成了若干国际性的战争。在炀帝统治时期，隋王朝是一个世界强国，他本人又对这条道路的重要性认识得比较清楚，所以要力争夺取对这条道路的控制权。大业初，炀帝就重用裴矩积极经营西域，试图扩大与西域及西欧的贸易。裴矩深知炀帝的意图，便在张掖广招西域商胡，诱令讲其国山川险易、风土人情，撰成《西域图记》三卷。裴矩在其序中说：“以国家威德，将士骁雄，泛濛汜而扬旌，越昆仑而跃马，

① 《隋书》卷八十四《西突厥传》，第 1877—1878 页。

易如反掌，何往不至！但突厥、吐浑分领羌胡之国，为其拥遏，故朝贡不通。”[①] 因此，裴矩提出消灭吐谷浑和突厥，并以“胡中多诸宝物，吐谷浑易可并吞”[②] 等话，鼓励炀帝西征。隋炀帝详细了解了这方面的情况后，便决定西巡。

关于炀帝的西巡时间及具体路线，我们根据《隋书》《北史》《通鉴》和《册府元龟》等书的记载，可大致排列如下：

三月二日，从长安出发。四月三日，大猎于陇西。四月九日，次狄道（今临洮）。四月二十七日，出临津关（今青海循化东黄河边），渡黄河，至西平（今青海乐都）。炀帝在此陈兵讲武，演习军事，准备击吐谷浑。五月九日，炀帝在拔延山（今青海化隆县北马场山）举行大围猎。五月十四日，炀帝从西平至长宁谷（今西宁北川）。十六日，度星岭（今西宁北川至大通河之间山岭）。二十日，炀帝宴群臣于金山。此山乾隆十二年杨应琚撰《西宁府新志》卷四有记载：“金山，西去县治七十里，上有湫池，雨多则内有积水，能出云雨，居民遇旱祷之。隋炀帝征吐谷浑宴群臣其上，后围吐谷浑于覆袁川，命元寿南屯金山是也。”[③] 二十二日，抵浩门川（今青海大通河），因桥未修好，炀帝大怒，斩朝散大夫黄亘及督役者九人。数日后桥成，炀帝乃行。六月八日，经大斗拔谷（今民乐扁都口），遇雨雪，人马俱有损伤。十一日，抵张掖。十七日，炀帝至焉支山（今山丹大黄山），高昌王麴伯雅、伊吾吐屯设及西域27国来朝谒，献西域数千里之地。十八日，炀帝于吐谷浑之地设置西海、河源、鄯善、且末四郡。二十一日，在观风行殿宴高昌王、伊吾吐屯设及西域各国来使。二十三日，大赦天下，对巡行路过的陇右诸郡免除两年的赋税。九月二十五日，车驾入长安。

---

① 《隋书》卷六十七《裴矩传》，第1580页。

② 《隋书》卷六十七《裴矩传》，第1580页。

③ （清）杨应琚《西宁府新志》卷四《地理志（二）·山川》“西宁县金山”条，西宁：青海人民出版社，1988年，第128—129页。

炀帝西巡的日程及路线大致如上，至于一些具体问题还有必要较详细的讨论。

第一，对吐谷浑的作战情况。包围覆袁川，迫使吐谷浑投降，是这次战役的核心。五月二十日，炀帝的金山之宴，可能就是作具体部署的军事会议。据《隋书·炀帝纪》载，隋军渡过大通河后，炀帝便派兵包围了吐谷浑居地覆袁川（今青海门源西北俄博河一带）。据《资治通鉴》记载："吐谷浑可汗伏允帅众保覆袁川，帝分命内史元寿南屯金山，兵部尚书段文振北屯雪山，太仆卿杨义臣东屯琵琶峡，将军张寿西屯泥岭，四面围之……卫尉卿刘权出伊吾道，击吐谷浑，至青海，虏获千余口，乘胜追奔，至伏俟城。"[①] 伏俟城是吐谷浑的都城，"在青海西十五里"。

包围覆袁川的隋军人数，史无明载。若按《隋书·礼仪志三》记载的拔延山围猎部队计"四十军，军万人"[②]，合 40 万。如果没有这样多的人数，也不可能一次迫使吐谷浑 10 万余人投降。

第二，关于大斗拔谷的损失情况。《元和郡县图志》记："士卒冻馁死者十六七。"[③]《隋书·炀帝纪》载："六月……与从官相失，士卒冻死者太半。"[④]《资治通鉴》的记载更为具体："车驾东还，经大斗拔谷，山路隘险，鱼贯而出，风雪晦冥，文武饥馁沾湿，夜久不逮前营，士卒冻死者太半，马驴什八九，后宫妃、主或狼狈相失，与军士杂宿山间。"对于大斗拔谷的损失，《通鉴考异》提出了质疑：即"按西边地虽寒，不容六月大雪，冻死人畜"。[⑤]

---

① 《资治通鉴》卷一百八十一"隋炀帝大业五年"条，第 5643—5644 页。

② 《隋书》卷八《礼仪志三》，第 168 页。

③ （唐）李吉甫撰《元和郡县图志》卷四十《陇右道下》"删丹县"条，贺次君点校，北京：中华书局，1983 年，第 1022 页。

④ 《隋书》卷三《炀帝纪上》，第 73 页。

⑤ 《资治通鉴》卷一百八十一"隋炀帝大业五年"条所附胡三省《通鉴考异》，第 5646 页。

由于《通鉴考异》的作者胡三省是浙江人，他没有到过甘肃，对河西走廊附近的气候不大了解，无法理解六月还有雨雪甚至冻死人的情况。实际上，这种极端的天气在西北地区时有发生。《通鉴》和《隋书·杨玄感传》所记载大斗拔谷的损失，在返程途中。这种记载是合理的。因为，一方面将炀帝在张掖焉支山宴请西域贵宾的盛会放在大斗拔谷悲剧前，没有那令人沮丧的情绪，于情理上说得通；另一方面，返程时间晚到八月，而当地的寒流、霜冻一般也在阳历八月以后，这时候遇雨雪的可能性也比较大。

第三，张掖盛会的情况。炀帝西巡之前，已派裴矩在张掖联络西域诸国。他“引致诸胡，啖之以利”，劝说高昌王麹伯雅和伊吾吐屯设等入朝，为张掖盛会打下了基础。

对于张掖盛会，《通鉴》的记载比较详细，六月“壬子，帝至燕支山，伯雅、吐屯设等及西域二十七国谒于道左，皆令佩金玉，被锦罽，焚香奏乐，歌舞喧噪。帝复令武威、张掖士女盛饰纵观，衣服车马不鲜者，郡县督课之。骑乘嗔咽，周亘数十里，以示中国之盛”[①]。史籍文献还将炀帝两次会见西域君长的地点，笼统地记在焉支山。“谒于道左”，使用观风行殿，更容易使人理解为在旷野。但作为中原天子唯一一次西巡所主持的盛会，规模宏大，排场讲究，在路边上举行，于礼仪、安全各方面考虑，似乎都不大可能。从张掖的实际情况看，当时可供选择的地点主要有三个：一是张掖城。二是永固城，在今民乐县东南10公里，正扼扁都口出入，是汉唐以来的屯防要地。三是定羌庙，今名绣花庙。但究竟在何处，还有待于具体材料和新的研究成果来说明。

第四，设郡置县。炀帝西巡的主要目的是征服吐谷浑。在覆袁川取得对吐谷浑战争的胜利后，便在吐谷浑之地设置了西海、河源、鄯善、且末四郡。据《通鉴》记载：“西海郡置于伏俟城，河源郡置于赤水

① 《资治通鉴》卷一百八十一“隋炀帝大业五年”条，第5644—5645页。

城，鄯善郡置于古楼兰城，且末郡置于古且末城。”[①] 这四郡之地，基本上包括了吐谷浑原有的领地。隋王朝为了维护这些新开辟的领地，保护丝绸之路的畅通，还大兴屯田。“谪天下罪人，配为戍卒，大开屯田，发西方诸郡运粮以给之”。这四郡中的西海、河源二郡之地，基本上包括了今天青海的大部分地区，因此可以说，炀帝西巡及其郡县的设置，标志着青海地区正式为中原王朝所管辖，这在中国历史上具有重大的意义。

① 《资治通鉴》卷一百八十一“隋炀帝大业五年”条所附胡三省注，第 5645 页。

第四章　丝路民族及贸易特点

历史上的丝绸之路是我国各民族交流、交往、交融的舞台。不论是秦汉时期的匈奴、月氏、乌孙，还是此后的吐谷浑、吐蕃、回鹘、西夏、蒙古等，都曾在丝绸之路上扮演了重要的角色。除此之外，帕提亚、贵霜、吐火罗、萨珊波斯、粟特等主要生活在古代中亚的民族，也活跃在丝绸之路这个国际舞台上。各民族、部族相互交往、贸易，取长补短，共同创造了绚丽多彩的民族文化。

第一节　丝路贸易的功能和特征

自从国家提出“一带一路”的倡议后，“丝绸之路”就成了热门话题，出版了许多相关的书籍，发表了大量相关文章。如果从史学角度认真思考，还有许多问题没有厘清，一些概念比较模糊，有些认识还需深化。现仅就两个小问题略申之。

一、丝绸之路的交流功能——双向共赢

当我们谈到丝绸之路的文化、经济交流时，往往关注的是中国的什么东西通过丝绸之路传到了西方，西方的什么东西又通过丝绸之路传到了中国，这当然是没有问题的。但既然是交流，肯定不是单向地从东到西，或从西到东，而是不断地交流、发展、融合后，再交流、再发展、

再融合，从而达到了更高的发展。

季羡林在《玄奘与〈大唐西域记〉——校注〈大唐西域记〉前言》中说，“佛教发展到唐代，已经越过了光辉的顶点”，在印度，“情况也差不多，到了7世纪，印度教已完成了转型任务，影响日益广被。虽有戒日王张扬，佛教已非昔日之辉煌。后来，伊斯兰教逐渐传入。在印度教与伊斯兰教夹攻之下，佛教终于在印度销声匿迹”。对于佛教在其发祥地印度“销声匿迹”后的情况，季羡林注意到了一个世界文化史上的重要现象，即“倒流”。所谓“倒流”，就是指流出去又流回来的现象。他在《佛教的倒流》① 一文中指出，佛教从印度传入中国后，根据中国的实际需要又有了改造和发展，如宣扬中国禅宗的《证道歌》在唐玄宗时期传回了印度，为印度人所“亲仰”。另如《法华经》在印度已经是“晦而未明”，很难理解了。传到中国后，中国佛教徒进行了研究、释证和解析，尤其是智者，贡献最大，甚至印度方面也来向智者请教，这样，经过中国佛教徒改造过的《法华经》又倒流回了印度。再如玄奘将中文本《大乘起信论》译为梵文，道宣赞之曰：“法化之缘，东西互举。”② 这也算是玄奘对印度佛教的一个贡献。佛教就是这样从中国“倒流”回印度，成为佛教发展史，甚至世界宗教史上的一个特异的现象。

佛教并不是从印度直接传入中国的，而是间接经过中亚和西域（新疆）一带的大月氏、安息、康居等国传入的。最早的汉文佛经也不是从梵文、巴利文直接译成汉文的，而是经过中亚和西域（新疆）一带的“胡”语译成汉文的，如焉耆语（吐火罗语A）、龟兹语（吐火罗语B）等。这主要是因为当时既懂梵文或巴利文，又懂汉文，而且还精通佛典

① 季羡林《佛教的倒流》，见季羡林《佛教十六讲》，武汉：长江文艺出版社，2010年。

② 陈寅恪《大乘稻芊经随听疏跋》，见《金明馆丛稿二编》，上海：上海古籍出版社，1980年，第255页。

的人实在是太少了，只有法显和玄奘、义净到印度多年，既精通汉文，又懂梵文，还熟悉佛经，因此他们翻译的佛经质量就高。但这毕竟是极少数。就如今天的许多有关丝绸之路、中亚的德文、法文专业著作，并不是从德文、法文直接译成汉文，而是从英文转译过来的，这也是因为我们国家目前既懂德文或法文，又对丝绸之路和中亚史有研究的学者太少了，无人翻译的缘故。如瑞典探险家斯文赫定的《丝绸之路》一书，最早是 1936 年出版的瑞典本，同年又出版了德文本。1938 年出版的是英文译本，目前我国出版的中文本是根据 1938 年的英文本翻译的。① 另如曾任亚洲学会秘书长的法兰西学院院士、法国东方学家勒内·格鲁塞的《草原帝国》一书，是有关欧亚草原，尤其是中亚古代历史的一部名著，1939 年出版了法文本。目前比较通行的是收入商务印书馆出版的《汉译世界学术名著》丛书中由蓝琪翻译、项英杰审校的中译本，项英杰、蓝琪都是中亚史研究的著名学者，他们师生是翻译本书的合适人选，但由于语言的关系，他们所依据的是 1978 年的英译本。实际上，此书还有一个比较好的译本，即魏英邦从法文翻译、青海人民出版社于 1991 年出版的中译本（1996 年重印、2013 年再版）。魏英邦先生 1933 年毕业于中央大学（今南京大学），1934 年公费赴法国巴黎大学留学，毕业后因二战滞留法国，在巴黎大学图书馆工作，先后获巴黎大学法学博士和文学博士学位，1952 年回国。他在巴黎时曾听过格鲁塞讲授的《远东史》课。

前已述及，使用吐火罗文的民族接触佛教要早于汉人，许多佛经也是从吐火罗文翻译成汉文的，但绝对不是所有的东西都是单纯地从西向东传播，也有反方向传播的。如佛教的常用词语“出家”一词，在梵文、巴利文中是没有的，当传到中亚、西域时，在吐火罗文中就有了“出家”，而说吐火罗文的民族接触佛教要早于汉人，所以法国学者列

---

① 江红、李佩娟译，收入杨镰主编《西域探险考察大系·瑞典东方学译丛》，乌鲁木齐：新疆人民出版社，1996 年。

维指出："夫中国佛经之初译，在纪元 2 世纪时。其间有佛教所用之语，非印度之原字所能对照；惟用龟兹语始能解其译音。"列维还列举了一些间接通过龟兹语（吐火罗文 B）译成汉文的佛教词语，如"出家"一词，梵文中的意思是"前进"，而汉语译为"出家"，龟兹语亦为"出家"，"由是推之，龟兹语为佛教传布中国之媒介。"[①] 认为汉文中的"出家"来自于龟兹语（吐火罗文 B）。

据季羡林先生考证，"出家"一词在汉文文献中出现得更早，要早于龟兹语即吐火罗文。东汉和曹魏时用"居家""去家""在家""离家"等，曹魏时第一次出现了"出家"，后秦、东晋时继续使用"出家"，但是与"舍家""去家"混用，到南朝的宋时，就完全使用"出家"了。"拿'舍家''去家'和'出家'这三个词儿同吐火罗文来比一下，只有'出家'与吐火罗文完全一致。""汉文与梵文、巴利文完全不同，而同吐火罗文则是完全一致的。这就容易让人得出一个结论：汉文与吐火罗文之间有渊源关系"。[②] 而汉文的"出家"一词又比吐火罗文出现得早，在曹魏时就有了，如《出三藏记集》记朱士行"以甘露五年（260 年）出家学道为沙门，出塞西至于阗国。"[③] 而龟兹语（吐火罗文 B 方言）的时代约为 5 至 10 世纪以后，主要通行于公元 6—8 世纪。[④] 这就说明"出家"一词并非来源于吐火罗文，而是源自汉文。从中原传到西域后，又为吐火罗文所接受和使用了。

另如东晋的法显和唐代的玄奘赴印度取经，对中国佛教的发展有重

---

① ［法］列维《所谓乙种吐火罗语即龟兹语考》，冯承钧译文见《中国西部考古记　吐火罗语考》，北京：中华书局，2004 年，第 79 页。

② 季羡林《说"出家"》，见季羡林《佛教与中印文化交流》，南昌：江西人民出版社，1990 年。

③ （南朝梁）释僧祐《出三藏记集》卷七《放光经记第三》，苏晋仁、萧錬子点校，北京：中华书局 1995 年，第 264 页。

④ 参阅徐文堪《丝路历史语言与吐火罗学论稿》，杭州：浙江大学出版社，2017 年，第 4 页。

大贡献。而印度早期的佛教寺院大多已经毁坏而不存在了，可以根据法显《佛国记》和玄奘《大唐西域记》的有关记载进行复原。再如佛教艺术从印度先传到阿富汗，再经中亚、西域到敦煌，我们在龟兹（库车）的库木吐喇石窟中就看到了敦煌的影响。这说明佛教艺术从龟兹到敦煌后，在敦煌得到了更进一步的发展，反过来又对龟兹的艺术创作产生了影响。

季羡林所说佛教的倒流，实际上就是文化上的相互影响和传播。文化上有相互影响和传播，经济上也是如此。

中国是丝绸的故乡，在公元前4000多年前的浙江湖州钱山漾的良渚文化遗址中，就发现了绸片、丝带、丝线等一批尚未炭化的丝麻织物，中国湖州钱山漾遗址已经被正式命名为“世界丝绸之源”。中国的丝绸很早就传入西方，而拜占庭、埃及和叙利亚是罗马帝国主要的毛、棉纺织中心。5世纪时君士坦丁堡宫廷开始设立丝织作坊，罗马人最初只是将中国的素色丝绸拆散，后来则主要采用进口中国蚕丝作丝织原料。他们或织成有本地特色的供上层社会需要的绫绮，或与本地的毛、棉结合，混合纺织出新的品种。

另外，罗马和西亚的纺织技术传统是斜纹组织和纬线起花，罗马晚期和波斯萨珊王朝的织锦都是纬锦。其中波斯锦还流传到中国，在新疆吐鲁番、甘肃敦煌和青海都兰墓等地都有实物发现，其织法和纹样对中国也产生了一定的影响。如在织法上唐代织锦采用纬线显花，在纹样上盛行西方式的植物纹（忍冬纹、葡萄纹等），以及在萨珊式的连珠圈内填对马纹、对鸟纹、对鸭纹、猪头纹和立鸟纹等。由此可知，在波斯等国丝织业发展起来后，中国的丝绸贸易已经不是单向地向外输出，国外的丝绸产品和丝织技术也通过丝绸之路交流到中国。这种双向的交流，使丝绸贸易又进入一个新的阶段。[①] 另如棉花自宋元传入我国后，与中

---

① 参阅孟凡人《丝绸西传与丝绸之路》，载同氏《新疆考古与史地论集》，北京：科学出版社，2000年。

国的生活实际相结合，生产出了具有中国特色的“南京土布”，并于清末民初出口海外。

二、丝绸之路的交流特征——转输贸易

从张骞出使西域的初衷和背景来说，就是军事和政治目的，并没有经济上的考量。李希霍芬于1877年给丝绸之路的定义则主要是从丝绸和贸易的角度考虑的。由此可知，丝绸之路是一条政治之路、经济贸易之路。

据拉铁摩尔研究，“一般的原则是，贸易距离越远，其商品就越局限于奢侈品而非生活必需品”。日用品的交易一般是短距离的，主要是中间商人的行为。[①] 从丝绸之路的贸易史看来，真正从西方（当时的西方主要是指西域、中亚、印度等中国的西边地区）直接到长安贸易的商客应该是很少的，这样长距离的客商大多都是以贡使、僧团等政治、宗教的名义或任务，顺带进行商品交易的。一般情况下，日用品的长途贸易是很难坚持下来的。[②]

丝绸之路上的重镇如兰州、甘州（今张掖）、肃州（今酒泉）、敦煌、伊州（今哈密）、高昌（吐鲁番）、于阗（今和田）等，都有很多的胡商，在敦煌吐鲁番文书和有关壁画上，西安、洛阳等丝路沿线地出土的文物和墓葬中，有许多的胡俑及胡人形象，可见主要是胡人尤其是

---

① ［美］拉铁摩尔《中国的亚洲内陆边疆》，唐晓峰译，南京：江苏人民出版社，2005年，第31页。

② 如据2016年3月底有关网络新闻报道：连接中国与西班牙的“铁路丝绸之路”于2014年11月开通，但至今运行状况并不太好。这是一条从我国浙江义乌至西班牙马德里，行驶距离达1.3万公里的世界最长铁路。途经中国、哈萨克斯坦、俄罗斯、白俄罗斯、波兰、德国、法国和西班牙8个国家，行驶时间为21天，比货船约需35天的时间更短，不过运费稍贵。从中国开出的货运列车运输的是出口欧洲的百货等商品，而从西班牙开往中国的货运列车多是运输葡萄酒。虽然已有39列货车到达马德里，但从马德里运货返回的只有8列。由于路途遥远、运费昂贵，双方的贸易需求如果不能大致平衡，这种长途的单项贸易就无法长期维持。

粟特人充当了丝绸之路上的贸易担当者。

朱雷先生通过对麹氏高昌国吐鲁番文书的考察，认为魏晋南北朝时期的高昌（今吐鲁番），作为丝绸之路的重镇，不仅是商胡必经之道，同时也是商品集散地。一些商胡从西边来到高昌后便不再东行，而是将货物在当地出售，东边来的商人也不再西行到货物的产地去收购商品，而是在高昌购买后，再到其他地方去出售。这样既免去了商人过分长途跋涉的辛苦，也有利于商人比较快地进行多次交易贩卖。这比单纯带上钱币到产地购货贩易，要多赚一倍的钱。这“也许正反映了‘丝绸之路’贸易的特点”。[①] 另如姑臧（今凉州）也是丝绸之路上的一个商业集散中心，粟特商人“多诣凉土贩货”[②]。

1907 年，伯希和在新疆龟兹发现了一批木简，带回巴黎后，法国学者列维于 1913 年发表了研究论文，认为它是唐太宗时龟兹使臣朝贡唐朝的材料，是“一种队商出入关津之通行证”，由此可见“当时中亚道途之生涯，及交易之活动。队商由此垒赴彼垒，须领此证。到垒即缴，另领新证，赴下站之垒”。[③] 另如吐鲁番阿斯塔那 509 号墓所出《唐开元二十年（732）瓜州都督府给西州百姓游击将军石染典过所》，就记载了粟特商人石染典带着作人、家生奴、牲口等从安西（今库车）到瓜州市易后，准备回安西时，瓜州都督府给予过所（通行证）后，石染典一行经过瓜州到沙州之间的悬泉守捉、常乐守捉、苦水守捉、盐池戍守捉等唐朝政府的镇防机构勘查后，到了沙州（今敦煌）。从沙州再申请到伊州（今哈密）的过所。

这种转输贸易，在敦煌归义军时期更是突显。比利时历史学家亨

---

① 朱雷《麹氏高昌王国的“称价钱”》，原载 1980 年出版的内部资料《魏晋南北朝隋唐史资料》第四辑。此据朱雷《敦煌吐鲁番文书论丛》，兰州：甘肃人民出版社，2000 年，第 76 页。

② 《魏书》卷一百二《粟特传》，第 2270 页。

③ ［法］列维《所谓乙种吐火罗语即龟兹语考》，冯承钧译文见《中国西部考古记　吐火罗语考》，北京：中华书局，2004 年，第 56—57 页。

利·皮朗在《中世纪欧洲经济社会史》中曾说："7世纪伊斯兰教扩张造成的地中海封闭，必然使上述商业活动迅速衰落。8世纪中的商业停顿使商人消逝，由商人所维系的城市生活也同时趋于衰落。"[①] 归义军时期的敦煌，其情况与亨利·皮朗所说8世纪的西欧非常相似，即经过吐蕃近80年的统治后，到归义军政权建立时，已处在"四面六蕃围"的境况，他们不仅得不到中原王朝的支持，甚至还常常受其牵制。归义军政权就被限制在以瓜沙二州为据点的自给自足的农业经济之中，而缺乏商业。再加上"商业民族"粟特人的著籍，与汉族百姓一同从事农业生产，他们特有的经商才能也就被抹杀了。

在归义军政权统治敦煌的180多年中，一直没有使用金属货币，粮食、布帛等成了交换的等价物，充当了货币的职能。从归义军时期有关商品交换的敦煌文书可知，交换往往是短距离的，主要是与周边民族政权的贸易，即西州（新疆吐鲁番）、甘州（甘肃张掖）、伊州（新疆哈密）、于阗（新疆和田）等周边诸政权和中原王朝。

当时敦煌的商品贸易，主要是通过使团进行的，即以政治目的为主，经济上的交换只是附带的。归义军使节的出使，其主要目的是为政治服务，商业贸易只是出使者个人所附带的利益追求。出使者所需驼畜具有双重性，既是出使者的交通工具，又可以运输来回的贸易物；而所携带的匹帛，既是货币或充当了货币的功能，又是用来交换获利的商品。

虽然在敦煌文书中未见到收取商税的资料，但贸易商队所经过的地区收取商税应该是没有问题的。如麹氏高昌王国时期，就向在高昌贸易的商人征收了商税——称价钱[②]。另如自隋末大碛路关闭时，西域各国与中原王朝交往时，必须通过高昌。唐代西域的焉耆国，其王姓龙，名

---

① ［比］亨利·皮朗《中世纪欧洲经济社会史》，乐文译，上海：上海人民出版社，2011年，第4页。

② 参阅朱雷《麹氏高昌王国的"称价钱"》。

突骑支。《旧唐书》卷一百九十八《西戎传·焉耆国》载："贞观六年，突骑支遣使贡方物，复请开大碛路以便行李，太宗许之。自隋末罹乱，碛路遂闭，西域朝贡者皆由高昌。及是，高昌大怒，遂与焉耆结怨，遣兵袭焉耆，大掠而去。"[①] 同一件事，《新唐书》卷二百二十一上《西域列传上·焉耆国》的记载基本相同："太宗贞观六年，其王龙突骑支始遣使来朝。自隋乱，碛路闭，故西域朝贡皆道高昌。突骑支请开大碛道以便行人，帝许之。高昌怒，大掠其边。"[②] 当焉耆国请求开通大碛路后，西域通中原就可以不经高昌了，于是高昌大怒并攻打焉耆。由此说明，西域各国东达中原经过高昌时，肯定对其有很大的好处，否则就无法理解重开大碛路后，高昌的愤怒表现。

西域通中原经过高昌，高昌所得到的好处应该就是征收商税（过境税）。虽然在唐代的史籍中未见到敦煌征收商税的材料，但《新唐书》卷二百二十一上《西域列传上·焉耆国》所载征收商税的材料，可以提供一些启示："开元七年，龙嬾（懒）突死，焉吐拂延立。于是十姓可汗请居碎叶，安西节度使汤嘉惠表以焉耆备四镇。诏焉耆、龟兹、疏勒、于阗征西域贾，各食其征，由北道者轮台征之。"[③] 这里所记丝绸之路北道（轮台）和南道（安西四镇）征"西域贾"即商税的记载，可以知道高昌也会征收过境税，并且是很重要的一笔收入，否则高昌不会因为开通大碛路而出兵攻打焉耆了。

从以上所论可知，关于"丝绸之路"的研究，还需从更多方面、更多角度去探讨和分析，从而使我们的研究更加深入。

---

① 《旧唐书》，北京：中华书局，1986 年，第 5301 页。

② 《新唐书》，北京：中华书局，1986 年，第 6229 页。

③ 《新唐书》，第 6230 页。

第二节　吐蕃对河西地区的统治与经营

唐代的吐蕃政权是一个奴隶制政权，奴隶主贵族为了掠夺土地、财富和人口，不断向外扩张，并和唐王朝发生了一系列冲突。早在唐高宗时期，吐蕃就在大非川之役中击败了唐朝大军，并占领了“安西四镇”。此后，唐虽一度收复了“安西四镇”，但唐蕃之间的战争却连绵不断，河西地区也处于吐蕃的威胁之下。由于这一时期唐王朝国势鼎盛，在河西及陇右地区驻有重兵防守，因而暂时遏制了吐蕃的兵锋。唐玄宗天宝十四年（755 年）安史之乱爆发后，唐王朝被迫将河西、陇右及“安西四镇”精兵东调以平叛，吐蕃乘机占领了整个河西、陇右地区。

关于吐蕃占据河西后，对河西的统治与经营，单凭传统史籍无法全面了解。可喜的是，现存敦煌遗书中有许多关于吐蕃经营敦煌的资料，从而使我们能够结合传统史籍，对吐蕃经营河西的有关情况进行比较详细的探讨。

一、统治形式的改变

吐蕃占据敦煌后，首先设置了一套完整的职官系统（节度使—乞利本—节儿—都督、监军—部落使—判官）来统治河西瓜沙地区。由于敦煌地区的居民成分以汉民族为主，故吐蕃为实行有效统治，在任用吐蕃官员的同时，还任用汉人为辅助官吏。吐蕃统治者正是采用了这种双轨型的职官系统，才维系了其在河西地区上百年的统治。①

在设置完整的职官系统的同时，吐蕃统治者还改变了敦煌地区的基层组织形式，即将唐王朝的乡、里制改变为吐蕃王朝的部落、将制。

---

① 参阅邵文实《吐蕃对河西诸民族的统治及其影响》（兰州大学硕士论文），1990 年 12 月。

我们知道，唐朝地方行政区划是道（府）、州、县三级，县以下设有乡、里。敦煌在吐蕃占领前，属县一级政权单位，设有 13 个乡，即敦煌乡、莫高乡、神沙乡、龙勒乡、平康乡、玉关乡、效谷乡、洪池乡、悬泉乡、慈惠乡、洪润乡、寿昌乡、从化乡。吐蕃占领敦煌后，废除了原有的 13 个乡，而代之以部落制。部落的内部组织情况，仍与吐蕃本部的部落制相似。其最基本的单位是千户（部落），千户之下是小千户（即五百户组织），设小千户长一人。小千户之下为百户（将），百户长称“勒曲堪”。最后是十户组织，十户长称“勒堪”。

吐蕃统治者的部落、将制，其一“将”基本上相当于百户。敦煌遗书 S. 3287《子年百姓氾履倩等户籍手实牒》中，有“左一将”“左二将”“左六将”“左十将”等。[①] S. 2228《夫丁修城记录》中，有“右一”到“右十”“左七”到“左十”等将。[②] 可见敦煌地区将的设置比较多。

据 S. 5448《唐故河西归义军节度押衙兼右二将头、银青光禄大夫、检校国子祭酒、兼御史中丞、上柱国浑厶甲邈真赞并序》中说，浑子盈身为“节度押衙兼百人将务”[③]，右二将头被说成“百人将务”，表明将头所统不过百人上下。由此可知，吐蕃时期部落下面将的规模大约是百户，即十个户团。

众所周知，唐朝是“百户为里”，吐蕃的“将”，则相当于唐朝的“里”，将头即相当于里正。P. 3774《僧龙藏牒》中自述他出家前充当将头的待遇是：“当户突税差科并无，官得手力一人，家中种田

① 《英藏敦煌文献（汉文佛经以外部份）》第 5 卷，成都：四川人民出版社，1992 年，第 31 页。

② 《英藏敦煌文献（汉文佛经以外部份）》第 4 卷，成都：四川人民出版社，1991 年，第 49 页。

③ 《英藏敦煌文献（汉文佛经以外部份）》第 7 卷，成都：四川人民出版社，1992 年，第 95 页。

驱使。”[①] 即担任将头可豁免本户赋税、徭役，并配给一个仆役。可见将头的地位并不高，只是一个半官半民的身份。由此推断将级机构并非一级政权，将头非政府编制内官员，只是部落下面办理一方差事的高级差役，同里正一样，都是不入品流之辈。[②]

吐蕃占领敦煌后，其部落、将的设置并非一次完成，它首先设置了7个部落，即僧尼部落、行人部落、丝绵部落、上部落、下部落、撩笼部落和中元部落。从其编制情况看，这种部落应是非军事性的。9世纪20年代以后，由于形势的变化，吐蕃在敦煌又相继编创了阿骨萨、悉董萨、悉宁宗3个汉人军事部落和一个通颊军部落，并把敦煌汉人及其他民族的人也纳入其军事组织，以长期统治。当然，这也从侧面反映出被吐蕃统治的敦煌百姓的地位较初期有所提高。同时，吐蕃统治者虽然以“部落—将”制代替了以前敦煌的乡里、邻保制，但由于这种部落组织基本上和唐朝乡里制相似，加之它的基层官吏多由汉人担任，所以，从某种意义上说，吐蕃的“部落—将”制还起着唐朝地方行政组织的作用。[③]

总之，吐蕃占领敦煌后，用“部落—将”制代替了唐朝的乡里制。其统治形式的变化，虽然是为了加强对敦煌地区的统治，具有重要的军事因素，但从其内部组织结构着眼，仍可看出其重要的经济因素，即为了征收“突税差科”。因此，吐蕃在敦煌实行的“部落—将”制，并非单纯的军事组织机构，乃是集政治、经济、军事三位一体的组织系统，即官府户籍制度。这正如姜伯勤先生所说吐蕃控制河西以后，其“户籍制度适应着乡里体制的变化而改变，即户籍业已按照‘部落（千

---

① 《法国国家图书馆藏敦煌西域文献》第28册，上海：上海古籍出版社，2004年，第10页。

② 参阅李正宇《吐蕃子年（公元808年）沙州百姓汜履倩等户手实残卷研究》，载《1983年全国敦煌学术讨论会文集（文史·遗书编上）》，兰州：甘肃人民出版社，1987年。

③ 参阅杨铭《吐蕃时期敦煌部落设置考》，载《西北史地》1987年第2期。

户）—将’的体制编制”。[①] 如 S. 3287《吐蕃子年沙州百姓氾履倩等户籍手实残卷》就是一件吐蕃统治敦煌时期擘三部落左二将五户百姓的户口状，系各户主对户口异动情况的申报，相当于唐朝之手实。如索宪忠等户口籍：

户索宪忠，妻阴，男远远、男顺顺、女妃娘（出度）、女金娘（出嫁与同部落吴通下邓道）、婢目目。

午年擘三部落已后新生口，男性奴（出度）、女瞻娘（嫁与丝绵部落张□下张清清）、女意娘（出度）、男再佛（出度）、远远、妻（娶同部落吴通下鄯石奴妹，女麹子，女扁娘）、男迁迁、妻（娶本将程弟奴女）。

右通前件新旧口并皆依实，如后有人纠告，括检不同，求受偷人条教，请处分。

件如前，谨状。子年五月　日百姓索宪忠[②]

从索宪忠户籍可知，其户口登记是非常详细的，家庭人员（包括奴婢）的死亡、出家、嫁娶等，都有详细的记载。其他各户的记载也基本一致。该卷文书中之“午年擘三部落新生口”，则是指该次调查后的新生人口。从而可知，吐蕃统治者占领敦煌后，具有相当严密的官府户籍制度。这种户籍当时也称为“牌子”。

二、田赋制度的变化

吐蕃控制敦煌七八十年，其实行的田赋制度如何？与唐王朝的制度有何不同？

众所周知，唐朝前期实行均田制。吐蕃占领敦煌后，改变了唐王朝的授田制度，而实行了突田制。关于突田制的详细情况我们不得而知，

① 姜伯勤《唐五代敦煌寺户制度》，北京：中华书局，1987 年，第 44 页。

② 《英藏敦煌文献（汉文佛经以外部份）》第 5 卷，成都：四川人民出版社，1992 年，第 32 页。

但透过敦煌文书，我们仍可以找到实行突田制的有关痕迹。如 S. 2103《吐蕃酉年沙州灌进渠百姓李进评等牒》[①] 曰：

城南七里神农河母，两勒汎水，游淤沙坑，空地两段共叁突（东至碛，西至贺英倩，南道口，北至神农河北马国清）。

右南沙灌进渠用水百姓李进评等，为已前移灌进口，向五石口前逐便取水。本无过水渠道，遂凭刘三子边，卖（买）合行人地壹突用水。今刘三子言：是行人突地，依籍我收，地一任渠人别运为。进评等，今见前件沙淤空闲地，拟欲起畔耕犁，将填还刘三子渠道地替溉灌，得一渠百姓田地不废。庄园今拟开耕，恐后无凭，乞给公验处分。

牒件状如前，谨牒。

酉年十二月　日，灌进渠百姓李进评等

付营官寻问，实空

闲无主，任修理佃种　　　　百姓胡千荣

弁示。　　　　百姓杨老老

廿三日　　　　百姓窦太宁

百姓张达子

本件文书中提到“空地两段共叁突”“卖合行人地壹突用水”，由此可见，“突”是土地计量单位。另外，其他卷子中也有一些记载，如 P. 3410《沙州僧崇恩析产遗嘱》中有“无穷地两突，延康地两突”[②]；P. 2858 号背《酉年二月十二日索海朝租地帖》中有“城西阴安渠地两突”[③]；S. 4661 号文书第一行有“八突”字样，其后则是明细的亩数记

① 《英藏敦煌文献（汉文佛经以外部份）》第 4 卷，成都：四川人民出版社，1991 年，第 2 页。

② 《法国国家图书馆藏敦煌西域文献》第 24 册，上海：上海古籍出版社，2002 年，第 129 页。

③ 《法国国家图书馆藏敦煌西域文献》第 19 册，上海：上海古籍出版社，2001 年，第 146 页。

录，这些记载也可证明“突”是土地计量单位。

从以上的研究可知，吐蕃在敦煌地区实行的是突田制。那么，作为土地计量单位，一突是多少？其授田方式如何？

敦煌遗书 S. 9156 和 S. 4491 两件吐蕃时代的《沙州诸户口数地亩计簿》为我们探讨这一问题提供了较好的素材，如 S. 9156 诸户口数地亩簿：

（前缺）和□□五□

半突三畦，宜秋西支渠二突五畦，计三突。

元琮十二口（宜秋东支渠五突半一亩十畦，都乡东支渠一突三亩三畦，孟授渠二亩一畦，宜秋西支渠三突半六畦，阶和渠半突四亩三畦，员佛图渠半突六畦），计一十二突。武朝副两户九口（都乡渠一突一亩七畦，双树渠半突一亩一畦，宜秋西支渠七突四亩十六畦），计九突一亩。令孤英彦七口（麹家渠二突一亩七畦，阶和渠一突半二亩四畦，员佛图渠三突二亩十四畦），计七突。石元俊三口（宜秋东支渠一突三亩六畦，城东灌进一突半二亩。共张都督妻重籍）。辛兴国九口（凡渠二突五畦，员佛图渠七突卅五畦），计九突。白光进五口（双渠二突半三亩四畦，都乡二亩一畦，宜秋东支渠二突四畦），计五突。白光胤二口（双树渠一突四畦，员佛图渠一突四畦）计二突。陈英奴五口（双树渠一突三亩六畦，员佛图渠三突九畦，阳开一突三畦），计五突三亩。张华奴五口（双渠三突半七畦，员佛图渠三亩五畦，宜秋东支渠一突三畦，菜田渠二亩一畦），计五突。宋大娘五口（阴安渠四突十九畦，双树一突三畦）计五突。吕兴奴七口（大让渠三突八畦，宜秋西支渠四突八畦），计七突。史皈汉五口（宜秋东支渠一突半十五畦，涧渠三突半十畦）计五突。周文卿五口（河北渠半突二亩三畦，寺底渠二突二亩十一畦，员家渠半突四亩三畦，夏交渠一突四亩七畦），计五突二亩。索子云四（河北一突三亩八畦，神农渠二突十一畦，夏交渠半突二亩四畦)，计四突。苏阿建九口（员佛图七突半廿八畦，总同渠一突四亩七畦，双树一亩)，计九突。张漸进五口（阶和半突一亩一畦，宜秋东支四突四亩十二畦)，计五突。侯文奴四口（员佛图渠地四突廿一畦)。李进益七口（员佛图七十亩十三畦)。翟宜来四口（夏交渠地四突十一畦)。高茂新四口（夏交渠地四突十四畦）（后缺)。[①]

根据这件文书提供的材料，如果我们将每条总计突数与各地段的明细亩数加以换算，就可得知突与亩的换算标准。如武朝副两户九口，共有地九突一亩，其中都乡渠一突一亩，双树渠半突一亩，宜秋西支渠七突四亩。这三段的土地加起来总共为八突半又六亩，而八突半六亩等于九突一亩。再如元琼户，共有土地十二突，分布在六条渠道上，分别为五突半一亩、一突三亩、二亩、三突半、半突四亩、半突，合计起来恰好十一突十亩，而总计为十二突，可知十一突十亩等于十二突。又如李进益七口，应授田七突，而该户下只写“七十亩十三畦”，可见七突等于七十亩。由此可以得出结论：一突等于十亩，半突等于五亩。[②]

那么，实行突田制的授田标准如何呢？我们通过上引敦煌遗书中每户家口数与地亩数的排比分析可知，大体上是每人十亩，即一人一突。S. 9158 号文书共记载家口地亩二十户，其中十七户是一人一突，如元琮户十二口，授田十二突，辛兴国户九口，授田九突，侯文奴户四口，授田四突。只有三户虽非一人一突，但差额甚少，陈英奴户五口，授田五突三亩，周文卿户五口，授田五突二亩，武朝副两户九口，授田九突

① 《英藏敦煌文献（汉文佛经以外部份）》第 12 卷，成都：四川人民出版社，1995 年，第 221 页。参见唐耕耦、陆宏基编《敦煌社会经济文献真迹释录》第二辑，北京：全国图书馆缩微复制中心，1990 年，第 408—409 页。括号中的明细亩数原为小字，括号为引者所加。

② 参阅姜伯勤《突地考》，载《敦煌学辑刊》1984 年第 1 期。

一亩。由此可知，吐蕃王朝控制时期，实行的是计口授田制度，其标准为每人一突，即十亩。①

吐蕃实行的计口授田制，在新疆发现的古藏文文书中也有记载："兔（卯）年夏，划小罗布王田为五种亩数，按耕田人（每户）人数多少加以分配。依据长官与分田官、农田官，劳力情况应登记于（户主）名下。有势力者不许多占田地或围圈空地。任何一小块田都要按（每户）人数多少分配。（分定之后）不许荒废田地和破坏田界。此五种亩数的田都树立界标，有违制占用、破坏田界或使田业荒废，将剥夺其田业，没收其庄稼，并按情节轻重治罪。各户耕田人的人数造成总册，交到日城长官处。凡有荒废田业、不灌农田，另投田主，霸占秋收者，按本城归法治罪"。②

吐蕃实行的计口授田制，与其赋税制度有着密切的关系。在突田制下，以"突"作为土地计量单位，那么，本时期的土地税在汉文文书中也就称之为"突田"，交纳"突田"称为"纳突"。关于吐蕃控制河西时期的赋税征收，即百姓的"纳突"，敦煌遗书 P. 2162 号背《吐蕃寅年沙州左三将纳丑年突田历》有详细的记载：

左三将纳丑年突田历。③

张逸（常乐一驮半二斗，瓜州一驮，寅□百尺一驮，氾弁三驮怙（帖？招?）倸，常乐一驮）

索荣（常乐一驮半二斗，氾弁下青一驮半，小三驮半，又小半

---

① 参阅杨际平《吐蕃时期敦煌计口授田考》，载《社会科学》（甘肃）1983 年第 2 期。

② 参阅王忠《新唐书吐蕃传笺证》，北京：科学出版社，1958 年，第 37 页；王尧、陈践译，陈践编《敦煌吐蕃文献选辑・社会经济卷》，北京：民族出版社，2013 年，第 5 页。

③ 《法国国家图书馆藏敦煌西域文献》第七册，上海：上海古籍出版社，1998 年，第 251 页。参见《敦煌社会经济文献真迹释录》第二辑，第 405—406 页。括号中的纳税地点及数量原为小字，括号为引者所加。

驮，瓜州自送一驮）

王瀚（常乐一驮半二斗，一千人苏面一驮，瓜州一驮，十二月廿九日杜平纳一驮半，李延一驮六斗，小五斗，寅八月纳青一驮二斗，小一驮半二斗）

（以下从略）

本件“突田历”中的“历”即是帐目。唐代俗称收支帐为破历，“突田历”即指据土地征收税收的帐目，通过对本件文书的分析，可略知此时期的纳税制度：

1. 本件文书所载左三将所属二十八户中，张进卿户注明“不合纳”，张寺加户注明“不纳”，王什德户注明“不合纳”。该三户仅交纳了一驮或稍多的粮食，从而可知突田制下有纳突户和“不合纳”即减免户的区别。

2. 各户一般均向常乐（地名）交纳一驮半，交瓜州一驮。其余数目则分别交往蚕坊、寺院。另一些数目则由本“将”中的人户氾弁等经收。当时的寺院一般都收取官府的布施（“傒”即布施），这种官“傒”有时纳税户直接交给寺院，然后将该数额在该户应交纳税额中扣除。交纳的物品有小麦、青麦、布、油等。①

3. 虽然当时的纳突与计口授田有关，但突税并非按口（即按地亩）或按丁交纳，而是按户交纳。据有的学者研究，其税额是每户八驮上下。当时的一驮等于二石，半驮等于一石，若此，则每户每年需纳突十六石至二十石。②

从敦煌遗书中可知，突田制下百姓除了纳突以外，还有差科。

在吐蕃管辖时期的敦煌，“差科”是指官府的徭役。如 P. 3774 号

---

① 参阅姜伯勤《突地考》，《敦煌学辑刊》1984 年第 1 期。

② 参阅杨际平《吐蕃时期教煌计口授田考》，《社会科学》（甘肃）1983 年第 2 期。

《丑年十二月沙州僧龙藏牒》[①] 中曰：

（一）齐周身充将头，当户突税差科并无。官得手力一人，家中种田驱使，计功年别卅驮。从分部落午年至昨亥年，计卅年，计突课九百驮，尽在家中使用。

（一）大兄初番和之日，齐周□父脚下，附作奴。后至佥弁使上析出为户，便有差税身役；直至于今。自齐周勾当之时，突田大家输纳。其身役知更远使，并不曾料。

从此件文书可知，差科包括身役、知更（守夜）、远使（派往远处当差）等。

另外，还有一种名为“王差”的差科。敦煌藏文文书 P·T·1098《于田贡使岁赋事》[②] 记载曰：“仲秋（八月）十七日，秋季岁赋贡使轮于田部落玉来当值……恰逢玉来不在家，从悉董萨部落雇请慕恩子（代替），雇金定为青稞、麦子和绢，……因要送岁赋，（所承应的）内府王差无暇完成，或因岁赋没有全部送完，上峰降下任何惩罚，由恩子本人亲去申述。如恩子无暇完成内府王差或未按时送达（岁赋），或因不在家而产生纠葛，照前述契约……轮到恩子去支应内府王差，余下岁赋即交与尤达与西顺（去送）。”P·T·1297《购马契约》[③] 也规定：“如此交易，若被认可，向售马人交付成色足（银）五两，如腊赞被派支王差或不在家，照前所应诺找到中人……。”

从上引文献可知，民间订立有关契约都将“王差”视为不可抗拒的因素。若出现订约人被派支王差或未完成王差，所订之事都要有责任承担者，因此，王差也是官府差科之一。

---

① 《法国国家图书馆藏敦煌西域文献》第 28 册，上海：上海古籍出版社，2004 年，第 10—11 页。见《敦煌社会经济文献真迹释录》第二辑，第 283—286 页。

② 见王尧、陈践译注《敦煌吐蕃文献选》，成都：四川民族出版社，1983 年，第 54 页。

③ 王尧、陈践译注《敦煌吐蕃文献选》，第 59 页。

三、民族政策与民族关系

吐蕃占领敦煌地区以后，所面临的一个新问题，就是如何处理广大的新占领地区的民族关系。当时，吐蕃人、孙波人属于嫡系部队；吐谷浑人和党项人已被吐蕃收编，但仍有相当独立的杂牌军；此外还有被征服的河西地区的汉人。当时汉人是敦煌地区的主要经济支柱。当吐蕃刚开始进入河西时，奴隶主政权在军事进攻的同时，横加劫掠，当地的汉族百姓没有任何政治上的保障，从而造成了当时社会的混乱和动荡不安。当吐蕃统治者完全有把握控制这片新占领的地区时，便希望社会稳定，因此，他们便按照自己固有的习惯和制度来改造新占领区。部落制的实行，就是一个明显的例证。例如吐蕃在占领敦煌后的第一个午年，即公元 790 年，就将敦煌地区原有汉户编成“沙州汉户部落”。在当时战乱频仍、生存权都无法保证的情况下，也许当时的若干汉户是欢迎这种部落制的。在 P. 2449 号汉文卷子里，就有“流沙僧俗，敢荷殊恩，百姓得入行人部落，标其籍信，皆因为申赞普，所以纶旨垂边”的赞语。由此我们可以这样认为，从当时一般人的社会心理讲，有了固定的“主子”，总比做众人的奴仆或者任人抄掠要好一些。但这并不影响吐蕃人仍以胜利者的姿态对待汉户，就是对编入部落中的汉户，也照旧为所欲为，制造新的混乱。[①]

吐蕃占领者的压迫和劫掠，造成了吐蕃占领敦煌初年的民族关系紧张化。沙州虽于建中二年（781 年）陷于吐蕃，吐蕃统治者用“置毒靴中”[②] 的暗杀手段，处置了抵抗运动的领导人阎朝，但沙州人民并没有屈服，其反蕃斗争此伏彼起，从未间断。S. 1438 号卷子有残稿 177 行，以前被学者拟名为《书仪》残卷，唐耕耦、陆宏基编的《敦煌社会经

---

① 参阅王尧、陈践《敦煌藏文写卷 P · T · 1083、1085 号研究》，载《历史研究》1984 年第 5 期。

② 《新唐书》卷二百一十六《吐蕃传下》，第 6101 页。

济文献真迹释录》第五辑将其拟名为《吐蕃占领时期沙州守官某请求出家状等稿四十多件》。这卷文书中就记载了吐蕃占领敦煌初期沙州玉关驿户氾国忠等人的反蕃起义。该卷文书第 12—16 行写道：

自敦煌归化，向历八年；歃血寻盟，前后三度；频招猜忌，屡发兵戈；岂敢违天，终当致地；彷徨旅拒，陷在重围；进退无由，甘从万死。伏赖宰相守信，使无涂炭之忧；大国好生，庶免累囚之苦。伏惟圣神赞普雷泽远施，日月高悬，宽违命之诛，舍不庭之罪。臣某诚欢诚喜，顿首顿首，死罪死罪。①

从这份沙州某守官向吐蕃赞普献舍利骨的陈情表可知，建中二年（781 年）沙州陷于吐蕃后，反抗的民众并未放下武器，他们"频招猜忌"，吐蕃王朝还为此"屡发兵戈"。由此说明吐蕃统治者曾多次对沙州进行过武装镇压，沙州民众也进行过多次激烈反抗。②

关于吐蕃统治敦煌初期汉族民众的反抗斗争，S. 1438 号文书第 70—80 行记载曰：

某启。孟秋尚热，伏惟相公尊体动止万福。某蒙恩，唯此沙州，屡犯王化。干戈才弥，人吏少宁。列职分官，务存抚养。未经两稔，咸荷再苏。氾忠国（国忠）等，去年兴心，拟逃瀚海。远中相府，罚配酒泉。岂期千里为谋，重城夜越，有同天落，戕煞蕃官，伪立驿户邢兴，扬言拓拔王子，迫协人庶，张皇兵威。夜色不分，深浅莫测，平人芒怕，各自潜藏。为国德在城，恐被伤害，某走报回避，共同死生。及至天明，某出招集所由，分头下堡，收令不散，誓救诸官。比至衙门，已投烈火。遂即旋踵，设伏擒奸。其贼七人，不漏天网。并对大德摩诃衍推问，具申衙帐，并报瓜州。

① 唐耕耦、陆宏基编《敦煌社会经济文献真迹释录》第五辑，北京：全国图书馆缩微复制中心，1990 年，第 314—315 页。

② 参阅史苇湘《吐蕃王朝管辖沙州前后》，载《敦煌研究》创刊号，兰州：甘肃人民出版社，1983 年。

昨索贼钉枷，差官锢送讫。已蒙留后使差新节儿到沙州，百姓具安，各就农务。其东道军州不报消息，伏惟昭察。①

这段文字，为我们探讨氾国忠起义的年代提供了重要线索。第一，由此可知起草本件文书时，距离沙州陷蕃之时，仍“未经两稔”，即尚未经过两个丰收年景。可知氾国忠起义发生在建中二年（781 年）沙州陷蕃之后不久。第二，文书中有“氾国忠等，去年兴心，拟逃瀚海”一句。考 8 世纪沙州附近的“瀚海”，当指瀚海军。关于瀚海军，《唐会要》载曰：“瀚海军，置在北庭都护府，本乌孙王境也。贞观十四年置庭州。文明元年，废州置焉。长安二年十二月，改为烛龙军，三年，郭元振奏置瀚海军。”②

综观 8 世纪末期的河西形势，从广德二年（764 年）到大历元年（766 年），吐蕃占领了瓜、沙二州之外的其他河西各地。大历十一年（776 年），瓜州失守，建中二年，沙州陷蕃，而北庭一隅，则远隔河西陇右而仍为唐王朝所管辖。据《资治通鉴》记载：“北庭、安西自吐蕃陷河陇，隔绝不通，伊西、北庭节度使李元忠、四镇留后郭昕帅将士闭境拒守，数遣使奉表，皆不达，声问绝者十余年；至是，遣使间道历诸胡自回纥中来，上嘉之。”③ 由此可知，北庭是沙州失守后距沙州最近的管辖区，这或许就是氾国忠“拟逃瀚海”亦即计划逃亡北庭（庭州）的历史背景。

瀚海军所在的庭州，于贞元六年（790 年）三月为吐蕃攻占。既然氾国忠“拟逃瀚海”是前往庭州，那么其事当发生在吐蕃占领庭州之

---

① 唐耕耦、陆宏基编《敦煌社会经济文献真迹释录》第五辑，第 318—319 页。

② 《唐会要》卷七十八《节度使》，上海：上海古籍出版社，2006 年，第 1690 页。

③ 《资治通鉴》卷二百二十七，建中二年六月壬子条，北京：中华书局，1956 年，第 7303 页。

前，即公元 790 年 3 月之前。[①]

从上述研究可知，氾国忠起义发生在建中二年（781 年）至贞元六年（790 年）三月之前。“未经两稔”最少也是两个丰收年景。这两个丰收年景是两年，抑或多年？当然最少也是两年。再从“自敦煌归化，向历八年”可知，是吐蕃占领敦煌以后八年。从建中二年（781 年）后推八年，恰好是贞元五年（789 年），由此推断，氾国忠起义约发生在贞元五年（789 年）。

氾国忠起义导致了吐蕃节儿的自杀。S. 1438 号文书曰：

> 沙州状。逆贼玉关驿户氾国忠等六人，衣甲器械全。右件贼，今月十一日四更，蓦突大城，入子城，煞却监使判咄等数人。其夜有百姓贺走报，为夜黑不知多少。复百姓收刈之时，尽在城外。城中纵有所由，忙怕藏避。某见事急，遂走投龙兴寺，不见蕃大德，告报相将，逐便回避。于时天明，某遂出招集得百姓十余人，并无尺铁寸兵，可拒其贼。某誓众前行，拟救节儿蕃使。及至子城南门下，其节儿等已纵火烧舍，伏剑自裁，投身火中，化为灰烬。某渐合集得百姓，设诈擒获。则知神道助顺，皇天共诛，氾国忠等人一无漏网。东道烽铺不告烟尘，莫测此贼，有同天落。今蕃军将等，或在或亡，不知实数。[②]

节儿，是隶属于瓜州节度使之下的沙州城长官。文书中关于节儿自杀的记载，说明起义者曾一度破坏了沙州城的城防及行政机构。

氾国忠起义带有浓郁的反民族压迫的色彩。文书中所说，“戕杀蕃官”，透露出起义者似乎只杀蕃官蕃将。起义者被捕后的供词中也说“遂谋杀蕃官是实”。从这次起义的情况看，吐蕃占领敦煌初期，蕃汉

---

① 参阅姜伯勤《唐敦煌“书仪”写本中所见的沙州玉关驿户起义》，载《中华文史论丛》1981 年第 1 辑。

② 唐耕耦、陆宏基编《敦煌社会经济文献真迹释录》第五辑，第 320—321 页。

民族矛盾是比较尖锐的。吐蕃统治者为了防止汉族百姓的反抗，采取了一系列措施，甚至连铁农具也一概没收，如S.1438号文书说："又缘种莳，例乏耕牛。农器之间，苦无钢铁。先具申请，未有支分。冬不预为，春事难济。"[①] 正是由于汉族百姓的不满情绪较浓，蕃汉民族矛盾比较尖锐，吐蕃统治者为了维护其统治，便不得不改变其统治方式，争取新占领区汉族百姓，尤其是唐王朝原来官员的支持与合作。敦煌遗书P.3481号汉文卷子背录二斋文，其一就有"大蕃部落使河西节度太原阎公"的记载。[②] 这位"阎公"不是别人，正是缢杀沙州刺史周鼎，然后坚守沙州十年，最后才与吐蕃约定"无徙它境"而投降的阎朝。他投降后被吐蕃统治者任命为"大蕃部落使河西节度"。这个藏汉混合的称谓恰恰反映了当时的藏汉关系，说明他在唐蕃之间具有双重身份。另外，敦煌遗书P.3726号卷子题为"故前释门都法律京兆杜和尚写真赞"，是由"释门大蕃瓜沙境大行军衙知两国密遣判官智照撰"。[③] 这位"密遣判官智照"显然是以僧侣身份在吐蕃政权中任职的汉人官员。正是由于部分僧俗官员的配合，才使瓜沙一带的部落制逐渐被人们接受。

吐蕃统治者为改善民族关系，在统治相对稳定后，便下令禁止抄掠汉人。如P·T·1083号敦煌藏文卷子《据唐人部落禀帖批复的告牒：禁止抄掠汉户沙州女子》[④] 曰：

> 亥年春，大论于陇州会上用印发出之告牒：
>
> 二唐人部落头人通禀曰：往昔，吐蕃、孙波与尚论牙牙长官衙署等，每以配婚为借口，前来抄掠汉地沙州女子。其实，乃佣之为奴。为此，故向上峰陈报，不准如此抢劫己属赞普之臣民，并请按

① 唐耕耦、陆宏基编《敦煌社会经济文献真迹释录》第五辑，第319页。

② 《法藏敦煌西域文献》第24册，上海：上海古籍出版社，2002年，第309—310页。

③ 《法国国家图书馆藏敦煌西域文献》第27册，上海：上海古籍出版社，2002年，第143页。

④ 见王尧、陈践译注《敦煌吐蕃文献选》，第51—52页。

例准许，可如通颊之女子，可以不配予别部，而在部落内部寻择配偶，勿再令无耻之辈持手令前来择配，并允其自择配偶。

告牒如上，用印颁发！

另外，P·T·1085号藏文卷子，其内容也是吐蕃统治者禁止抄掠汉族百姓。[①] 吐蕃占领敦煌时期，汉族百姓的身份、地位如何？是否有人身自由？由于文献中没有明确的记载，因此无法得到明确的答案。但敦煌藏文文书中的有关材料，可以为我们探索这一问题提供少许启示。如P·T·1132号卷子为《堂康三向主人呈递的一封信》[②]，信中说："小人之贱内，住于沙州，还有少量庄稼也种在沙州，仲秋需要收割。务请您开恩向论格桑讲情，此刻不要立即催逼将我派往瓜州。"

P·T·1142号《文斌与金通呈递的书信》[③] 中也有类似的记载，如该书信曰："祝愿诸位大王尊驾，贵体常安，诸事如意顺适，祈祷长寿！特此修书请安。各位如有吩咐，请及时托过往旅客捎来……上峰如何安置我等，尚未得到音讯，可能会在新年抵达。对此，请勿担心！万一新年不能抵达，务请将过年物品运送来此……有可靠的旅客，请将我的一双靴子和一块毡子捎来。"

从上引两封书信看，吐蕃占领敦煌时期，汉族百姓的身份可能比较低，也有可能为贱人，但其人身比较自由，并可向主人讨价还价，提出要求。由此可知，吐蕃在敦煌的统治相对稳定后，为了有效地控制这一地区，顺利征得赋税徭役，便不断改善占领初期的民族关系，以达到其长久统治该地区的目的。

上面我们从统治形式、田赋制度、民族政策和民族关系等方面对吐蕃经营敦煌等地之史实进行了探讨。通过探讨可知，吐蕃控制该地区时期，政治较混乱，经济较前衰退，民族关系较紧张，百姓，尤其是汉族

---

① 参见王尧、陈践《敦煌藏文写卷P·T·1083、1085号研究》。

② 见王尧、陈践译注《敦煌吐蕃文献选》，第57页。

③ 见王尧、陈践译注《敦煌吐蕃文献选》，第57—58页。

百姓负担较重，地位较低。例如，吐蕃虽在河西实行了“计口授田”的突田制，但往往达不到标准。[①] 不仅如此，百姓的授田还往往被官府劫夺。[②] 在突田制下，农户由于赋税负担过重，无法交纳突税，便不得不出卖自己的土地。[③]

总之，吐蕃统治者占领敦煌后，虽采取各种措施稳定社会秩序，改善民族关系，发展当地经济，力图长期占领这一地区。但我们通过对其占领时期经营敦煌之历史的探讨，得知此时的社会经济发展较慢，和汉代及唐前期相比，是敦煌开发史上的一个倒退。

第三节　甘州回鹘在河西地区的活动

唐文宗时期，漠北回鹘由于内乱外患，再加上天灾，不得不四处逃散。经过一番动荡后，终于在河西与西域建立了几个分散的回鹘政权，其中就有甘州回鹘国。“初，回鹘西奔，族种散处。故甘州有可汗王，西州有克韩王，新复州有黑韩王，皆其后焉。”[④] 由此可知，甘州回鹘是回鹘西迁的结果之一，但甘州回鹘的发展并非一帆风顺，其来源也是多方面的。现依据学术界的最新研究成果，将其叙说如下。

我们说甘州回鹘是唐文宗开成五年（840 年）回鹘西迁的结果之一，但这并不意味着在此之前甘州没有回鹘人。早在唐代初年，游牧于娑陵水流域等地的回鹘人已经强盛起来，贞观六年（632 年），原游牧于焉耆西北的契苾部首领何力“率其部来归”，“诏处之甘、凉间，以其地为榆溪州”[⑤]。武则天时期，由于突厥强盛，漠北其他民族、部落

---

① 见王尧、陈践译注《敦煌吐蕃文献选》，第 44—46 页。

② 见《敦煌社会经济文献真迹释录》第二辑，第 28 页。

③ 见《敦煌社会经济文献真迹释录》第二辑，第 1 页。

④ 《宋史》卷四百九十《外国列传・回鹘》，北京：中华书局，1977 年，第 14117 页。

⑤ 《新唐书》卷二百一十七下《回鹘传下》，第 6142 页。

逐渐被其兼并，形势对他们非常不利，在这种情况下，“回纥、契苾、思结、浑部徙于甘、凉二州之地”[①]。当独解支为回纥首领时（680—715年），其都督亲属及其部落中征战有功的人员，都从碛北移居甘州境内。独解支的儿子伏帝匐还被任命为唐河西经略副使兼赤水军使。由此可知，自唐初至七八世纪，就有回鹘部落迁入甘、凉地区，其人数虽然不多，但似乎已有了行政建制，这就为甘州回鹘政权的建立打下了一定的基础。

唐文宗开成年间，由于内讧和天灾，漠北回鹘汗国的势力大大削弱。在外敌的入侵下，汗国也土崩瓦解，部落四散逃亡。据史书记载，回鹘受黠戛斯的侵扰，“部族扰乱”，又被唐幽州节度使张仲武等攻击，“余众西奔，归于吐蕃，吐蕃处之甘州”[②]，“余众奔归吐蕃，处甘州之地”[③]。当时河西地区正被吐蕃占据，逃奔河西的回鹘便被吐蕃安置于甘州辖区。可见，回鹘部落开始逃到甘州时，并没有建立自己的政权，而是依附于吐蕃。后来，张议潮起义，率众赶走了吐蕃统治者，唐王朝在河西建立了归义军，以张议潮为归义军节度使，统有甘、瓜、沙等十一州。河西地区的回鹘又依附于归义军。

唐末五代初，由于“中原多故，王命不及，甘州为回鹘所并，归义诸城多没”[④]，回鹘部落在河西地区的势力逐渐增强、扩大，甘州成为“回鹘牙”，也就在这个时候，史书中第一次出现了“甘州回鹘”的名称。《新五代史》载：“当五代之际，有居甘州、西州者尝见中国，而

---

① 《旧唐书》卷一百九十九下《北狄列传·铁勒》，第5349页。

② 《旧五代史》卷一百三十八《外国列传·回鹘》，北京：中华书局，1976年，第1841页。

③ （宋）王钦若等编纂《册府元龟》卷九百六十七《外臣部·继袭二》，周勋初等校订，南京：凤凰出版社，2006年，第11201页。

④ 《新唐书》卷二百一十六下《吐蕃传下》，第6108页。

甘州回鹘数至，犹呼中国为舅，中国答以诏书，亦呼为甥。”[①] 由此可见，大约在9世纪末，以甘州为中心在河西地区建立了回鹘西迁后的又一个政权，甘州回鹘与西州回鹘开始有了比较明确的区分，从而标志着甘州回鹘汗国的正式建立。

甘州回鹘政权的发展史，可以说是一部与归义军的关系史，不论其初期发展，还是建立政权，巩固壮大，都与归义军有着密切的关系，其灭亡的时间及原因，也与归义军政权基本一致。因此，通过甘州回鹘政权与归义军关系的探讨，就可以明了甘州回鹘政权的发展、建立及其衰亡过程。

如前所述，回鹘人陆续迁入甘州地区后，曾依附于吐蕃政权。大中三年（849年）张议潮攻克甘州后，甘州回鹘又依附于归义军。在张议潮推翻吐蕃统治者的斗争中，回鹘人也加入了这一行列。《旧唐书·懿宗纪》载，咸通七年（866年）十月，“沙州张义潮奏：差回鹘首领仆固俊与吐蕃大将尚恐热交战，大败蕃寇，斩尚恐热，传首京师”[②]。敦煌遗书P.3500V《二月仲春色光辉诗》中“甘州可汗亲降使，情愿与作阿耶儿”[③] 的记载，也是甘州回鹘依附、支持张议潮的有力证据。

在归义军前期，甘州回鹘有了一定的发展，并占领了甘州。张议潮、张淮深统治时期，归义军既得到了唐王朝的支持，又得到了河西各族人民的拥护，其力量强大、地位稳固。回鹘人仍然依附于归义军，更不敢去和归义军争雄。但为了自身的发展壮大，回鹘人便集中力量打击龙族及其盟友。

龙族是突厥系的一支，从焉耆迁来，散居于甘、肃等地。回鹘人对

---

① 《新五代史》卷七十四《四夷附录第三·回鹘》，北京：中华书局，1974年，第916页。

② 《旧唐书》卷十九上《懿宗纪》，第660页。

③ 《法国国家图书馆藏敦煌西域文献》第24册，上海：上海古籍出版社，2002年，第362页。

龙族的进攻发生在唐僖宗中和四年（884 年），据敦煌遗书 S. 389《肃州防戍都给归义军状》[①] 载，龙族人恐被回鹘侵凌，遣使凉州，请求嗢末派兵相助。最后，龙族战败，被迫放弃甘州城。甘州遂为回鹘所有。

回鹘占据甘州后，与归义军的矛盾逐渐尖锐，即回鹘人企图摆脱归义军的统治，而归义军也要巩固对甘州的控制。在这种情况下，双方的争战就不可避免了。

在归义军统辖甘州及甘州回鹘时期，归义军政权在甘州派有官吏，驻有军队，但在中和四年（884 年）以前数年，甘州回鹘就企图摆脱归义军的统治，并一直在为此而努力奋斗。特别是 884 年赶走龙族人，占有甘州城后，甘州回鹘的势力有了较大的发展，也使归义军政权受到了极大的震动和威胁。因此，归义军便派使节到甘州交涉，敦煌遗书 S. 2589《中和四年（884）十一月一日肃州防戍都营田康使君等状》说，归义军“其甘州共回鹘和断未定，二百回鹘常在甘州左右捉道劫掠。甘州自胡进达去后，更无人来往”。[②] 可见，斗争非常激烈，交涉失败。于是，张淮深便于 885 年出兵占领甘州城，并打到山丹。索勋当政时期，张议潮外孙李弘谏被任命为“使持节甘州刺史兼御史中丞上柱国”，据《唐宗子陇西李氏再修功德记》，他“洎分符于张掖，政恤惸孤，布皇化于专城，悬鱼发咏”[③]。可见，直到 9 世纪末期，甘州仍是归义军政权的一个组成部分。

然而，就在这个时候，归义军内部由于争权夺利，互相残杀之事不断发生。首先是 890 年张淮深全家被杀，过了两年，张淮鼎又死于非命。到了 894 年，索勋也被送上了断头台。归义军内部的这些变故大大

---

① 《英藏敦煌文献（汉文佛经以外部份）》第 1 册，成都：四川人民出版社，1990 年，第 179 页。

② 《英藏敦煌文献（汉文佛经以外部份）》第 4 册，成都：四川人民出版社，1991 年，第 111 页。

③ 李永宁《敦煌莫高窟碑文录及有关问题（一）》，载《敦煌研究》试刊第一期，兰州：甘肃人民出版社，1982 年，第 68 页。

削弱、分散了归义军政权的实力，而继任的张承奉只不过是一个傀儡而已，从而为甘州回鹘的发展、壮大提供了一个难得的机会。因此，敦煌遗书 P. 4044《乾宁六年十月二十日处分甘州使头帖》中就记载了归义军统治者告诫使节，到甘州时“不得乱话是非”，否则“重当形（刑）法”。[①] 由此可知，此时甘州似乎已不属归义军统辖了，归义军与甘州回鹘的力量对比也已经发生了变化，以致归义军统治者如此谨慎小心，唯恐触犯甘州回鹘。这是 899 年的事（乾宁只有五年，乾宁六年为光化二年，即公元 899 年）。到了光化三年（900 年），张承奉被唐朝封为“充归义军节度，瓜、沙、伊、西等州观察处置押蕃落等使”时，已经没有甘州了。从而说明甘州已不属归义军所有了，甘州回鹘也作为独立的政权诞生了，并与张承奉建立的西汉金山国发生了多次战斗。据 P. 3633《辛未年七月沙州百姓一万人上回鹘大圣天可汗状》记载，在公元 911 年前，甘州回鹘与西汉金山国“彼此各起仇心，遂令百姓不安，多□煞伤，沿路州镇逦迤破散，死者骨埋□□。生者分离异土”。到了 911 年，甘州回鹘又大举进攻金山国，“狄银领兵又到管内，两刃交锋，各有伤损，口云索和”。金山国遂不得不向回鹘求和，条件是“可汗是父，天子是子”，[②] 与甘州回鹘结成了父子之国，张承奉也被迫取消了“西汉金山国”国号和“圣文神武白帝”“天子”之号。归义军原有地盘之一的肃州也被割去，甘州回鹘的势力大为增强。

曹议金取代张氏，建立曹氏归义军政权后，为了巩固自己的统治，并保持与中原王朝的联系，他尽量讨好甘州回鹘，不仅自取甘州回鹘可汗女为妻，又嫁女给甘州回鹘可汗，而且还迫于回鹘的压力，曾低声下

---

① 《法国国家图书馆藏敦煌西域文献》第 31 册，上海：上海古籍出版社，2005 年，第 30 页。

② 《法国国家图书馆藏敦煌西域文献》第 26 册，上海：上海古籍出版社，2002 年，第 156—158 页。

气地称回鹘可汗为“父大王”。曹议金正是采取了这样的措施，才使其政权得到了巩固和发展。

到了曹元德执政时期，归义军的力量又有了较大发展，曹元德便力图改变与回鹘的不平等关系。清泰四年（937 年），他出巡甘州时，与回鹘顺化可汗商议“所有社稷久远之事”“平稳以讫”。[①] 在商议过程中，他与甘州回鹘可汗平起平坐，以兄弟相称。这说明了归义军政权的逐渐壮大，也从反面说明甘州回鹘已从其鼎盛逐渐下滑了。甘州回鹘不仅与归义军政权保持着密切关系，而且还与中原王朝有着密切交往。后唐同光二年（924 年），甘州回鹘可汗仁美遣使向后唐朝贡，后唐庄宗即册封仁美为英义可汗。仁美卒后，后唐又于天成三年（928 年）册封仁裕为顺化可汗。清泰二年（935 年），仁裕派遣庞大使团向后唐朝贡。[②] 后晋天福四年（939 年），由于仁裕“雄临朔野，虔奉中朝”，晋高祖便册封他为奉化可汗。[③] 后汉、后周虽未册封可汗，但甘州回鹘的贡使不断，双方的关系也很密切。与此同时，甘州回鹘还与辽保持着密切关系。辽太祖天赞三年（924 年），契丹军由居延海南下袭击甘州，甘州回鹘战败。次年，甘州回鹘可汗仁美遣使向辽朝贡。1213 年辽又派兵袭击甘州回鹘，并曾攻破肃州，“尽俘其民”。[④] 在这种情况下，甘州回鹘仍与辽保持了比较密切的朝贡关系，甚至在某种程度上处于属国的地位，如《辽史》中就将甘州回鹘列为属国，甘州回鹘可汗也被列为辽的“甘州回鹘大王府”。

北宋王朝建立后，甘州回鹘即与其建立了朝贡关系。961 年，即北

---

① P. 2992V（3）《归义军节度使致甘州顺化可汗状》，此据《法国国家图书馆藏敦煌西域文献》第 20 册，上海：上海古籍出版社，2002 年，第 361 页。

② 《旧五代史》卷一百三十八《外国列传 · 回鹘》，北京：中华书局，1976 年，第 1842 页。

③ （宋）王钦若等编纂《册府元龟》卷九百六十五《外臣部 · 册封第三》，周勋初等校订，第 11184 页。

④ 《辽史》卷十五《圣宗纪》，北京：中华书局，1974 年，第 167—168 页。

宋建立的第二年，甘州回鹘可汗景琼即遣使朝贡于宋。[①] 此后，甘州回鹘几乎年年派出使团，到宋京“朝献”。

甘州回鹘与北宋的密切交往，引起了辽和西夏的不满。尤其是西夏，对此更是异常愤怒，因为西夏边界既与北宋交界，又和甘州回鹘相连。而甘州回鹘与北宋的交往，对西夏构成了严重威胁。因此，从 11 世纪初开始，西夏就开始采取种种措施，阻隔甘州回鹘与北宋的联系，并不断派兵向甘州回鹘发动大规模侵袭。

宋真宗大中祥符元年（1008 年），西夏联合了辽朝，准备合击甘州回鹘。甘州回鹘可汗夜落纥采取“和辽”抗夏政策，派出使节前往辽朝，再次表示臣服辽朝，从而使辽兵撤回，然后便集中兵力抗击西夏兵，并取得了胜利。

此后，西夏占据凉州，并派苏守信率重兵把守，完全割断了甘州回鹘向北宋的朝贡之路。1016 年，甘州回鹘在可汗夜落纥的率领下出兵攻占凉州，并联合当地藏族部落六谷部共同据守，抗击了西夏的多次反攻。

1026 年，辽朝皇帝因甘州回鹘对其抗命，遂联合西夏，大举进攻甘州回鹘。经过激烈战斗后，辽兵撤退。而西夏军在李元昊的统率下继续进攻，并于 1028 年攻下甘州，甘州回鹘溃散。

西夏攻占甘州之后，甘州回鹘遂即离散。其中一支投奔于青唐城（今青海西宁）之吐蕃首领唃厮啰，《宋史 · 吐蕃传》记载说：“及元昊取西凉府，潘罗支旧部往往归厮啰，又得回纥种人数万。”[②] 另一支向西迁移，进入沙州。当时瓜沙地区仍为曹氏归义军所有，他们和甘州回鹘是几代联姻的亲家，并且当时在瓜、沙一带还居住着大量的回鹘人。甘州回鹘迁移到瓜、沙后，不仅可以控制河西走廊的西端，而且还有可

---

① 《宋史》卷四百九十《外国列传六 · 回鹘》，北京：中华书局，1977 年，第 14114 页。

② 《宋史》卷四百九十二《外国传 · 吐蕃》，第 14161 页。

能重新组织回鹘部落，重建回鹘政权。因此，甘州回鹘全部进入瓜沙地区后，似乎与当地的回鹘人合力，乘西夏进攻瓜沙之际，推翻了瓜沙曹氏归义军政权，建立了一个新的回鹘政权——沙州回鹘政权。

至于未迁走的部分回鹘人，则暂时逃居山谷间，后来均被西夏所征服。这正如《西夏书事》卷十五所记载的："自元昊取河西地，回鹘种落窜居山谷间，悉为役属。"[①] 最后他们和西北境内的党项、吐蕃、汉等各族人民相融合，汇入了中华民族的大家庭之中。

第四节　中瑞西北科学考查团及其成就

19 世纪末和 20 世纪初，一些形形色色的外国考察家，打着科学考察的幌子，频繁出现在我国西北地区。他们把我国的许多珍贵文物和学术资料，无条件地捆载而去，而在艺术宝库和文化遗址中留下来的却是斑斑伤痕和残毁弃余。在这种历史背景下，1927 年组建的中瑞西北科学考查团的情况却比较特殊，斯文赫定的主观意图和其他考察家基本一致，但客观效果则相差极大。因此，对于中瑞西北科学考查的有关情况加以探讨，当是很有意义的。

一、斯文赫定与西北科学考查团的组建

提到中瑞西北科学考查团，首先就要谈到斯文赫定。斯文赫定（1865—1952 年）出生在瑞典斯德哥尔摩的一个中产阶级家庭，从小就立志于探险。1880 年 4 月 24 日，即在他 15 岁时，瑞典探险家诺登瑟德乘坐"菲加"号船探险归来，回到瑞典首都斯德哥尔摩，全城张灯结彩，欢迎这位探险英雄的到来。斯文赫定说当时我和我的家人在南岸高处望见全城的景况，"一种伟大的紧张情绪控制着我，我一辈子都追念

① （清）吴广成撰《西夏书事校证》卷十五，龚世俊等校证，兰州：甘肃文化出版社，1995 年，第 175 页。

这一天，它决定了我将来的道路。码头、大街、窗户和房顶上轰震着隆隆的欢呼，我在想，将来，我也要这样荣归!”[1] 斯文赫定的父亲是一位普通的知识分子，他对赫定的探险事业给予了充分的支持。赫定生活的 19 世纪后半期，正是所谓“世界地理大发现”的时代，法国作家凡尔纳的《海底两万里》《格兰特船长的儿女》《神秘岛》和美国记者斯坦利的《黑非洲探险日记》等有关考察探险的小说，风靡一时。因此，当看到探险英雄诺登瑟德归来的宏大场面时，他就立志长大后要当一名探险家去从事探险活动。从此，他大量阅读有关北极探险的图书，甚至画出了他所知道的各探险队的路线图，并有意识地锻炼身体，等待着探险机会的到来。

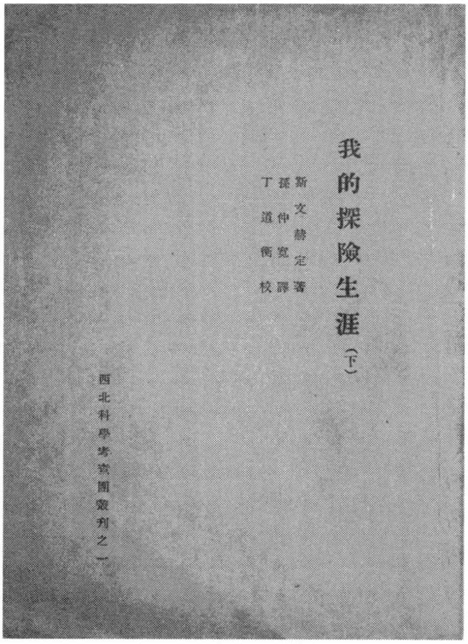

斯文赫定《我的探险生涯》

1885 年，赫定 20 岁时从中学毕业了。一个偶然的机会将赫定与中亚探险联系了起来。即设立诺贝尔奖的瑞典工业巨子诺贝尔，在俄国开发中亚大油田——巴库。开发油田的总工程师要找一位家庭教师，为随自己到巴库的儿子补习课程。赫定说：“1855 年春天，在我离开高中前不久，校长问我，是否愿意到里海旁边的巴库去当半年的家庭教师，教一个刚上初中的男孩，他的父亲在诺贝尔兄弟那里当高等

① ［瑞典］斯文赫定《我的探险生涯》，孙仲宽译、杨镰整理，乌鲁木齐：新疆人民出版社，1997 年，第 19—20 页。

技师。”我便毫不犹豫地答应了，“命运就这样把我牵引到亚细亚”[①]。因为我不知等到何时，才有机会赴北极去探险。现在有了赴亚洲游历的机会，当然是不可轻易错过的。我便受命运的驱使，前往亚洲。

1886 年年底斯文赫定返家后，先后进入瑞典乌普萨拉大学、斯德哥尔摩高等学校和德国柏林大学学习地理等专业。提出“丝绸之路”一词的德国地质地理学家李希霍芬，当时正在柏林大学任教，斯文赫定受业于他，这对其以后专门从事中国西北地区的考察活动有很大的影响。

1890 年瑞典政府派往伊朗、土耳其的使臣需要一位兼通波斯语和土耳其语的翻译官，斯文赫定由于其卓越的才能而被选中，在出使任务已经完成，即将回国之前，他给瑞典国王打电报，要求允许他从波斯启程东行，到亚洲内地进行游历和探险活动。瑞典国王鄂斯加很快表示赞成，并提供赫定需要的全部费用。从此，斯文赫定就踏上探险之路。

斯文赫定在我国西部地区的游历和探险共有八次，足迹遍及新疆、青海、甘肃、宁夏、西藏、内蒙古等地，特别是他多次深入我国新疆、西藏等人迹罕至的沙漠、荒原地带，他的许多著作，对研究我国新疆、西藏等地的地理、考古、历史等学科方面的问题，是十分宝贵的资料。

下面仅就他 1927 年组建中瑞西北科学考查团的有关情况加以探讨。

1925 年 8 月 29 日，德国列维佐夫（德皇威廉二世前助理官）、弗洛尔曼（德国空军卸任官员）在斯德哥尔摩拜访了斯文赫定，他们代表当时世界著名飞机设计师容克邀请斯文赫定访问德国。斯文赫定应邀与容克相见，容克请他协助开辟从德国经由苏联飞抵北京的航线，愿意提供飞机供斯文赫定考察中亚之用，并承担一切经费。于是赫定提出了一个庞大的飞行计划，即经柏林—莫斯科—乌拉尔—西伯利亚—内蒙古—北京，以平均每小时 150 公里的速度飞行，全程需飞行 54 个小时。

① ［瑞典］斯文赫定《我的探险生涯》，孙仲宽译、杨镰整理，第 20 页。

为此，必须进行大规模考察。斯文赫定还提出，在考察航线后返回时，再沿北京—新疆—苏联中亚—伊朗—土耳其进行科学考察。1926 年，由于容克的公司财政困难，被德国政府接收，上述计划遂告搁浅。但是出乎意料，德国汉莎航空公司愿意资助赫定的考察拟议，于是斯文赫定着手筹建考察团。[①]

1926 年 9 月 15 日，斯文赫定应邀飞往柏林，与汉莎公司商谈有关探险的组织、成员、装备、经费等具体问题。24 日，双方达成协议：第一，探险队用瑞典的名义，受瑞典驻华使馆的庇护。第二，汉莎公司选派飞行员、气象专家、摄影师参加，瑞典选派两名科学家参加。第三，探险队负责在迪化（乌鲁木齐）和北京之间设立四个航空加油站并附设无线电台、气象测候所。第四，探险队第一步的任务是：组织驼队沿既定路线考察，选择合适的地点作为航空加油站；派驼队为航空加油站运送汽油；由探险队组织从柏林首航。

1926 年 10 月 31 日，赫定到达北京后，立即拜访了瑞典驻华代理大使和德国驻华大使。他们十分赞赏赫定的探险计划，并许以全力相助。11 月 25 日，赫定在瑞典著名考古、地质学家安德森教授的陪同下，拜访了中国地质调查所所长翁文灏，翁所长表示支持，并建议赫定吸收中国学者参与古生物考察，赫定表示同意。翁所长还建议赫定给中国外交部打报告，请求官方应允。随后，赫定拜访了外交部总长顾维钧，顾维钧看了探险计划后指出，中国政府毫无疑问地同意驼队探险，但航空探险会被军方阻止。为了取得军方的谅解，赫定又于 12 月 24 日拜访了北洋政府的航空部长，部长对开辟中国与欧洲之间的航线极有兴趣，希望能允许中国官员参加试飞，并提醒赫定在驼队探险结束前不要提出飞行的请求，否则捅到报界就会遇到更大阻力。12 月 30 日，赫定又拜访了其知心朋友、外交次长王荫泰，他向赫定透露，政府已经批准了探险计

---

① 参阅林世田《斯文赫定与中亚探险》，载敦煌吐鲁番学北京资料中心编《敦煌吐鲁番文集》，1988 年 8 月内部印行。

划。过了两天，外交部果然将批准驼队探险的报告转到瑞典使馆，内容大致如下：

据贵国大使及您本人所提交的探险计划，中瑞两国的科学家、航空专家拟赴甘肃、新疆两省进行考古调查。第一步探察将乘骆驼于 1927 年初离开北京，并在沿途为下一步使用飞机探察做可行性研究，您表示不从事违法活动。鉴于中国政府一贯鼓励考古调查，中国政府同意并支持第一步的探察计划，并已令地方当局予以保护和帮助。

1927 年 1 月 30 日，驻扎北京的奉系军阀张作霖接见了赫定，应允从各个方面支持驼队探险，并给新疆军阀杨增新打电报，通知他探险队抵达的时间和探险的目的。过了几天，张作霖将电报抄本、介绍信转给赫定。①

得到张作霖的支持后，赫定又与中国的外交、军事、运输等部门分别协商解决有关考察团的护照、持枪证、货物运输等事宜。外交部同意每位团员可持一支长枪、一支短枪和 800 发子弹，考察团可以带 7 支猎枪。运输部门特拨两节货车和一节客车供考察团从北京到包头旅行。

赫定与北洋军阀政府的不平等协议传出后，全国舆论大哗。正处在北伐高潮中的中国人再也不能忍受了。3 月 5 日晚，北京学术界集会，反对西方探险家到中国考察，呼吁禁止外国人进行考古发掘，掠夺珍贵文物，禁止外国人在中国领空飞行。并提出，中国的古生物、考古、地质等资料应由中国人自己研究，这些资料属中国财产，应由中国的博物馆收藏。为了得到全国民众的支持，许多报纸都报道了有关消息，从而激起了民愤。与此同时，北京学术界发起签名活动，揭露西方探险家的目的是掠夺中国考古及其他学科的材料，应绝对禁止西方探险家涉足中国。而对于广大知识分子的爱国之心，腐朽的北洋军阀政府却完全置之不顾，反而全力支持赫定。外交次长王荫泰甚至对赫定说，不要理睬学

---

① 参阅邢玉林、林世田《西北科学考察团组建述略》，《中国边疆史地研究所》1992 年第 3 期。

术界的反应，您已经获准出发，除了政府，没有任何机构能阻止您。既然已经办好各种手续，就不必等待。[①]

面对动荡的中国局势和复杂的社会情况，赫定明白，要使考察团顺利成行，就不能与中国同行发生冲突，造成隔阂。因此，他便采取比较友好的态度与中国学术界进行磋商。

中国学术界为了加强团结，共同抗议政府的无条件批准，北京大学考古学会、清华研究院、历史博物馆、京师图书馆、故宫博物院、古物陈列所、画学研究院、中华图书馆协会、中央观象台、天文学会、地质调查所等在京的十几个学术团体联合成立了“中国学术团体协会”，正是摄于学术团体协会的威力，北洋政府外交部次长王荫泰致函赫定说，假如学术团体协会极力反对，政府为维护自己的统治有可能收回 1 月 1 日签署的同意考察的文件。

经过四十多天的频繁接触和多次会谈、磋商，双方于 1927 年 4 月 26 日在北京大学举行了签字仪式，与会者有赫定、周肇祥、马衡、黄文弼、刘半农、徐炳昶等，周肇祥和斯文赫定分别代表中瑞双方在协议上签了字。至此，终于达成了一项包括 19 条内容的新协议：决定在“中国学术团体协会”的领导下组成“西北科学考查团”，考察团名称中谨慎地避开了“探险”字样；设中国及外国团长，参加的中外科学家各占一半；禁止将文物带到海外，采集品留在中国；凡直接或间接对于中国国防国权上有关系之事物，一概不得考察；不得以任何借口毁损有关历史、美术等建筑物；本协议办法之解释，应以中文为准。

对于这一协议，当时的新闻媒体是这样报道的：“以上合作办法十九条，于本年四月二十日，经理事会第九次大会议决，并推定当日主席周肇祥为代表，与斯文赫定博士逐条研究，双方认为满意，于是月二十六日在北京大学研究所国学门签字。又上项协定，系根据中国学术团体

① 参阅邢玉林、林世田《西北科学考察团组建述略》，《中国边疆史地研究所》1992 年第 3 期。

章程产生。现该会已将此项章程呈报外交、内务、教育、农商等部备案。”①

协议的签订，使中国学术界异常振奋。有的学者认为，“这个协定可以说是中国现代科学史上的第一个平等条约”。②“成立中国西北科学考查团及签订这样一个协议，可以看成中国学术界成熟并形成了一种社会力量的标志”。③ 对此人们奔走呼告，《大公报》和《世界日报》详细报道了事情的经过，并汇集舆论反映，指出这是中国第一次用自己的力量防止文物被“巧取豪夺，潜运境外”。刘半农径直以“翻过来的不平等条约”“不平等条约垮台了”的词句率直表达了自己的喜悦心情。④事后《大公报》曾这样写道：“尤有一精彩之处，即该协定之解释，须依中文为准，开我国与外人订约之新纪元。当此高唱取消不平等条约之秋，望我国外交当局一仿行之。”⑤

斯文赫定的这次考察活动，从主观上看具有殖民主义的意图，因为考察团的一项重要任务，就是让中国政府承认德国汉莎航空公司在新疆的航空权，这种单方面的航空权显然是不平等的，是有损于国家主权的。但当中国学术团体与赫定制定了详细的考察计划后，斯文赫定及其德国团员并没有放弃新疆航空权的企图。正如斯文赫定自己所说：“我在少年时就在这里（新疆）的森林，山脉岭和沙漠过了这许多幸福的年代。但是还有许多地方，是我从没能到过的，因此我想，只能用飞机

---

① 《中瑞合组西北科学考查团》，《申报》1927 年 5 月 11 日。

② 杨镰《斯文赫定的探察活动及〈亚洲腹地探险八年〉》，《中国边疆史地研究》1992 年第 3 期。

③ 杨镰《斯文赫定的探察活动及〈亚洲腹地探险八年〉》，《中国边疆史地研究》1992 年第 3 期。

④ 参阅徐恒、王忱《他们的功绩与精神永存——中国西北科学考察团 60 年纪念》，《人民日报》1987 年 5 月 21 日。

⑤ 《科学新贡献：西北考查团重大发明　掘得举世未见之古物，徐炳昶、斯文赫定在法学院演讲详记》，《大公报》1929 年 1 月 23 日。

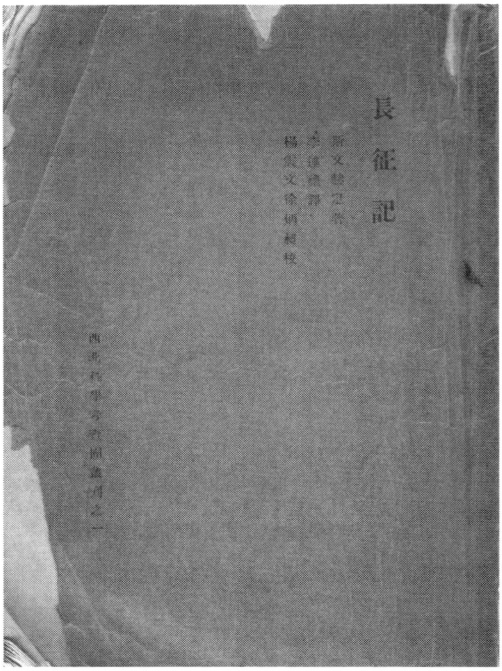

斯文赫定《长征记》

引诱出它的秘密来了。”①

考察团到达新疆后，斯文赫定从新疆的有关官员处得知，“在一年之前，北京的外交部给（杨增新）省长说明我的志愿，并且说，政府本身已反驳了这飞行计划；政府方面却让杨增新立定他的主意，要看在新疆的利益方面怎样好便怎样办”。②

黄文弼及其他中国团员得知这种情况后，为了捍卫国家利益，向新疆当局多次力争，不能同意斯文赫定的要求。据黄文弼先生的考察日记记载，1928 年 3 月 12 日黄先生“又至樊（耀南厅长）处往拜，谈论关于本团外国人拟在新疆飞行事甚久”。③ 3 月 20 日，“赫定到樊厅长处交涉飞机事项，樊未允诺。赫又提出杨宇霆有承认之意，盖欲以杨宇霆吓将军也，可笑之甚。樊说，我们新疆与内地情形不同，外交财政，不过照例报部而已。就令大元帅命令，也有时不承认也。就是说，即使大元帅认可，也不行。词婉而意重，樊真不愧为外交家

① ［瑞典］斯文赫定《长征记》，李述礼译，杨震文、徐炳昶校，西北科学考查团丛刊之一，西北科学考查团，1931 年，第 285 页。

② ［瑞典］斯文赫定《长征记》，第 285 页。

③ 黄文弼遗著，黄烈整理《黄文弼蒙新考察日记（1927—1930）》，北京：文物出版社，1990 年，第 174 页。

也”。[①]

虽然如此，但德国团员并不死心，并试图以行贿手段打通关节。3月28日黄文弼“至徐（炳昶）先生处，惊悉德人活动进行飞行事甚力，杨将军意颇动摇，意料于中牵线者为包尔汉。为系铃解铃之计，乃同徐先生至包处，藉考人种为名，便谈及飞行事。渠态度亦佳，并云德人贿赂各事”。[②]

正是由于黄文弼等先生的努力，更加坚定了杨增新省长的决心。4月8日，斯文赫定又见杨将军，“进说飞行事，被拒绝”。[③] 斯文赫定自己也承认，“从政治的根源上说，（杨增新）省长却以为不得不打消我的企图。中国内部的环境是很显明地要这样办的”。[④] 但他并不死心，“复活节那天我和杨增新开了两点钟谈判……包尔汉也在场，却是徐教授翻译。我们对于我的飞行计划再作一次谈判，杨增新很逻辑和平静地给我解释他打消提议在政治上的原因”[⑤] “这样我们飞行的计划就要束之高阁了”。[⑥]

关于新疆航空权的谈判失败后，斯文赫定说：“中国方面既不允许我们飞行，那我却没理由把所有在新疆的飞行家保留着，要带他们中之四人回柏林去，在我的团里的五个德国人都在各气象测候所任事。”[⑦]“在乌鲁木齐我们却碰在钉子上了：大权在握的新疆省长杨增新禁止在他境界内飞行。此后，德国飞行家不久就返回了，而我亦于六月间回欧，为的是替考察团筹备下几年继续进行的给养；自然是向瑞典政府请

---

① 《黄文弼蒙新考察日记（1927—1930）》，第176页。
② 《黄文弼蒙新考察日记（1927—1930）》，第177页。
③ 《黄文弼蒙新考察日记（1927—1930）》，第178页。
④ ［瑞典］斯文赫定《长征记》，第285页。
⑤ ［瑞典］斯文赫定《长征记》，第288页。
⑥ ［瑞典］斯文赫定《长征记》，第286页。
⑦ ［瑞典］斯文赫定《长征记》，第290页。

求帮忙了。”①

对此，黄文弼先生也记其事曰：“连日德人回德声浪颇高，然不足以吓吾辈也。徐先生有电致理事会报告，而将军亦有电至外交部矣。”②然而，赫定毕竟是一个学者型的考察家，新疆飞行之交涉失败后，他虽然很不高兴，但并没有因此而放弃考察，只将汉莎航空公司的 8 人遣回德国，并从其他渠道筹措考察经费。

二、西北科学考查团的成绩

这次中瑞西北科学考查团，中国方面共 10 人，由北大教务长徐炳昶教授担任团长，再就是负责地质工作的袁复礼、担任地质和古生物工作的丁道衡、负责地图工作的詹蕃勋、承担考古工作的黄文弼等科学家。另外还有摄影龚元忠和承担气象观测工作的四位学生：崔鹤峰、马叶谦、刘衍淮、李宪之。当徐炳昶从乌鲁木齐返回北平后，由袁复礼继任团长。

欧洲团员共 17 人，除赫定任团长外，瑞典尚有四人，即队长兰理训（拉尔生），本团医生兼作人类测量的郝默尔、研究地质并负责作图的那林、研究考古学的贝格满；丹麦一人，即副队长哈士纶；德国 11 人，即本团气象主任郝德，本团会计米纶威，本团照相兼电影员李伯冷和汉莎航空公司 8 人：钱默满、海德、韩普尔、马学尔、华志、狄德满、马森伯、冯考尔。此外尚有瑞典人生瑞恒，随本团照料事务，但不列其名于团员中。③

关于新疆航空权的交涉失败后，汉莎航空公司 8 人便离团归国，考察团遂又增加了研究地磁学的瑞典人安博尔。由于工作需要，团中

① ［瑞典］斯文赫定《长征记序》，第 1 页。

② 《黄文弼蒙新考察日记（1927—1930）》，第 178 页。

③ 参阅徐炳昶《西游日记》，兰州：甘肃人民出版社，2002 年，序言第 2—3 页。

又任用了新疆的气象实习生张广福、赵玉春、翟绍武、赵克勤等人，至于团中所用的听差、厨役、采集人、牵骆驼的人则随时雇用，多少不等。

1927 年 5 月 9 日，考察队从北京出发，一个多月后捷报传来：我国年轻的地质学者丁道衡发现了白云鄂博大铁矿，其“成分必在八九十分以上”“尤适于近代矿业之发展”。中国团员极其兴奋：“这里或将成为北方的汉冶萍吧！”对矿石的化验结果证实，它是世界上最大的含铌稀土的铁矿床之一，现已发现有 71 种元素和 114 种矿物，我国的大型钢铁企业、稀土生产科研基地——“包钢”，就是在此基础上建立的。①

1928 年 10 月，考察团的又一条消息轰动了世界，袁复礼教授在新疆挖到 7 具完整的三叠纪爬行动物化石。法国一家报纸甚至渲染说“七个活恐龙在新疆发现”。四年中，袁复礼教授在乌鲁木齐以东博格达山至天山北孚远一带挖出大量爬行动物化石，较完整的有 72 具，其中有 7 个新种，古脊椎动物学家将其命名为：新疆二齿兽、布氏水龙兽、赫氏水龙兽、魏氏水龙兽、袁氏水龙兽、袁氏三台龙、奇台天山龙。另外还发掘到一具宁夏结节绘龙化石。这是当时我国发现恐龙化石最多，最完整的一次。②

在这之前，只有外国人在中国零星发现过几块白垩纪的恐龙化石，大批爬行动物化石只有在南非卡鲁地区发现过。这次中国人在自己的国土上短时间内竟发现这样多的二三叠纪古爬行动物化石，比过去的发现提前了一亿多年。这怎能不使全世界的学者为之震惊呢？这些发现使中国的古脊椎动物研究跃入一个新阶段，我国著名古生物学家杨钟健认

---

① 参阅徐恒、王忱《他们的功绩与精神永存——中国西北科学考察团 60 年纪念》，《人民日报》1987 年 5 月 21 日。

② 参阅徐恒、王忱《他们的功绩与精神永存——中国西北科学考察团 60 年纪念》。

徐炳昶《西游日记》

为："此其重要，殆不在中国猿人之发现以下。"[①] 考察团中国团长徐炳昶在其《西游日记》中也说，西北科学考查团"最重要的发现，则为袁希渊（复礼）在新疆阜康县三台附近所得之恐龙化石。此化石在下侏罗纪地层中，在亚洲尚属第一次发现，并可以推倒从前地质学家天山东段无动物化石的断定。瑞典有一地质学家对赫定博士说，'你们费巨款，作考查，即使只得此一件大发现，已属不虚此行'"。[②]

西北科学考查团另一项震动中外的考察成果是发现一万余枚居延汉简，它为研究汉代历史提供了最有价值的资料。考察团发掘的地区，在今内蒙古额济纳旗居延地区，即东经 100 度至 101 度，北纬 41 度至 42 度间。在额济纳河下游，有一名叫黑城的废墟。在此废墟的东南方有汉代遗址，据推测此地可能就是汉代张掖郡的居延县城，所以沿额济纳河广大地区出土的简牍，统称为居延汉简。

居延地区，是汉代的重要军事边防区，在汉武帝开发河西及抗击匈奴的战争中具有非常重要的地位。但经过两千年的风风雨雨已无法得知

① 杨钟健《中国新生代地质及脊椎古生物学之现在基础》，《地质评论》第 7 卷，第 347 页。转引自王忱编《高尚者的墓志铭》，北京：中国文联出版社，2005 年，第 23 页。

② 徐炳昶《西游日记》，序言第 8 页。

其具体位置了。黄文弼先生根据其实地考察及丰富的历史、考古、民族、地理知识推测“古代安置烽墩，即以为塞，人民悉沿塞居住。汉筑居延塞，以处居延人民，故在烽墩附近发现了汉代瓦片”[①]，并对居延塞和遮虏障的关系进行了辨析：“自肃州以东，若金塔、天仓、额济纳等之烽墩，皆谓之遮虏障。跨甘、肃二州境地。在甘州者为居延境（即今之额济纳境内）地，故称居延塞；在肃州者为内地边境，故称遮虏障。《通典》于张掖、甘州著居延塞，于酒泉、肃州著遮虏障，实皆一类，因地而分耳。”[②] 据《汉书·匈奴传》载，太初三年（前102年），强弩都尉路博德筑居延泽。“居延县者，以安处所获居延人而置。则县必置县筑城，专为安置居延人民。然安置人民，非一数里之县城所能容纳。今以余探烽墩所示，每烽墩均多少有居民，则置烽障即以安置人民，并派兵戍守，以防敌人掠夺……则路氏所筑之城为居延塞城，而非县城也。”“至于居延县城在何处，尚未发现，余颇疑黑城即是。黑城西有一小城，疑即居延县城。”[③]

震惊世界的居延汉简，就是在这里发现的。黄文弼先生在此考察时，就已经找到了几枚汉简。1927年10月24日，黄文弼携助手庄永成在黑城考察并画图后，又从一土堡内“拾汉瓦片数块，复在西北隅高坡上以手刨之，见一木简，上有汉文字迹，惜近漫灭，以笔画形势度之，其为汉晋木简无疑。若是，则此一带为汉晋旧障，无可疑者也”[④]。这时已到了晚上7点，他们不得不返回营地。第二天，他们二人又在昨日挖掘之处及其附近挖掘，从上午10点一直工作到下午3点。“所掘地面东西十一英尺，南北十二英尺，深三英尺。上为浮沙土，尺余抵红泥冲积层地面，下为黑灰土，木简即出于其中……计所得残木简三根，一为

① 《黄文弼蒙新考察日记（1927—1930）》，第103页。

② 《黄文弼蒙新考察日记（1927—1930）》，第104—105页。

③ 《黄文弼蒙新考察日记（1927—1930）》，第105页。

④ 《黄文弼蒙新考察日记（1927—1930）》，第105页。

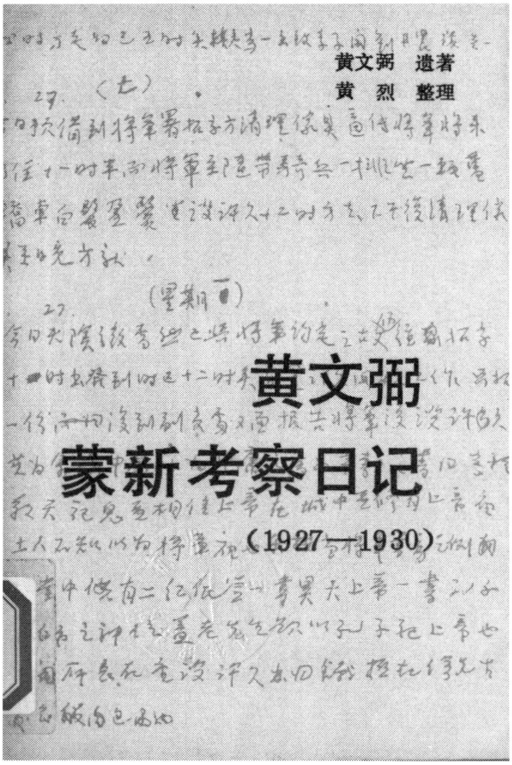

《黄文弼蒙新考察日记》

庄（永成）掘出，上有阿本二字，余模糊；馀二皆为余掘出，一为双行字十余，字迹为土所掩，不易辨识，仿佛为‘七足下闻子口必为书翰以通旁经’者。后寻许久，方觅见另一简，有数字，但已模糊，尚有无字木片数段。”并根据其考察推断说：“此地如细掘，必可多得木简，决不止此也。详考字迹，与斯坦因等在玉门旧障所掘得者，疑皆汉晋故物。”①

黄文弼先生发现这几枚汉简后，虽未再进行更深入细致的发掘，而是转入其他地区考察了，但为以后大量的发掘提供了线索。居延汉简的大批发掘及其重大学术价值的发现，是瑞典考古学家贝格曼率我国采集员靳士贵在额济纳河流域的考古成就。1930 年 4 月 29 日，贝格曼找到了一枚汉简，不久又发现了大批简牍。考察团在居延地区共发掘 60 区，主要的有 21 区。出土文物非常多，计 586 包，有木简者 463 包，② 共一万余枚。这批汉简按照协议于 1931 年 5 月运至北京， 由北京大学教授兼故宫博物院文物馆副馆长

① 《黄文弼蒙新考察日记（1927—1930）》，第 106 页。

② 参阅林剑鸣编译《简牍概述》，西安：陕西人民出版社，1984 年，第 143 页。

马衡及贺昌群、余逊、劳榦等分别作了部分考释，贝格曼博士也因研究这批简牍携眷在北京住了两年多。1937 年抗日战争爆发后，北京的沦陷使这批国宝面临被劫毁的命运。沈仲璋先生冒着生命危险，把它们辗转运往香港，以后又被运到美国，现存台湾。劳榦先生研究这批汉简取得了巨大的成就，并于 1958 年与杨振宁、李政道等同时被选为台湾“中央研究院”院士。[①] 1972 年至 1974 年，甘肃省博物馆的考古人员又在原简发掘处破城子一带发现出土汉简 19400 多枚；1976 年又发现 173 枚；1982 年又发现 22 枚。[②] 1999—2002 年，内蒙古自治区文物考古研究所在额济纳旗汉代烽燧遗址进行考古调查清理时，采获 500 余枚汉简。这是居延汉简的第三次重大发现。[③] 到目前为止，居延汉简已出土三万多枚了。

考察团还有一项成就，即黄文弼在新疆的考古活动。

黄文弼先生是我国第一个进入新疆的考古学者。他考察的重点是吐鲁番盆地和塔里木盆地周围诸古代遗址，在塔里木盆地考察时，除了南部东段外，几乎都踏查遍了。他重点调查或发掘的地区有焉耆、库尔勒、轮台、库车、沙雅、拜城、和阗、于阗、皮山、叶城、巴楚等地，发掘遗址极多，采集也非常丰富。

吐鲁番地区，由于发现了大批的吐鲁番文书而闻名于全世界，并和敦煌文书的发现、研究一样，形成了吐鲁番学。古代人类在吐鲁番活动的主要区域是交河、高昌和柳中。吐鲁番文书主要发现于高昌故城附近的哈拉和卓（二堡）和阿斯塔那（三堡）。高昌故城，维吾尔语称作“亦都护城”。据《高昌王世勋之碑》称：“亦都护者，其国王号也。”当地维吾尔族有这样一个传说：古代维吾尔国的国王派遣一位名叫哈拉

---

① 参阅徐恒、王忱《他们的功绩与精神永存——中国西北科学考察团 60 年纪念》，《人民日报》1987 年 5 月 21 日。

② 详见甘肃省文物考古研究所等编《居延新简》，北京：文物出版社，1990 年。

③ 详见魏坚主编《额济纳汉简》，南宁：广西师范大学出版社，2005 年。

和卓的大将去征服高昌，哈拉和卓英勇善战，率大兵包围了高昌王城。高昌国王亦都护塔克洋努士在重兵威胁下，派人与他讲和，哈拉和卓提出，要亦都护将公主嫁给他当妻子才可以停战。高昌国王在无可奈何的情况下便答应了这一要求。三年以后，哈拉和卓被高昌国人处死，并将其尸体扔到了井里。后来，哈拉和卓的家人找见了尸体，并计划用骆驼运回故国安葬，但当骆驼行至阿斯塔那后就不走了。于是，他的家人就把哈拉和卓安葬在阿斯塔那。由于哈拉和卓生前驻扎过二堡，为了纪念他，便把二堡称为“哈拉和卓”。“阿斯塔那”，维吾尔语是“首府”的意思。首府，本来是指亦都护城。但自元代以后，高昌故城废弃，首府移至故城西三堡，三堡也就叫阿斯塔那了。①

黄文弼先生于1928年和1930年两次考察了吐鲁番地区，据其考察日记记载，1930年3月26日，“今日闻说胜金口有碑1方，雇人引导，骑马前去。胜金口在北，距此约30里，石碑在大道东山麓，刻于一岩石上，为民族古文字”。② 4月1日，“上午余到胜金口，锥拓摩岩石刻。彼等在土峪沟路北发掘古坟院，出砖2方，一为章和七年平远府参军；一为河西王通事舍人”。③ 4月4日，“余复带引导及汗木多往查石碑，碑在鲁克沁东北，使力克普沟口……有一土墩，甚高峻，四周有佛像遗迹，已毁。塔中有弄，上书红字，有贞元年号，及‘僧辩真画’等字。知为唐代之物……转西过沟，山上有破房遗址及碑刻字者三四。有一石上镌‘国力年安’。疑即‘王国万年’之联写，旁有龙字，下疑为朔字。想为唐代人所书”。④

黄文弼先生不仅详细考察了吐鲁番地区，而且还进行了大量的科学考古发掘工作，尤其是他发现的大量墓表，对高昌史的研究有极大的价

① 参阅侯灿《高昌楼兰研究论集》，乌鲁木齐：新疆人民出版社，1990年，第198页。

② 《黄文弼蒙新考察日记（1927—1930）》，第527页。

③ 《黄文弼蒙新考察日记（1927—1930）》，第528页。

④ 《黄文弼蒙新考察日记（1927—1930）》，第529—530页。

值。他根据这些墓表及其他材料排列出了麹氏王朝的世系、年代和官制，使高昌史的研究取得了突破性的进展。

黄文弼先生对交河故城的考察及研究，具有更重大的意义。交河故城是汉代车师王前庭所在地，据《汉书·西域传》记载："河水分流绕城下，故号交河。"黄先生在故城西部干河床岸上的古墓区进行了大量的发掘，出土了完整的陶器800余件，墓表120余方，以及其他大量的随葬品。其中有唐乾封元年（666年）刘土恭的墓表一方。

由于黄先生采用了科学的考古方法，对发掘地域划分明确，内部层次清楚，编号记录严密，从而判明，交河故城的沟北区和沟西区包含了两个不同时期不同内涵的文化。沟北区应在汉通西域以前，从出土陶器特点，可以看到既受依兰文化的影响，也受汉文化的影响。沟西区所出墓志的年代多为公元6至7世纪，其形制特点主要受中原文化的影响。黄文弼先生还根据自己的研究心得，"提出了东西文化两期推进说，即公元前2世纪至前5世纪为东西文化向新疆的第一期推进，西方文化主要通过西北荒漠进入新疆，中原文化对新疆也有影响；公元前1世纪至3世纪为东西文化的第二期推进，汉文化由于汉通西域而大量涌入新疆，西方文化由波斯越帕米尔高原进入新疆南部。由此，他以自己的研究有力地驳斥了新疆文化完全来自西方的论调"。[①] 早在《高昌匋集·序》中，黄文弼先生就指出："新疆文化关于宗教方面，如美术、语言、文字受西方文化最深，凡关于政治方面与农垦有关之货币及工艺品，受东方文化最巨。由吾人历年考查所得，可证明其不误也。"[②] 体现了一代知识分子的责任心和爱国热忱。

正是由于黄文弼先生在吐鲁番考古发掘及其研究方面成就巨大，黄先生被视为我国吐鲁番学的奠基者之一。他认为麹氏高昌王朝在吐鲁番

---

① 黄烈《大漠风尘觅学问——黄文弼先生的治学道路》，《文史知识》1991年第5期。

② 黄文弼《高昌匋集》，西北科学考查团理事会，1933年，序3页。

建国长达140年，其统治者是汉人，被统治者则是各族人，由于居于东西文化交汇的丝绸古道上，因而其历史是值得重视的。① 他在《吐鲁番考古记》一书中指出："由于吐鲁番位置之特殊，反映其政治和文化之多方面的发展。在历史上无论汉人、匈奴人、突厥人、西藏人、回鹘人、蒙古人，挟其政治或军事力量西进，而印度人、大月氏人、康居人、安息人、罗马人或土耳其人，拥其宗教或宗教艺术东来，莫不以吐鲁番为焦点，而留其残迹。"再加上这里气候干燥，适宜保存地下文物，故其"不特为研究我民族历史之重要地点，亦且为研究亚洲历史可珍贵之宝库矣"②。黄先生还对吐鲁番考古发掘所得的文物、文献进行了分类整理，在《高昌》一书里，公布了墓砖目录，发现墓砖的结果及新疆发现古物概要。在《高昌砖集》中，对其所获124块墓砖分类刊布，并对50余块砖文进行了研究考证。《高昌陶集》一书中，不仅详载了吐鲁番发掘报告、所获器物介绍及研究，而且还在所获800多件陶器中择出精品100余件，经过分类排列，影印出版。《吐鲁番考古记》一书，详细介绍了有关古文书写本及绘画情况，还附有大量图版和地图。以上诸书，全面系统地公布了黄先生在吐鲁番考古发掘所得文献文物及其研究成果，这些

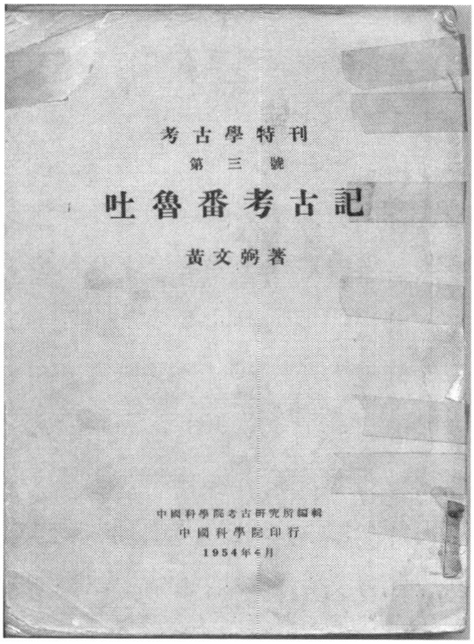

黄文弼《吐鲁番考古记》

① 参阅黄烈《大漠风尘觅学问——黄文弼先生的治学道路》，《文史知识》1991年第5期。

② 黄文弼《吐鲁番考古记》，北京：中国科学院，1954年4月，第1—2页。

成果大大推动了我国的吐鲁番学研究。

举世闻名的罗布泊地区，以前仅有少数几个外国学者考察过，黄文弼于 1930 年春踏上了这个地区，从而第一次印上了中国学者的足迹。他最富有成果的发现是一座西汉烽燧台遗址，出土了一批西汉简牍。这是汉通西域后最早的一批简牍，有很高的史料价值。

黄文弼先生在新疆三年多的考察，获采集品 80 余箱，于 1930 年秋取道苏联西伯利亚返回北平。在北京大学为先生举办的报告会上，代理校长陈大齐教授说："黄先生此行三年余，经历许多艰难辛苦，成功而归，外人在新疆考古者甚多，我国人今以黄先生为第一，而其所得材料之丰富，已不亚于外人。"沈兼士教授指出："我国的科学考古事业，今尚在幼稚时代，人才、经济及环境均有困难，黄先生当时勇往直前，今果战胜一切，成功而归。现在国内学术机关渐注意考古及民俗学之研究，但在六、七年前，只有北大同人注意及此，不但开通风气而已，今果有伟大成果。"①

考察结束后，黄文弼即在北大国学研究所从事采集品的整理研究，1931 年出版了《高昌砖集》，1933 年出版了《高昌匋集》。1933 年、1943 年、1957 年他又多次入疆，根据罗布泊沿岸的考古发现，论证了一系列问题，诸如对古楼兰国历史及其在中西交通中的地位、罗布泊淖尔水道变迁等，对该地区诸古国的兴衰及丝绸之路等重大课题的研究都有重要意义。并出版了《罗布泊淖尔考古记》（1948 年）、《吐鲁番考古记》（1954 年）、《塔里木盆地考古记》（1958 年）、《西北史地论丛》（1981 年）、《新疆考古发掘报告》（1984 年）、《黄文弼历史考古论集》（1989 年）、《黄文弼蒙新考察日记》（1990 年）等。

另外，考察团在德国专家赫德博士领导下的气象观测也取得了显著成就。全部观测记录汇集为地面观测和高空探测资料两大本（德文），

---

① 黄烈《大漠风尘觅学问——黄文弼先生的治学道路》，《文史知识》1991 年第 5 期。

成为此后二十余年间中亚气象最权威的资料。

中瑞西北科学考查团，从其组织的初衷及主观愿望看，的确具有殖民主义的倾向，但在客观上却促进了中国学术的发展和西北的开发。正是由于这次考察取得了举世瞩目的成就，遂使国际学术界对中国科学家刮目相看。我国地质学家袁复礼教授由于在古生物方面的卓越贡献，获得了瑞典皇家科学院颁发的“北极星奖章”。考察团中国团长徐炳昶教授，也因出色的组织领导工作获得了以瑞典国王名义颁发的勋章。中国政府为了表彰考察团的功绩，特为该团发行纪念邮票一套，这是我国为学术界发行的第一套纪念邮票。斯文赫定博士在其叙述这次考察的日记《长征记》序言中写道：“至于中国的学者和学生……我在这里只须提明，他们的合作使我一月一月地愈是觉得，怎样地不可少与怎样地贵重。”“中欧间的这种善意的、友谊的合作在我看来，是一种真实愉快的源泉；我把同地球上最伟大的，在许多观点上最饶兴趣的民族这样密切地接触过这件事当作一种最大的获得。”

以上仅仅是叙述了西北科学考查团的一些具体成绩，而其最重要的影响则是开一代风气之先。正如徐炳昶在其《西游日记》中说：“在这一切成绩之外，还有两件很好的结果，深应注意：第一，这一次的考查足以证明中国科学家对于工作的强固意志及丰富能力，并不象欧洲近视眼的外交家所说：‘中国的人哪里知道大沙漠是什么！他们将来走出包头不远，即将全体转回北京！’第二，这一次的考查足以证明我国人并无盲目排外的意思，如为夸大狂所蒙蔽之欧美人所宣传。这两件证明实已足在精神界中开一种一纪元。”[①] 当考察团到达包头的第一天晚上聚餐时，斯文赫定曾讲演说：“我们将要证明，白种和黄种能够和好地共同生活，共同工作，科学是处在国界和各民族之间的偏见之上的。破坏的倾轧或近视的国家主义我都不能忍耐，是在我旅行团的，大家都是朋

① 徐炳昶《西游日记》，序言第 8—9 页。

友，中国人同欧洲人享受同等的权利。不过中国人是在家乡里，是在他们自己的祖国中，我们却是外来宾客。我希望，各人各尽他自己的义务，因为如果考察团每个份子都拿出本领做事，那我们所得结果将要大有益于人类的。”① 中国科学家在政治上是坚决维护国家主权的，但在科学考察上，中外团员却配合得很好。斯文赫定曾说：“最后还得感谢北京的‘反对派’——中国学者们，他们由我的敌人转成我的朋友和合作者。”② “我们在一起工作如同手足一样，没有丝毫的嫉妒、龃龉或误会。我们没有介意国籍或种族，唯一的目的是为国际的科学服务。”③

王忱编《高尚者的墓志铭》

这次考察之所以取得巨大的成绩，也是与中国政府，尤其是中国学术界的大力帮助和支持分不开的。斯文赫定也不得不承认：“考察团也不得不欣幸中国政府有力的保护。”④ 当考察团第一阶段工作结束，徐炳昶教授东归以后，《东方杂志》曾通过鲁迅先生向徐炳昶约稿，请其将前一阶段的考察经过及工作大略写出来，以便中国学术界了解西北，

---

① ［瑞典］斯文赫定《长征记》，第 6 页。

② ［瑞典］斯文赫定《长征记序》，第 2 页。

③ ［瑞典］斯文赫定《我的探险生涯 · 序》，孙仲宽译，西北科学考查团丛刊之一，西北科学考查团，1933 年。

④ ［瑞典］斯文赫定《我的探险生涯 · 序》，孙仲宽译，西北科学考查团，1933 年。

从而有了徐炳昶先生的《西游日记》。

这次学术考察，推动了中国学术界认识西北、研究西北、考察西北、开发西北的热潮，自此以后，我国科学家不断对西北地区进行考察、发掘、研究。尤其是直接促进了丝绸之路学的发展和兴盛，促进了中国吐鲁番学的产生和发展，并间接促进了我国敦煌学、简牍学等各门新兴学科的发展，使我国学术界在这些领域取得了一系列举世瞩目的成就。

附记：本文原稿发表于《西北史地》1993 年第 1 期。20 世纪 90 年代初撰写本文时，我正任职于兰州的西北师范大学敦煌学研究所，阅读使用的斯文赫定《我的探险生涯》，是孙仲宽翻译，作为西北科学考查团丛刊之一，由西北科学考查团于 1933 年印行的。斯文赫定的《长征记》，则是李述礼翻译，杨震文、徐炳昶校，作为西北科学考查团丛刊之一，由西北科学考查团于 1931 年印行的。

离开兰州后购买了上海书店 1984 年根据开明书店 1949 年版复印的《亚洲腹地旅行记》(《我的探险生涯》的另一译名)。虽然上海书店复印版《亚洲腹地旅行记》版权页上没有翻译者的姓名，但其“本书简介”说：“原著 1923 年脱稿，用十二种语言发表，中译本据德文本翻译，出版于 1934 年。”本书徐炳昶的序写于 1923 年 11 月 8 日，从其可知译者就是《长征记》的翻译者李述礼先生：“李述礼君翻译他的《长征记》《霭佛勒斯峰》以后，又将《探险生涯》努力地翻译出来。他的《长征记》译本，虽经我校阅过、修改过，可是我还嫌他不免有艰涩的地方。他此次的译本经他特别的努力，已经达到明白如话的程度。”可知此书 1923 年就已经翻译完成。而斯文赫定的序则是 1927 年 6 月 4 日写于考察途中的内蒙古呼和浩特。

1997 年，新疆人民出版社出版了孙仲宽译、杨镰整理的《我的探险生涯》，前有杨镰的代序《斯文·赫定及其〈我的探险生涯〉》。从杨镰的代序可知："1932 年，李述礼翻译的中文本由开明书店出版了，题为《探险生涯——亚洲腹地旅行记》。"（上海书店复印版说明出版于 1934 年）。"李述礼的译本在 1949 年之前曾一再重版，1949 年后，台湾省又延用旧译重印了若干次，前后累计重印达十余次。1980 年上海书店又据开明书店的原本影印出版。"（实际是 1984 年）。

"1933 年，中国学者孙仲宽的译本又由'中国西北科学考查团理事会'印行，名为《我的探险生涯》。是'中国西北科学考查团丛刊'之一。""孙仲宽译本出版在后，但因是理事会自印的，而抗日战争后理事会的活动已趋于停顿，所以流传不广，不大为人所知。"

由于李述礼是根据德文本翻译的，孙仲宽是根据英文本翻译的。"就中国翻译界的具体情况而言，英译的总体水平较高。更重要的是，孙译是经中国西北科学考查团团员、著名科学家丁道衡校订，而且出版在李译本之后。从文字本身看，孙译或更通顺一些。"所以在重新组织力量出版新译本尚有一定困难的情况下，杨镰先生就以孙仲宽译本为据进行了校订整理。

由于 1933 年西北科学考查团印行的孙仲宽译本《我的探险生涯》，上海书店 1984 年据开明书店复印的《亚洲腹地旅行记》和 1997 年新疆人民出版社出版的孙仲宽译、杨镰整理的《我的探险生涯》，各有优劣，所以在不同地方我引用使用了不同的版本。尤其是上海书店版和新疆人民出版社版，未收 1933 年西北科学考查团版中斯文赫定序，所以序文的引用只能使用 1933 年西北科学考查团印行的版本了。

2017 年，江苏凤凰文艺出版社出版了周山翻译的《亚洲腹地旅行记》。从目录及相关内容可知，这个译本基本上是以开明版李述礼译本为据的。由于译者周山没有相关的研究成果，本书又没有任何的前言、后记等说明文字，甚至连开明版斯文赫定和徐炳昶的序言也未收，也未说明是根据什么语言、什么版本翻译的，所以专业人员可能不敢使用。

第五章　丝路学术文化

第一节　居延汉简的发现及其学术价值

居延地区即今内蒙古自治区额济纳河流域的泛称，其行政区划，上游属甘肃省酒泉地区，中下游属内蒙古自治区的额济纳旗管辖。但在汉代，它却是张掖郡的一个县，即居延县。《汉书・武帝纪》颜师古注曰："居延，匈奴中地名也……张掖所置居延县者，以安处所获居延人而置此县。"[①]《后汉书・明帝纪》永平十六年（73 年）李贤注：居延"本匈奴地名也，武帝因以名县，属张掖郡，在今甘州张掖县东北"。[②]

居延地区是汉代防御匈奴的一个重要地区，因此，汉王朝在这里设置了许多烽燧亭障。居延汉简主要就是在这些烽燧遗址中发现的，因这一地区在汉代属张掖郡，所以也有学者将居延汉简称为"张掖汉简"。

一、居延汉简的发现

到目前为止，居延汉简的大批量发现共有三次，即 20 世纪 30 年代、70 年代和 80 年代各一次，现将有关情况叙述如下：

在 19 世纪末和 20 世纪初，外国考察家、探险家相继来我国考察、

① 《汉书》，北京：中华书局，1965 年，第 176 页。

② 《后汉书》，北京：中华书局，1965 年，第 120 页。

探险的活动中，瑞典人斯文赫定也曾多次来我国西北考察。1926 年底，当他再次来北京，与北洋军阀政府签订了不平等协议，准备赴西北考察的消息传出后，全国舆论大哗。正处在北伐高潮中的中国人再也不能忍受了。1927 年 3 月 5 日晚，北京学术界集会，竭力反对西方探险家到中国考察，呼吁禁止外国人进行考古发掘，掠夺珍贵文物；禁止外国人在中国领空飞行。并提出，中国的古生物、考古、地质等资料应由中国人自己研究，这些资料是属于中国的财产，应由中国的博物馆收藏。[①] 为了得到全国民众的支持，许多报纸都报道了有关消息，从而激起了民愤。与此同时，他们还进行舆论鼓动和发起签名活动，以激发民众的爱国热情。面对广大知识分子的爱国之心，腐朽的北洋军阀政府却完全置之不理，反而全力支持赫定。

中国学术界为了加强团结，共同抗议政府的倒行逆施，北京大学考古学会、清华研究院、历史博物馆、京师图书馆、故宫博物院、古物陈列所、画学研究会、中华图书馆协会、中央观象台、天文学会、地质调查所等在京的十几个学术团体联合成立了“中国学术团体协会”，并直接与斯文赫定进行磋商。慑于学术团体协会的威力，北洋政府外交次长王荫泰致函赫定说，假如学术团体协会极力反对，政府为维护自己的统治可能收回 1 月 1 日签署的同意考察的文件。

中国学术团体协会与斯文赫定经过四十多天的频繁接触、会谈与磋商，双方于 1927 年 4 月 26 日在北京大学举行了签字仪式，与会者有斯文赫定、周肇祥、马衡、黄文弼、刘半农、徐炳昶等。周肇祥、斯文赫定分别代表中瑞双方在协议上签了字。至此，终于达成了一项包括 19 条内容的新协议：决定在“中国学术团体协会”的领导下组成“西北科学考查团”，设中国及外国团长，由斯文赫定任外国团长，北大教务长徐炳昶教授任中国团长，参加的中外科学家各占一半；禁止将文物带

① 《北京学术团体反对外人采取古物之宣言昨日业已发表》，《晨报》1927 年 3 月 10 日，第六版。

到海外，采集品留在中国；本办法之解释，应以中文为准。[①] 协议的签订，使中国学术界异常振奋，《大公报》和《世界日报》详细报道了事情的经过，并汇集舆论反映，指出这是中国第一次用自己的力量防止文物被“巧取豪夺，潜运境外”。刘半农径直以“翻过来的不平等条约”“不平等条约垮台了”的词句率直表达了自己的喜悦心情。事后《大公报》《申报》等曾这样写道：“尤有一精采之处，即该协定之解释，须依中文为准，开我国与外人订约之新纪元，当此高唱取消不平等条约之秋，望我国外交当局一仿行之。”[②]

居延汉简的第一次发现，就是西北科学考查团的成果之一。

1927 年 5 月 9 日，考察团从北京出发，据《黄文弼蒙新考察日记》记载，1927 年 10 月 24 日，黄文弼先生携助手庄永成在居延一土堡内发现了 1 枚汉简，第二天又在该地发现了 3 枚汉简，并根据其考察推断说：“此地如细掘，必可多得木简，决不止此也。详考字迹，与斯坦因等在玉门旧障所掘得者，疑皆汉晋故物。”[③]

黄文弼先生发现这几枚汉简后，再未进行更深入细致的发掘，而是转入其他地区考察了。居延汉简的大批发掘及其重大学术价值的发现，是瑞典考古学家贝格曼率我国采集员靳士贵在额济纳河流域的考古成就。1930 年 4 月 20 日，贝格曼找到了一枚汉简，不久又发现了大批简牍。考察团在居延地区共发掘 60 区，主要的有 21 区。出土文物非常多，计 586 包，有木简者 463 包。发现汉简的地区在东经 100 至 101 度，北纬 41 至 42 度的破城子、大湾、地湾、瓦因托尼、查科尔帖等古居延烽燧遗址中。发现汉简共 1.4 万多枚，当然，这里面包括了一些碎

---

① 《西北科学考查团协定》，见《东方杂志》第二十四卷第八号，1927 年 4 月 25 日，第 103—105 页。

② 《西北科学考查团之成绩》，《申报》1929 年 1 月 28 日，第三张。

③ 黄文弼遗著《黄文弼蒙新考察日记（1927—1930）》，黄烈整理，北京：文物出版社，1990 年，第 106 页。

片，因为贝格曼的工作非常细致，他把木简碎片（即所谓“木朴”），也都收捡起来，系上红绳小签，用银箔纸包好，装在纸烟金属盒中。后来在整理过程中，择其大片的编号，过于残碎者就仍然保存在盒子里，写了浮签编为一号。因此，比较完整的汉简约 10200 号。

这批汉简按照中瑞双方的协议，运到了北京，由双方选派科学家共同研究。我方选派的是刘半农（刘复）、马衡（字叔平，当时担任故宫博物院院长），外方选派的是瑞典人高本汉和法国人伯希和。当时所有的汉简都存放在北京大学文科研究所，在研究前，先进行拍照，印出四份，四位研究者各有一份，大家根据照片各自研究，考释文字，如有疑难处，则相互通信请教，定期交换研究成果和论文。

1931 年 7 月，理事会聘请傅振伦和傅明德协助整理。他们二人按照箱号，打开每箱之后，按原编包数排好，再拿出木简由傅振伦编号，一一用柔毛笔去尘，再交傅明德用红笔在简牍无字处一一写上编号。编号从破城子开始，按出土地点由北而南编写，如 3・5 号即是破城子出土的第三包第五枚。一枚而分为数片者，便各注号码及 ABC 等字母，仍包在一起。其中如有木质松脆，字迹行将脱落者，便稍稍拭尘后，用胶液加固，然后登记在登录簿上。登录簿每页有编号、原包号、出土年月、出土地点、备注等栏。每件登记完后，就交马衡和刘复两位教授查验，如有字迹清晰、内容完整且具有学术价值者，他们常常在几天之内就写出短篇论文。

研究工作开始不久，贝格曼等人就回国了。1934 年刘半农在蒙绥地区考察后，突然去世，使研究工作无人负责。后来经理事会研究，挑选了读北大文学、历史的优秀毕业生劳榦、贺昌群、余逊、向达来协助马衡研究。这四位青年学者一面将稿子交马衡审阅，一面继续写作。当他们只工作了半年，工作正处于释文还未完成的阶段，抗日战争就爆发了。

北平沦陷后，沈仲章先生冒着生命危险，将这批汉简运到了香港，交香港大学存放。1941 年太平洋战争爆发后，居延汉简又面临着第二次劫难，当时在胡适先生的努力下，设法运到了华盛顿，存放在美国国会图书馆。后来胡适任台湾“中央研究院”院长后，就向美国国会图书馆交涉，提出将汉简交付台北的“中央研究院”历史语言研究所保管。

1972—1976 年，由甘肃省博物馆、酒泉地区和驻地部队等单位组成的居延考古队，对居延汉代遗址进行了初步的科学发掘，并取得了重要成果。

这次试掘的重点是三处不同类别而面积较小的遗址：北部地区的甲渠候官（在破城子，发掘代号 EP）、甲渠塞第四燧（EPS4）和南部的肩水金关（EJ），总掘面积 4500 平方米。

甲渠候官遗址（EP）：俗名破城子，位于额济纳旗南 24 公里，纳林、伊肯河之间的戈壁滩上，为居延都尉西部防线甲渠塞之长——甲渠候的官衙。1931 年，西北科学考查团在此地发掘汉简五千余枚。这次试掘出土的简牍，已编号的有 6865 枚，尚未编号的近千枚。

甲渠塞第四燧遗址（EPS4）：第四燧位于甲渠候官南 5. 3 公里、伊肯河西岸蒙名保都格的地方，与候官相隔三座燧台。西北科学考查团曾在此地发掘汉简 1 枚。这次共掘出木简 195 枚。

肩水金关遗址（EJ）：肩水金关是一座烽塞关城，位于金塔县天仓北 25 公里、黑河上游谷地北口的东岸。它是进出河西的腹地，北通居延都尉的咽喉门户，拱卫着南面不远的肩水都尉府（大湾）、肩水候官（地湾）等屯戍重地。1930 年，西北科学考查团曾在此地发掘汉简 850 余枚。这次获汉简 11577 枚（其中未编号的 1426 枚）。

1972—1976 年的发掘，在甲渠、第四燧、金关三地共发现汉简 19637 枚。目前已整理编号的有 17211 枚，绝大多数是木简，也有极少数是竹简。这些简牍出土时形态各异，有的是废弃前还在使用的文书，时代晚，成册的多；有的堆储在一处；有的与杂草、畜粪混合堆成积薪；有的垫在圈底，或当作垃圾抛在各处。

1986 年，甘肃省文物考古研究所派专业人员对居延地湾进行发掘。地湾遗址靠近河岸，部分遗迹已被水冲去。因这里地势低洼，地表潮湿，部分简牍已成灰末，无法收拾，加之近年来这里进行基本建设工程，遗迹大部分为推土机压过，因此，这次发掘获得残断之简甚多，共获得汉简一千多枚，绝大多数已残破不全。

总之，三次科学考察及发掘，在居延地区共发现汉简 3.5 万枚。若将特别残损者除去，也有三万余枚。[①]

二、居延汉简的学术价值

居延汉简的发现，使学术界为之耳目一新，它对于汉代历史，尤其是汉代西北边郡历史的研究，具有重大的意义。或填补了空白，或纠正了前人的错误，或丰富、补充了历史研究的内容，下面仅举例说明之。

第一，《建武三年候粟君所责寇恩事》册，共 36 枚，是 70 年代发现的居延汉简中较为完整的简册之一。出土时，分两部分卷在一起，1—20 号为一束，裹在里面；21—35 号为一编，卷在外面；36 号出土于附近。此简册是一起关于经济犯罪的诉讼案件，为我们了解汉代的刑狱诉讼程序和公文程式提供了较好的素材。

该简册的内容主要是：建武三年（27 年）甲渠候粟君向居延县告劾寇恩欠债，居延县将原告的劾书转到了寇恩所在的乡，由专管刑狱的乡啬夫根据寇恩的供词写成爰书，认为寇恩不欠粟君的债。但粟君认为寇恩的供词与实际情况不相符合，遂又向其上级（府）再次告劾这一事件，上级就令居延县“更详验问治决”。于是，居延县又令乡啬夫对这一事件进行了复核。十二月十六日，乡啬夫第二次验治被告寇恩，寇

---

① 1999—2002 年，内蒙古自治区文物考古研究所在额济纳旗汉代烽燧遗址，即古代的居延，进行考古调查清理时，采获 500 余枚汉简。这是居延汉简的第三次重大发现。

恩又申诉了他的原辞，乡啬夫便将寇恩的供词再次写成爰书，于十二月十九日上报居延县，并坚持了原来的意见，即寇恩不欠粟君的债。居延县收到乡啬夫的报告后，于十二月二十七日写移甲渠候官，并将乡啬夫报居延县的公文和十二月十六日的爰书一起抄附上报。后来，甲渠候官将此文书与十二月初三日爰书一起存档，并标其卷为“建武三年十二月候粟君所责寇恩事”。

为了使读者了解该简的具体情况，现将第 21—36 枚简中乡啬夫第二次验治寇恩事的有关内容节录如下：

> 建武三年十二月癸丑朔戊辰，都乡啬夫官以廷所移甲渠候书召恩诣乡……乃爰书验问。恩辞曰：颍川昆阳市南里，年六十六岁，姓寇氏。去年十二月中，甲渠令史华商、尉史周育当为候粟君载鱼之觻得卖。商、育不能行……时，粟君借恩为就，载鱼五千头到觻得，……恩到觻得卖鱼尽，钱少，因卖黑牛，并以钱卅二万付粟君妻业，少八万。

根据简文，寇恩使用其他物品及其子男钦为粟君捕鱼的报酬相抵，还清了少粟君的八万钱。都乡啬夫了解了这一事件的真相后，便报告居延县：

> 谨验问，恩辞，不当与粟君牛，不相当谷廿石；又以在粟君所器物直钱万五千六百；又为粟君买肉、籴谷三石；又子男钦为粟君作贾直廿石；皆尽偿所负粟君钱毕……爰书自证。写移爰书，叩头死罪死罪敢言之。……十二月己卯，居延令守丞胜移甲渠候官。候所责男子寇恩事，乡置辞，爰书自证。①

第二，《塞上烽火品约》册，该简册共 17 枚，其中除两枚下半段有火烧痕迹外，其余的都完整。该简册无纪年，根据出土时的共存物及地层关系综合分析，似应为新莽时或东汉初遗物，从其内容来看，是当

---

① 马怡、张荣强主编《居延新简释校》，天津：天津古籍出版社，2013 年，第 751—755 页。

时边塞烽燧的执行条例。

由于战争攻防的需要，汉代在西北边防修建长城，建立了烽燧制度，其中就有烽火品约。这里的“约”是指举烽火的基本法规，“品”则是举烽火的品种和品数。即“约”是总的原则，“品”是将“约”的原则具体化。两者相互结合，建立了一个比较完整的举烽法规，这就是“品约”。

《塞上烽火品约》是甲渠、殄北和三十井塞的示警联防条令。此三塞均属汉居延都尉府，地处肩水都尉防区之北，是汉代防御匈奴的主要障塞，因此制定了比较完备的烽火条例。如《品约》规定，一塞被匈奴入侵，其余两塞“和如品”。由于殄北塞地处三塞之北，是防御匈奴的第一道防线，因此，无论匈奴人“昼入”或“夜入”，都要按品约规定的示警信号“举烽”“燔薪”，“以次”传递到三十井塞上，而三十井、甲渠塞要“燔举如故”，直达居延都尉府。若匈奴人进犯三十井塞或甲渠塞的话，按照《塞上烽火品约》的规定，也要传递其他两塞，这样就组成了一个机动的三塞联防单位，便于统一指挥，互相救援。丞、尉、吏甚至县田官都有“示警”“言府”之责，其目的是能及时将敌情报告都尉府。

该册第1—5枚简的内容是：

> 匈奴人昼入殄北塞，举二烽，坞上表一，燔一积薪。夜入，燔一积薪，举坞上离合苣火，毋绝至明。甲渠、三十井塞上和如品；匈奴人昼入甲渠河北塞，举二烽，燔一积薪。夜入，燔一积薪，举坞上二苣火，毋绝至明。殄北、三十井塞和如品；匈奴人昼入甲渠河南道出塞，举二烽，坞上大表一，燔一积薪。夜入，燔一积薪，举堠上二苣火，毋绝至明。殄北、三十井塞上和如品；匈奴人昼入三十井降虏燧以东，举一烽，燔一积薪。夜入，燔一积薪，举坞上一苣火，毋绝至明。甲渠、殄北塞上和如品；匈奴人昼入三十井候去燧以东，举一烽，燔一积薪，坞上烟一。夜入，燔一积薪，举坞

上一苣火，毋绝至明。甲渠、殄北塞上和如品。[1]

这五枚简的内容规定，匈奴人在白天或晚上来犯时，根据不同的进入地点，应发出不同信号，从而使其他各燧准确地判断出匈奴人的进入位置，以便做好战斗准备。由此可见，汉代候望烽燧系统是比较严密的，《品约》的要求具体，协同性高，是在总结以往经验的基础上，从当时的实际情况出发制定的。

该册第9—16枚简，规定了在特殊情况下的烽火信号：

匈奴人入塞，守亭障不得下燔薪者，旁亭可举烽、燔薪，以次和如品；塞上亭燧见匈奴人在塞外，各举部烽如品，毋燔薪，其误，亟下烽灭火，候尉吏以檄驰言府；夜即闻匈奴人及马声，若日旦入时，见匈奴人在塞外，各举部烽以次亭，晦不和。夜入，举一苣火，毋绝，昼□、夜灭火；匈奴人入塞，候尉吏亟以檄言匈奴人入，烽火传都尉府、毋绝如品；匈奴人入塞，承塞中亭燧，举烽、燔薪□□□□烽火品约，官□□□举□□烽，毋燔薪；匈奴人即入塞，千骑以上，举烽，燔二积薪，其攻亭鄣坞壁田舍，举烽，燔三积薪，积如品；县田官吏：令长丞尉见烽火起，亟令吏民□□□诚敖北燧部界中，民田畜牧者□□……为令；匈奴人入塞，天大风，风及降雨，不具烽火者，亟传檄告，人走马驰以急疾□。

其中13—15枚简还明确要求，在异常情况下，除了举烽、燔（焚烧）薪外，还应采取的其他措施，从而使防御系统更为完善，并切实可行。

第三，《永始三年诏书》册，共15枚简，是西汉成帝永始三年（前14年）七月戊辰日所下诏书及批转诏书的行文，内中又包含八月戊戌日丞相府的“补充”律令。

---

① 参阅甘肃省居延考古队简册整理小组《“塞上烽火品约”释文》，《考古》1979年第4期，第360页；薛英群《居延〈塞上烽火品约〉册》，《考古》1979年第4期，第361—362页。

该简册的内容可分为五部分：第 1、2 枚简为“奏”，第 3 枚简为“制可”，第 4—9 枚简是诏书本文，第 10、11 枚简是下行文书，第 12 枚简为“重令”文书，第 13—15 枚简为再下移文书。

两汉时期的诏书，大部分都是由奏、本文和下行文书三部分组成的，《史记》《汉书》在摘引诏书时，常常删其首尾，仅选录本文，从而使后人无法窥见诏书之全貌。《永始三年诏书》简册的发现，则弥补了这方面的缺憾，因此它具有重要的文献价值。

《永始三年诏书》册的奏文为：“丞相方进、御史臣光昧死言明诏哀安元，臣方进、御史臣光言，往秋郡被霜，冬无大雪，不利宿麦……请除贷钱它物律……”[①] 该奏文于“永始三年七月戊申朔戊辰”“制可”，即七月二十一日正式批准执行，“七月庚午”（七月二十四日）诏书开始下移，经过整整一个月之后，即“八月戊戌”（八月二十二日），由于“长安男子李黎、索辅等，自言古租”办法遭到破坏，“又闻三辅豪黠吏，比复出贷，史重质不止，疑郡国亦然”。涉及面较广，因此，才又决定“重令”，将原定仅下到“郡太守”一级的诏书，扩大范围，要求“明遍悬亭显处”，直达基层，“令吏民皆知之”，这就是“重令”文书的缘由和目的。自“戊戌重令”将诏书全文下达到亭燧这一基层组织后，经过了两个月时间，于十月己亥（十月二十四日）诏书才到达张掖太守府。十一月四日到肩水都尉府，十一月六日下达到肩水候官，然后遍布各亭燧。这一中央文书，从批准颁布到传达到西北边郡的普通吏民，其间共经历了三个半月的时间，这对我们了解当时文书的传递速度，并由此推算传递方式，是一件非常宝贵的资料。

以上我们举例阐述了居延汉简的重大学术价值，即对于研究汉代历史的价值。此外，居延汉简还有两方面的价值：一是为研究我国书籍制度和档案历史提供了丰富的资料。从书籍历史而言，简册是我国最早的

---

① 薛英群《居延新获〈永始三年诏书〉册初探》，载中国秦汉史研究会编《秦汉史论丛》第三辑，西安：陕西人民出版社，1986 年，第 356 页。

正式书籍，居延汉简的发现，提供了大量的证据；另外它是珍贵的最早墨书真迹。居延汉简书写的时间包括两汉时期的一百多年，这正是中国书体大变革和各种书体孕育产生的时期。居延汉简书体齐全，对研究我国书法史和书法艺术都是极好的实物例证。

补记：在贝格曼《考古探险手记》[①] 第158—159页载：1929年12月27日，我来到穆德布林遗址。

贝格曼《考古探险手记》

穆德布林遗址成为我在额济纳河考古发掘期间收获最大的地点。在它的垃圾堆中出土了约4000件木简（当然，包括许多残简）、各种破损的器皿、丝绸碎片、青铜器和陶瓷碎片。最有趣的发现物无疑是一枝完整的毛笔，它是中国毛笔最古老的实物标本！

在这里发现的许多木简都有纪年，与之相当的年代有：公元前127（?）、81、74、69、66、59、56、54、53、47、44、42、38、37、36、34、33、23、21、20、12、11、3、2等年，以及公元10、24、25等年。平均每四年被涉及一次。在发掘时可以看出，许多木简都是封好的。可以有把握地推测，这个城堡至少是在公元前81年到公元25年之间一

① ［瑞典］贝格曼《考古探险手记》，张鸣译，乌鲁木齐：新疆人民出版社，2000年。

直被使用着。

第 169 页载：

挖掘出的木简，其内容主要属于军事类，涉及到管理和组织。这里的驻军大概一部分来自中国人对抗北方野蛮人战争中的俘虏。“居延”这个名字也许是汉代地名的汉语译音。许多木简的记载都粗枝大叶。很明显，记录者几乎并不掌握写作技艺，因此，理解起来是非常困难的。尽管我没有不同时期的目录，但我记得木简记载日期，是公元前 2 世纪末到公元 2 世纪初，但大部分属于公元前 100 年至公元 100 年这个范畴。

在胡适纪念馆编《论学谈诗二十年——胡适杨联陞往来书札》[①] 第 59 页所载胡适 1944 年 8 月 23 日致杨联陞说：

汉简全部由沈仲章救出，送到香港，二次照相后，全部寄给我。现存国会保存（锁钥都在我处）。装置全依二次照相时的次序、层次；因我怕二次制版又全毁了，所以不移动原来层次，以便为第三次制版之用。因此，我不曾向外宣传，也不曾允许展览。现此批存件已“安全地”运回国会，将来当然有供学人研究的机会。我下次去华府，当一查此事，看看有无“专室存储，随时开看”的方便。

第 198 页所载胡适 1953 年 6 月 30 日写给杨联陞的信，其中也提到了这批简牍：

当年“西北科学考察团”在新疆（这是胡适的误记）发见的汉简，是原存北大研究所的，一九三七年，我特别救出来，交沈仲章带到南方，后由中［央］研究院收藏，在香港商务印书馆照相。其后在 1941 年原件运到华府，由我寄存国会图书馆。劳榦依据照片做了《释文》与《考证》。原件本准备 1946—1947 年之间由王

① 胡适纪念馆编《论学谈诗二十年——胡适杨联陞往来书札》，合肥：安徽教育出版社，2001 年。

重民带回国。但因国内交通其时已不方便，故此项汉简仍在华府。收条在我处。

第二节 《丝路探险记》与大谷光瑞考察队

《丝路探险记》

19 世纪末 20 世纪初，英、法、德、俄、瑞典等国探险家、考察家都来中国西北考察、探险时，日本人也不甘落后，便由当时正在英国留学的大谷光瑞组织考察队，来我国西北进行考古发掘。

与斯坦因、伯希和、奥登堡、斯文赫定、勒柯克等考察团不同的是，大谷光瑞考察团既不是由博物馆等学术团体资助派遣，其成员本身也不是学者，也没有学术考察报告，只是考察团成员根据各自的兴趣爱好留下了少许日记，从而长期以来使人们对日本考察团的许多情况不得而知，有一种神秘之感，甚至有人将日本的西域考察称为“间谍探险”。

由于以上原因，关于日本考察团的资料非常稀少。1937 年日本有光社出版的《新西域记》，才将大谷探险队所得到的资料和文物公之于世。但该书是限量发行，价格昂贵，再加上书的内容庞杂，一般人又不易卒读，所以，外界对大谷探险队的活动仍然所知不多。现在，章莹先生将《新西域记》中所保存的大谷光瑞、橘瑞超、吉川小一郎、渡边哲信、堀贤雄、野村荣三郎的九篇行记、日记选译出来，编为《丝路探险记》一书，作为“亚洲探险之旅”之一，由新疆人民出版社于1998年10月出版，从而有利于对大谷探险队有关情况的了解。

当时去中国西北考察，由于路途遥远，沙漠戈壁，最好的交通工具是骆驼，有时甚至骆驼也无法行走，因此一般都需要较长时间，大多是几年。这样长时间的野外考察，没有相当的财力支持是不可能的，因此，欧洲各国的考察队都是在政府有关部门的资助、支持下进行的。与此不同，大谷光瑞考察团则是京都西本愿寺第22代宗主大谷光瑞（1876—1948年）个人的事业。当时，他作为西本愿寺法主明如上人的嗣子（后又接任法主职位），有近一千万信徒施舍财物为基础，不存在经费问题，便组织了三次赴中国西北考察的探险队，所以我们一般将日本考察团称为大谷光瑞考察队。

日本自明治维新以后，国门开放，与外界的交往日渐增多，随着对外界的了解和认识逐渐深入，日本佛教界对欧美基督教的传播感到不安。同时，19世纪以来欧洲东方学界利用梵文、巴利文、藏文原典研究佛教的成绩，对建立在汉文佛典基础之上的日本佛教界提出了强有力的挑战。为了应付这种形势，西本愿寺于1890年派高楠顺次郎到伦敦，从马克斯·缪勒学习梵文；1900年，第21代宗主大谷光尊派其子大谷光瑞前往伦敦等地，考察各国的宗教情形。当时的欧洲，伦敦、巴黎、柏林信息灵通，特别是伦敦的皇家地理学会，是世界地理学上的一个情报中心。大谷光瑞不仅可以看到梵文学家霍恩雷于1893年在加尔各答刊布的梵文佛典《鲍威尔写本》，而且1897年巴黎出版的杜特雷依·德兰斯《亚洲高地科学考察报告（1890—1895）》、1899年伦敦出版的斯文赫定《穿越亚洲》、1901年斯坦因发表的《关于新疆考古学与地理学探险旅行的初步报告》等最新的考察收获也能看到，这极大地吸引了大谷光瑞的注意力。而大谷光瑞到伦敦时，正是斯文赫定、斯坦因考察成功，大出风头之时，这也大大地刺激了他。正是由于这许多因素的组合，1902 年 8 月，当大谷光瑞从伦敦回日本的时候，便决定亲历西域，利用归途在中亚考察，从而揭开了日本考察中国西北的序幕。

1902 年 8 月 15 日，大谷光瑞率领随行人员渡边哲信、堀贤雄、本多惠隆、井上弘圆自伦敦出发，经柏林、莫斯科，乘火车南行，然后越帕米尔，于 9 月 21 日到达喀什噶尔。在这里他们决定兵分两路，渡边哲信和堀贤雄留在新疆，在西域考察，大谷光瑞、井上弘圆、本多惠隆三人去印度考察佛教遗迹。渡边哲信和堀贤雄到塔什库尔干为光瑞等送行，得到了英国领事馆的帮助。当时英国与俄国争霸中国的新疆和西藏，为了能够对新疆采取迅速的军事行动，开拓了纯粹的军用道路，外国人不得涉足。1902 年 1 月日英缔结了同盟，光瑞由于和皇室的特殊关系（其妻筹子是贞明皇后之姐），便通过皇家获得了由此通过的特别许可。随后光瑞得到了父亲光尊逝去的讣告，急忙回国，继任为西本愿寺第 22 代宗主。而渡边哲信和堀贤雄则继续进行西域考察，因此，大谷光瑞考察团的第一次中亚考察是渡边哲信和堀贤雄进行的。

渡边哲信和堀贤雄送走光瑞等人后，便于 1903 年 1 月到达和阗，然后又北上阿克苏，3 月到达古迹众多的库车，对其周边的克孜尔、库木吐拉千佛洞和通古斯巴什、苏巴什等古遗址，进行了四个多月的考古调查。9 月 3 日到达吐鲁番，发掘了阿斯塔那、哈拉和卓古墓。考察吐鲁番后，他们于 1904 年 5 月到达乌鲁木齐，再经哈密、兰州、西安，携带收集品回国，从而结束了大谷探险队的第一次中亚考察（1902—1904 年）。

《丝路探险记》所载大谷光瑞《帕米尔纪行》、渡边哲信《在中亚古道上》《克孜尔踏查记》和堀贤雄《塔里木之行》就是这次考察的真实记录。

西本愿寺的第二次西域探险，开始于 1908 年。这次大谷光瑞派遣橘瑞超和野村荣三郎二人前往中国西北。他们于 1908 年 6 月 16 日从北京出发，出张家口，北越戈壁，进入外蒙古，考察了鄂尔浑河畔突厥、回鹘、蒙古等游牧民族的遗迹。然后从库伦（今乌兰巴托）南下鄂尔多斯，越阿尔泰山，考察了天山北麓的唐王朝北庭都护府遗址。10 月 26 日，考察队进入乌鲁木齐，11 月初到达吐鲁番。他们对吐鲁番盆地的交河故城、木头沟、伯孜克里克、吐峪沟千佛洞、阿斯塔那、哈拉和卓墓群等古代遗址，进行调查发掘，劫获了丰富的宝藏。

1909 年 2 月，他们两人在库尔勒分手，橘瑞超南下罗布泊，考察了楼兰古城，然后沿南道西行，到达喀什噶尔。野村荣三郎则沿着北道，经库车、阿克苏，于 7 月到达喀什噶尔，与橘瑞超会合。他们在叶城和莎车做了些零星的发掘后，于 9 月 30 日离开莎车前往印度。10 月 18 日翻越喀喇昆仑山，10 月 27 日到达列城，11 月 5 日在斯利那加与在克什米尔访问的大谷光瑞会合后便返回日本，从而结束了大谷光瑞考察队的第二次中亚探险（1908—1909 年）。

第二次中亚考察是日本三次西域探险中收获最大的一次。橘瑞超的旅行日记在发表之前失火烧毁了，幸运的是橘瑞超的《新疆探险记》和野村荣三郎的《蒙古、新疆之行》由于收入《新西域记》而保存了下来，从而使我们能够比较详细地了解第二次探险的情况。

大谷光瑞探险队第三次中亚探险，开始于 1910 年，结束于 1914 年。第二次探险结束后，橘瑞超便随从大谷光瑞游览了埃及、罗马、伦敦。在欧洲，他会见了斯坦因，受到了不少教益；访问了瑞典，会见了斯文赫定；又从法兰西的伯希和、德意志的勒柯克等人那里得到了各种有关中亚的最新情况和知识。1910 年 8 月，橘瑞超携雇佣的仆人、英国人霍·布斯，经圣彼得堡、西伯利亚进入我国新疆。他首先到吐鲁番，进行了一个月的发掘。到了 12 月上旬，便让霍·布斯携带吐鲁番的发掘品前往库车等地，而他本人则又去上一次发现“李柏文书”的楼兰，剥取了米兰遗址壁画。1911 年 2 月，他从且末出发，由南往北横穿塔克拉玛干沙漠，然后考察了喀什、和阗。正在这时，由于中国爆发了辛亥革命，加之大谷光瑞较长时间没有得到橘瑞超的消息，有些焦急，便于1911年初派吉川小一郎前往寻找。吉川经上海、汉口、兰州，于1911年10月5日到达敦煌。在敦煌期间，吉川小一郎一方面打电报、派人寻找橘瑞超，一方面又乘等待橘瑞超的机会拍摄了敦煌千佛洞的部分洞窟，并通过各种手段骗购了部分敦煌文书。

1912年1月26日，橘瑞超与吉川小一郎在敦煌相见，然后经哈密到吐鲁番。他们在吐鲁番发掘了一些古物后，决定吉川继续留在吐鲁番考察，橘瑞超则到乌鲁木齐，并通过俄国驻乌鲁木齐领事馆的帮助，经西伯利亚铁路回了日本。1913年2月，吉川小一郎也离开了吐鲁番，经焉耆到库车，调查了库木吐拉、苏巴什等遗址后，又西进喀什，南下和阗，北上伊犁，最后东返乌鲁木齐，经吐鲁番、哈密、敦煌、肃州等地，于1914年5月回到北京，从而结束了他们的第三次中亚探险（1910—1914年）。

总之，大谷光瑞探险队既神秘又杂乱，其所劫敦煌吐鲁番文书更是收藏分散。《丝路探险记》虽然还无法使我们全面、详细了解大谷探险队的全貌，但毕竟为我们提供了许多第一手资料，有助于我们对大谷探险队及所劫文书作进一步研究。

第三节　我读《西域的愤怒》

1994年秋，《丝绸之路》杂志的主编季成家先生告诉我，《丝绸之路》决定连载唐栋先生的纪实文学《西域的愤怒》，希望我为其提供一些图片。由于这个机缘，我便阅读了《西域的愤怒》的部分内容。现在《西域的愤怒》的7个组成部分，即《敦煌再劫》《楼兰惊梦》《华尔纳的“侦察旅行”》《“间谍”探险》《走进黑城的俄国人》《丝路：欲哭无泪》和《石窟劫》已全部连载完毕，我又将其系统阅读了一遍，我认为它的确是一部进行爱国主义教育的好教材。

首先，它将丝路文物的被盗史，置于中国乃至世界历史的大背景下，即 19 世纪末 20 世纪初，中国处于半殖民地半封建社会，帝国主义列强正在加紧侵略中国的时代。伴随着帝国主义对中国的军事侵略，一些外国的考察家、探险家打着“考察”“探险”的幌子，从事文化侵略的活动。如日本在中国西北的考察，就引起了正在争夺中国西藏、新疆的俄、英帝国主义的关注，故将其称为“间谍”探险。他们也像帝国主义军事侵略者在中国划分势力范围和强占租界一样，在文化侵略中划分各自的势力范围。如德国与俄国约定：“对于中国境内的遗址的挖掘，双方应利益均得，德国远征队的活动范围限定在吐鲁番一带，而库车一带则属于俄国远征队的活动范围。”（1995 年 5 期 17 页）。

其次，它警示国人，一定要加强文化教育事业，普及文化知识，否则就会受骗上当，甚至落后挨打。丝路文物的被盗史，是中华文化的耻辱史。早在 30 年代初，爱国学者陈寅恪先生在谈到敦煌文物被盗时曾说：“敦煌者，吾国学术之伤心史也。”然而，当我们仔细阅读完本书后，再认真想一想，丝路的文物，绝大部分都是被外国人“合法”拿去的，甚至还得到了中国有关当局的支持与默认。如斯坦因来新疆时，中国当局曾给地方政府下令，给予一切方便及关照；当华尔纳来盗劫敦煌壁画时，中国当局还派了 10 名士兵，将其由北京护送到西安；当伯希和盗窃敦煌文物之后，还能在北京的六国饭店举行招待会，向中国的学者们夸示其所得、所见及所闻……

就是地方官，乃至一些帮助外国人劫夺丝路文物的普通百姓，包括道士王圆禄等，真正的“卖国贼”有几个？绝大部分是由于知识贫乏，甚至没有知识，不懂得文物艺术及其价值，无意中成了盗劫丝路文物的“帮凶”。多么悲哀！多么可怕！

再次，对中国文物被盗窃、被毁灭，深感惋惜与愤怒。丝路上的写本、石窟、寺庙、墓葬等文物艺术，被外国的“考察家”破坏得面目全非，造成了中国文化不可弥补的损失。就是被盗到国外的文物艺术，许多也是在劫难逃，或下落不明或惨遭破坏。如华尔纳盗劫的敦煌壁画，有些已不知去向了；再如冯·勒柯克劫到德国的丝路文物，绝大部分都陈列在柏林民俗博物馆中。但在第二次世界大战中，“英、美空军怀疑这座博物馆内可能有军事设施，在 1943 年 11 月 23 日至 1945 年 1 月 15 日的 14 个月之中，对它进行了 7 次暴风雨般的轰炸，大约有 100 枚炸弹击中目标，把这座庞大的建筑毁成了废墟”。（1995 年 5 期 20 页）陈列于内的中国丝路文物，自然也在炮火中化成了尘埃。对于中国文化，中国人民来说，这难道不是一部活生生的伤心史吗?

被盗文物除了毁灭之外，现存部分仍然分散收藏在十几个国家的几十个单位。历史已跨越了约一个世纪，到目前仍不能完璧归赵。就是从研究和保存资料的角度考虑，当我国有关单位要出版藏于伦敦、巴黎、圣彼得堡等地的丝路文献时，他们也是讨价还价，甚至百般刁难，作为一个华夏子孙，难道不愤怒吗?

总之，《西域的愤怒》是一部进行爱国主义教育的好教材。在目前传记作品（包括历史传记、评论传记和文学传记）离历史真相越来越远的情况下，《西域的愤怒》取材于历史，忠实于历史，的确是难能可贵的，这也是得到广大读者喜爱的最重要原因吧。

在一般情况下，人们都是爱之愈深，恨之愈切。对于《西域的愤怒》我的感觉也是如此。现将阅读后的一点意见写出来，供唐栋先生修订出版单行本时参考。

第一，对于约定俗成的译名，如果没有新的材料能够重译的话，应当尽量采用。《西域的愤怒》中的有些外国人译名，我认为就有这方面的问题。如 1994 年 6 期 50 页之“李斯特郝芬”应为李希霍芬；1995 年 1 期 21 页之“哈日浩特”应为哈拉浩特，“额吉纳”应为额济纳（旗）；1995 年 3 期 5 页之“普列聂瓦尔斯基”应为普尔热瓦尔斯基；1995 年 5 期 13 页之摩尼教的创始人“梅尼兹”应为摩尼。

第二，可能是由于资料的限制，对于有些考察队的“考察”活动写得比较全面、详细，如斯坦因、伯希和、橘瑞超考察队等，而对于有些考察队则比较简略，如华尔纳。对于俄国考察队，只写了柯兹洛夫的考察活动，而对于马洛夫、奥登堡等人都没有着笔。对于斯文赫定的考察，也只写到1901年，很不全面。

第三，希望作者在修订时，尽量吸收国内外学术界的最新研究成果，使《西域的愤怒》达到更高的水平。如1994年6期描写斯文赫定的部分，虽然很耐读，但还不全面，也没有吸收近年的最新研究成果。1992年，吉林教育出版社出版了邢玉林先生的《探险家斯文·赫定》一书，这是国内学术界对外国考察家、探险家进行个案研究的第一本学术专著，具有极高的学术与资料价值；同年，新疆人民出版社也出版了斯文赫定的《亚洲腹地探险八年》，很值得参考；10月，由中国社会科学院中国边疆史地研究中心、新疆文联西域艺术研究会和瑞典国家民族博物馆、瑞典斯文赫定基金会两方四家联合主办，在乌鲁木齐召开了"20世纪西域考察与研究"国际学术讨论会。中外学者为会议提交了许多有关斯文赫定在中国西北考察的学术论文，其中部分已汇集为《西域考察与研究》一书，由新疆人民出版社于1994年出版；《中国边疆史地研究》杂志社也在1992年3期出版了"西域研究专号"，发表了一组有关斯文赫定研究的论文。这许多成果，都为全面描写斯文赫定提供了第一手材料，尤其是提供了1927至1935年的考察材料。

20世纪20年代后期斯文赫定在中国的考察活动，不仅是其在中国考察的最主要内容，而且在中国学术文化史上占有极其重要的地位。这次考察发现了内蒙古包头附近的富铁矿、举世闻名的居延汉简、新疆的动物化石，还有吐鲁番考古的巨大成就。关于这次考察活动，以前只有二三十年代出版的斯文赫定《长征记》、徐旭生《西游日记》。现在，新成果、新材料不断刊布，希望作者吸收这些成果，将其更加充实、完善。

关于斯坦因部分，新疆美术摄影出版社近年也翻译出版了英国学者珍妮特·米斯基著《斯坦因：考古与探险》（1992）和斯坦因本人的《沙埋和阗废墟记》（1994），甘肃人民出版社出版了郭锋著《斯坦因第三次中亚探险所获甘肃新疆出土汉文文书——未经马斯伯乐刊布的部分》(1993),台湾新文丰出版公司出版了金荣华著《敦煌文物外流关键人物探微》(1993)等等。这许多成果,如果作者修订《西域的愤怒》时加以采纳,必将使之更加全面。

第四,在处理史料时,还需要更慎重一些。1995 年 2 期 15 页专门写了橘瑞超发现“李柏文书”的过程并摘录了一段内容,其中录文还需要推敲,如文书第 2 行“柏顿首□□”,实则为“柏顿首々々”,唐文中的两个“々々”是前一个词“顿首”的重文符号,即“柏顿首顿首”。这种重文符号,在敦煌吐鲁番文书中是比较普遍的,邓文宽先生已在《文献》杂志 1994 年 1 期上发表了专文,可供参考。

另外,唐文还说,“李柏文书”是写给焉耆王龙会的书信草稿。这样表述是不确切的,因为在文书片断中有:

尚书

臣柏言:焉耆王龙□

由此可见,这些信稿中可能包括给焉耆王龙□的在内,但不能认为都是李柏写给焉耆王龙□的信稿。

以上是笔者阅读《西域的愤怒》后的一点感想,提出的要求可能苛刻了一些,但心是诚的。

第四节 历史比较语言学视野下的吐火罗

——徐文堪《丝路历史语言与吐火罗学论稿》读后

关于“吐火罗”,张广达先生在 20 世纪 80 年代为《中国大百科全书》所写词条中已经有了基本全面的介绍。它本是民族名,中世纪转为地名,指乌浒水(今阿姆河)上游即缚刍河流域,以今昆都士(唐代活国)为中心的阿富汗北部地区。吐火罗语是指在我国新疆发现的不知名语言,学者们将其命名为“吐火罗语”,因发现的地点不同,又称为焉耆语和龟兹语。

《丝路历史语言与吐火罗学论稿》

“吐火罗”一名的由来及含义非常模糊，可以说无从知晓，甚至在吐火罗语文献中也没有发现“吐火罗”一词。西方文献中所指的吐火罗（Tochari）最早出现于中亚的巴克特利亚，即《史记·大宛列传》中所说月氏灭大夏。这一地区被后世称为吐火罗斯坦，玄奘在《大唐西域记》中称其地为“覩（睹）货逻故地”。但在这里却没有发现任何吐火罗语文献。此外，在东西方的各种文献中也没有明确指称我国新疆的龟兹、焉耆地区的古代居民是吐火罗人。从而使文献中的吐火罗人与所谓的吐火罗语在时间和空间上出现了相互脱离、似乎又不相关的奇特现象。[①]

汉语大词典编纂处的徐文堪先生长期从事吐火罗及其相关的历史、语言研究，已经出版了《吐火罗人起源研究》（昆仑出版社 2005 年）等学术专著，在《欧亚大陆语言及其研究说略》（兰州大学出版社 2013 年）和《编余问学录》（浙江大学出版社 2014 年）两部论文集中，收有许多丝绸之路历史语言和吐火罗研究的学术论文，代表了相关领域的学术研究前沿，并有许多的学术信息。新出版的《丝路历史语言与吐火罗学论稿》（《浙江学者丝路敦煌学术书系》之一，浙江大学出版社

① 参阅王欣《吐火罗史研究（增订本）》前言，北京：商务印书馆，2017 年。

2017 年 12 月）约 40 万字，则结集汇录了徐文堪先生的相关论文、书评、纪念文章和翻译共 33 篇。题目看似比较零乱，但内容主题明确，都是围绕丝绸之路历史语言展开，或者说将吐火罗研究置于丝路历史语言的大背景下进行探讨。

一

吐火罗语的发现及吐火罗学的兴起，是伴随着东方学的兴起和历史比较语言学的发展而兴起和发展的。东方学又是在西方对东方的侵略或占领下逐渐形成的一门学科，它没有一定的学科体系和理论架构，研究的对象也十分分散而不确定，并根据需要不断在转换研究重点和地域。伴随着西方“东方学”的兴起，历史比较语言学成为学界的主流。它的特点是不仅要掌握多种东西方语言文字，同时还要掌握多种东方的民族语言和死文字，利用各种文字史料对种族氏族、语言文字及名物制度进行比勘和审订。[①]

19 世纪末至 20 世纪初，伴随着西方各国考察家、探险队到我国西北考察、探险，发现并劫走了我国的许多文化瑰宝，造成了我国历史文化不可弥补的损失。[②] 其中在新疆和甘肃敦煌发现了一大批用北印度婆罗谜字（Brahmi）书写的各种语言的古代写本。最早在新疆获得这种语言写本的是俄国驻喀什的领事别列佐夫斯基（M. M. Berezovsky）和彼得罗夫斯基（N. F. Petrovsky），这些写本带回俄国后入藏亚洲博物馆（今俄罗斯科学院东方文献研究所）。俄国考察家奥登堡（S. F. Oldenburg，1863—1934）在 1892 年首次发表该语言写本的残页。因为这些文献所使用的语言是过去完全不知道的，因此怎样称呼和解读这种语言，成为

① 参阅刘进宝《东方学视野下的西北史地学》，载《社会科学战线》2017 年第 4 期；《东方学背景下的敦煌学》，载《敦煌研究》2017 年第 3 期。

② 参阅刘进宝《丝路文物被盗的历史背景》，载《西北民族研究》1998 年第 1 期。

学者们研究的焦点。著名突厥学家、德国学者缪勒（F. W. K. Mller，1863—1930）依据回鹘文《弥勒会见记》（Maitrisimit）的题记，在1907年将这种语言定名为“吐火罗语”（Tocharisch）。1908年，梵学家西格（Emil Sieg，1866—1951）和西格林（Wilhelm Siegling，1880—1946）发表论文，赞同缪勒的命名。特别重要的是，两位学者清楚地证明了这种语言是印欧语系中独立的一支。从此以后，对吐火罗语及其相关问题的研究，逐渐成为一门专门学问，即吐火罗学（Tocharology）。（《丝路历史语言与吐火罗学论稿》第30页、48页。以下凡引用此书者只标注页码）

研究吐火罗学所遇到的首要问题是何谓“吐火罗”？何为吐火罗斯坦？吐火罗斯坦的吐火罗人和说“吐火罗语”的吐火罗人有什么联系和区别？

“吐火罗”之名在汉文史书中最早见于《魏书·西域传》，作“吐呼罗”，以后《隋书》《北史》《旧唐书》等均有记载，写作“吐火罗”，《新唐书》写作“土豁罗”。在汉文佛经《杂阿含经》中译为“兜沙罗”，《高僧传》作“兜佉罗”“覩货罗”，玄奘在《大唐西域记》中作“覩货逻”，并记述了其经历的“覩货逻国故地”：“南北千余里，东西三千余里，东阨（厄）葱岭，西接波斯，南大雪山（今阿富汗兴都库什山），北据铁门（今乌兹别克斯坦南部布兹嘎拉山口），缚刍大河中境西流。”①

说到吐火罗，就不得不提《史记·大宛列传》中的“大夏”。关于“大夏”有两种解释：一种认为是指希腊化的巴克特利亚王国；另一种认为就是吐火罗。（第63页）徐文堪先生认为：“将‘大夏’与‘吐火罗’联系起来，从对音上看是有根据的，从逻辑上看也能自圆其说，值得重视。但与此不同的另一种说法，即将月氏比定为吐火罗，也并不是

---

① 玄奘、辩机原著《大唐西域记校注》，季羡林等校注，北京：中华书局，1985年，第100页。

完全不能成立的。"（第434页）黄盛璋先生从历史地理的角度指出：吐火罗、大月氏、贵霜都曾处于古大夏之地。"从地理上看所谓古大夏是指希腊古史中之Bactria国地，《汉书》之扑桃国，《后汉书》之濮达国，它原臣属于波斯大流士，公元前331年希腊马其顿王亚历山大帝攻破波斯，并于前329年占领濮达，从此变为希腊属国"。"濮达是希腊属地妫水本地人民所建立的国家，吐火罗则是自黑海以东南下的斯基泰人四族之一……吐火罗等四族灭亡濮达，建立了大夏国，汉名大夏就是吐火罗（Takharo）的音译"，在灭濮达的四族中，吐火罗族最为强大，"由于它势力最强，占统治地位，所以一般即以吐火罗代表灭濮达的四族，后来即称已被吐火罗等灭亡的濮达故地为吐火罗斯坦"。[①] 余太山先生也认为"濮达"即"扑桃"，是"指Bactria地区。这里指原希腊巴克特利亚王国的中心地区"。[②]

玄奘所记述的"覩货逻国故地"正是现在所说的"吐火罗斯坦"，即吐火罗的地域范围，与所谓"吐火罗语"的地理概念是不一致的。徐文堪先生在《维也纳归来谈吐火罗学》中也有明确的辨析：古代希腊地理学家和中国汉文史料，以及后来的穆斯林史家，都曾反复使用像"吐火罗""睹货罗"及"吐火罗斯坦"这样的词汇，但所指的地区主要是巴克特里亚（今阿富汗东部），而并不在今日新疆境内。说吐火罗语的地区是中国古代的西域北道一带，中国境外的中亚、南亚地区至今

---

① 黄盛璋《试论所谓"吐火罗语"及其有关的历史地理和民族问题》，原载《西域史论丛》编辑组编《西域史论丛》第二辑，乌鲁木齐：新疆人民出版社，1985年。此据黄盛璋《中外交通与交流史研究》第202—203页、238页，安徽教育出版社2002年。《中外交通与交流史研究》第240页将此文的最初刊发误为"《西域史研究》1988年第2辑"。黄盛璋先生所说的斯基泰人灭濮达，实际上是指《后汉书·西域传》中的贵霜王灭濮达。月氏灭大夏后，大夏仍在，臣属大月氏，居于其南。最后大月氏五翕侯之一的贵霜翕侯统一诸部，建立贵霜即迦腻色迦王朝。

② 余太山《两汉魏晋南北朝正史西域传要注》，北京：中华书局，2005年，第285页。

没有发现过任何吐火罗语材料。因此，吐火罗斯坦的吐火罗人和新疆古代说“吐火罗语”的族群，这是两个不同的概念，不能混淆。自20世纪50年代以来，阿富汗也曾发现过大量中古伊朗语的材料，这种语言被称为“巴克特里亚语”（或译成“大夏语”），与新疆的“吐火罗语”是截然不同的。（第49页）在《关于大月氏和吐火罗》一文中又特别说明：“新疆发现的说吐火罗语的吐火罗人与吐火罗斯坦的吐火罗人是截然有别的，不能混为一谈；除新疆外，中亚和南亚的任何地区都没有发现过吐火罗语文献。”（第63页）

谈到吐火罗，还有一个绕不过去的是“月氏”。“月氏”是居住在中国西北的古代族群，据王国维考证，月氏即《逸周书·王会》中的“禺氏”、《穆天子传》中的“禺知”。秦汉时，匈奴强盛，对月氏进行了打击，月氏被迫西走占据塞族地方，从而引起了一系列中亚、内亚民族的大迁徙。大月氏西迁的结果是巴克特利亚希腊王国灭亡，贵霜王国逐渐兴起。现在，国内外许多学者都认为月氏和说吐火罗语的吐火罗人有某种渊源或联系。林梅村就认为吐火罗是一个大概念，包含“月氏”等许多民族或部族，“吐火罗人是最早定居天山南北的古民族之一。阿尔泰山与天山之间兴起的月氏人，塔里木盆地北部的龟兹人、焉耆人，塔里木盆地东部的楼兰人，皆为吐火罗系统民族”。[①] 徐文堪先生在《关于吐火罗人的起源和迁徙问题》中表达了自己的意见：“我们认为，渡过阿姆河攻占巴克特利亚（大夏）的月氏是个部落联盟，以吐火罗人为主，但在西迁过程中也混杂了说东伊朗语的塞人各部，甚至原来还可能有些阿尔泰语部族乃至羌族的成分”。（第74页）

学术界目前倾向于将吐火罗人比定为大月氏人，如林梅村在《丝绸之路考古十五讲》和《大月氏人的原始故乡——兼论西域三十六国之

---

① 林梅村《丝绸之路考古十五讲》，北京：北京大学出版社，2006年，第12—13页。

形成》[①] 中都持此说。但也有不同的看法，如黄盛璋先生认为："大月氏人来自东部，吐火罗人来自西部，大月氏灭大夏而臣之，即灭吐火罗而臣之，吐火罗人被赶于阿姆河南，被称为'吐火罗斯坦'即'吐火罗人地'，大月氏人不是吐火罗人，真正的吐火罗语是吐火罗斯坦即吐火罗人操的语言。"[②] 在没有确凿的证据前，徐文堪先生行文非常谨慎，他在本书的前言中指出："根据汉文史料记载，月氏曾西移至巴克特里亚（阿富汗）。如此看来，月氏这一族群与历史上位于阿富汗的吐火罗族群之间有联系，但现在尚没有证据证明他们说吐火罗语。"（第5页）"月氏能否等同吐火罗，两者联系究竟如何，目前没有定论。"（第6页）在《吐火罗学研究之过去、现在和未来》中说："现在多数学者赞同中国古代文献中的'月氏'是吐火罗人的一支，但吐火罗人的由来及如何迁至今天，则尚无定论。"（第36页）认为不能将月氏等同于吐火罗，但又无法否定这一比定，所以在《评余太山关于塞种渊源的论文》中说："月氏可能与塞人、斯基泰人一样，是一个说东伊朗语的部族，但也不能排斥其说吐火罗语的可能性。作为一个部族联盟，月氏（以及乌孙）可能都是多种族的混合体。在这里，吐火罗民族和伊朗民族的成分互相影响。也可能月氏人里的吐火罗成分后来逐渐伊朗化了。"（第434页）后来在《关于新疆古代居民及其文化的若干问题》一中又谈到了这一问题："月氏可能与吐火罗人有某种联系，但经一个世纪的争论，问题依然存在，其最终解决尚有待考古学、分子人类学和语言学等诸学科的综合研究。"（第16页）在《维也纳归来谈吐火罗学》中再次申明："我们认为：把可能与吐火罗人有关的小河遗址、察吾呼文化与被视为月氏与匈奴人家园的巴里坤东黑沟和岳公台—西黑沟文化相比较，其文化内涵和DNA检测结果明显不同，因此不能把吐火罗与月氏

① 载《西域研究》2013年第2期。
② 黄盛璋《中外交通与交流史研究》，第240—241页。

等同；关于吐火罗与月氏的关系，其最终解决尚有待考古学、分子人类学和语言学等诸学科的综合研究。”（第 59 页）在《关于大月氏和吐火罗》中更进一步指出：从现有材料和研究可知，“居住在新疆的操吐火罗语的族群，吐火罗斯坦的使用巴克特利亚语的居民和中国古代的月氏，这三者之间还是存在某种关联的，可以说是‘你中有我，我中有你’。‘吐火罗问题’之所以成为举世公认的学术难题，其原因盖出于此”。（第 64 页）“就文献考证而言，我们无法肯定大月氏与吐火罗为同一民族”。（第 63 页）

这种有一份材料说一份话的实事求是的治学态度，在今天尤其是应该大力提倡和表彰的。

二

古代的新疆，即历史上的西域，是一个多民族、多语言的地区。徐文堪先生在《略论古代西域的语言和文字》中饶有趣味地写道：“新疆是一个多语言地区。如果我们设想一下公元 8 世纪时，一个往来于丝路的粟特商人，他在家里自然说其母语粟特语，但当他来到吐鲁番的一个佛寺，那里的宗教用语是佛教混合梵语，而寺庙里的僧人说的却是 B 种吐火罗语。当他向南旅行到于阗时，当地人说的是于阗语。他可能在途中遭到来自山南的吐蕃军士袭击而被捕获，为了沟通，则可能不得不说藏语。如果他要寻求汉族军队的援救，那就得说汉语。倘若他骑着骆驼来到一个买卖羊群的犹太商人的营地进行交易，最好能说波斯语。他要在旅行途中预知风暴可能何时来临、了解种种对自己有用的信息，他需要花时间学回鹘语——当地居民的主要语言之一。”（第 269—270 页）这么多的语言，其通用时间和范围如何？在《古代新疆的印欧语与印欧人》一文中，徐先生作了大致的地理划分：“塔里木盆地两千多年有文字记载的历史上，以突厥回鹘（维吾尔）人入居为界限，可以分为突厥化以前（约公元前 2 世纪到公元 8—11 世纪）和突厥化以后（公元

8—11 世纪）两大时期。大致说来，突厥化以前的塔里木盆地南缘的于阗至北面的马楚（可能包括疏勒在内），说的是中古东伊朗语，即和阗塞语和据史德语，[①] 与现在帕米尔地区塔吉克族所说的瓦罕语可能有比较接近的渊源关系；塔里木盆地北缘的龟兹、焉耆和吐鲁番等地区则是用吐火罗语（分为 A、B 两种）。此外，犍陀罗语流行于楼兰——鄯善王国。”（第 13 页）

作为古代西域的地方语言——吐火罗语，今天已经成了“死文字”，即不再使用的文字。但随着丝绸之路和西域研究的进展，“吐火罗语”的研究也成了世界热点。可以说，吐火罗语自发现或者说自 1907 年缪勒将此种不知名的语言命名为“吐火罗语”开始，争论就不断。

19 世纪末和 20 世纪初，各国考古队在中国新疆发现了用北印度婆罗谜字母书写的不知名写本后，德国学者劳曼于 1907 年发表了《中亚未知的文献语言》作了介绍，误认为是喀什噶尔语。同年，德国学者缪勒发表了《中亚未知语言考》，根据回鹘文本《弥勒会见记》的题记，将这种语言定名为“吐火罗语”。1908 年，德国学者西格（或译为塞格）和西格林联合发表了《吐火罗语为印度斯基泰语考》，不仅赞同缪勒的命名，还指出这是印欧语系中的一支，并将其区分为 A、B（或甲、乙）两种方言，从而为释读这种语言奠定了基础。1913 年，法国学者列维发表了《所谓乙种吐火罗语即龟兹语考》，根据伯希和从库车带回巴黎的木简定名为龟兹语。1933 年，列维又发表了《吐火罗语》，论证 A 种方言为焉耆语。1934 年，伯希和发表了《吐火罗语与库车语》，支持甲种方言为吐火罗语，而认为乙种方言为龟兹语。1936 年，英国学者贝利在《吐火罗语》中主张 A 种方言应称为焉耆语，B 种方言应称

① 喀什河下游托库孜沙来古城和图木舒克佛教遗址发现了较古老的于阗语文献。这种语言依其出土地点被称为“据史德语”（参阅荣新江、段晴《据史德语考》，载《中亚学刊》第五辑，乌鲁木齐：新疆人民出版社，2000 年）。

为龟兹语。[①] 由此可见，聚讼百年的吐火罗语的命名，涉及许多历史、地理和语言难题，千头万绪，实在难以理清。

第二次世界大战后，法国考古队在阿富汗北部大月氏贵霜王朝的统治中心，发现了迦腻色迦王碑铭。这是用希腊字母写成的前所未知的大夏——吐火罗语，属于伊朗语的一种。1962—1963 年，又在吐火罗故地出土了贵霜王朝的钱币和佛教文献。有学者认为，这才是真正的吐火罗语，而在我国新疆库车、焉耆等地发现的则是冒牌的吐火罗语。玄奘在《大唐西域记》“覩货逻国故地”中记述该地的语言说：“语言去就，稍异诸国；字源二十五言，转而相生，用之备物。书以横读，自左向右，文记渐多，逾广窣利。”从发现的迦腻色迦王碑铭和钱币证明：吐火罗语的确是用希腊 24 个字母，加上具有“sh”音值的一个特殊字母，共 25 个，不论字母还是书写方式，都与玄奘所记述的覩货逻国故地的语言文字完全相同，从而更加确定了《大唐西域记》所记之正确。黄盛璋先生明确指出：“现在真正的吐火罗语碑铭既被发现，所以焉耆、高昌一带使用之 Toxri 语，肯定不是吐火罗语。”[②]

在阿富汗发现的所谓“真正的吐火罗语”，徐文堪先生认为其并不是“吐火罗语”，而是巴克特利亚语（大夏语），属东伊朗语。（第 266 页）而新疆发现的用北印度婆罗谜字母书写的不知名文献，即现在所说的吐火罗语，耿世民“先生认为亦可称为车师——焉耆、龟兹语。这是中国学者和大部分外国学者普遍接受的说法”。（第 455 页）而马劳瑞和梅维恒则声称在吐火罗语 B 文书里找到了“吐火罗”和“龟兹”这两个词，“从而提供了证据，说明龟兹人和焉耆人都认为他们自己是‘吐火罗人’”。[③] 综合学术界的研究成果，徐文堪先生提出了看法：吐火罗语 A 可以称为“焉耆语”，吐火罗语 B 可以称为“龟兹语”。当然

---

① 参阅黄盛璋《中外交通与交流史研究》，第 196—199 页。

② 参阅黄盛璋《中外交通与交流史研究》，第 199—200 页。

③ 马劳瑞、梅维恒著，徐文堪译《关于吐火罗问题》，本书第 503 页。

"吐火罗语"之名已约定俗成，且涉及许多复杂的史地问题，至今未完全解决，也不必废弃，可以继续保留使用。（第 4 页）这在当前看来，应该是比较妥当的。所以，我们仍然将其称为"吐火罗语"。另外，英国学者布洛（T. Burrow）曾指出楼兰、尼雅所出佉卢文文书有吐火罗语成分，或据此将其称之为吐火罗语 C。徐先生认为："此说成立与否，亦须继续探讨。"（第 266 页）

吐火罗语 A 文献即焉耆语，主要发现在焉耆的硕尔楚克寺院遗址，内容多与佛教有关，除极少数例外，几乎未见世俗文字。吐火罗语 B 文献即龟兹语，主要发现于塔克拉玛干沙漠北缘从龟兹（库车）到吐鲁番地区的遗址中，既有世俗文书，也有宗教和文学作品。这些文献收藏于德国柏林、法国巴黎、英国伦敦、日本的东京和京都、俄罗斯圣彼得堡及中国的北京、乌鲁木齐、旅顺等地。现存吐火罗语 A 和吐火罗语 B 文献，包括极其残破短小的，共约 12000 件（其中吐火罗语 A 文书约 2000 件，吐火罗语 B 文书约 10000 件），但相对完整的比较少，因此实际可供研究的材料数量有限。

关于吐火罗语使用的年代，国际学术界有不同的意见，或认为"约为 400—1200 年"。（第 149 页）或认为"吐火罗语 A 文书的年代约为公元 700 年至 1000 年；吐火罗语 B 文书年代最早的在公元 400 年以前，最晚的在 1178 年和 1255 年之间"。（第 267 页）法国学者皮诺先生通过对别列佐夫斯基和彼得罗夫斯基收集品的研究，将其书写年代"初步定在七世纪下半叶"。[①] 徐先生也提出了自己的看法：即吐火罗语 A 文书的"时代为 7 世纪"，B 文书的"时代约为 5 至 10 世纪以后"，主要通行于公元 6—8 世纪。（第 4 页）

从吐火罗语文献的发现及早期研究就已确定，吐火罗语属于印欧语系的西支，与东支的印度—伊朗语不同，但它在印欧语系中处于何种地

① 皮诺著，苏玉敏译，文欣校《别列佐夫斯基和彼得罗夫斯基收集品中乙种吐火罗语经济和行政文书》，载《西域研究》2018 年第 1 期，第 113 页。

位？与哪些语言关系最近？却至今没有解决。有些学者强调吐火罗语和赫梯语及安纳托利亚诸语都是最早从原始印欧语分化出来的，所以吐火罗语文书年代虽然较晚，但是语言本身是很古老的。但也有学者认为这种论断还没有得到充分证明。（第 31—32 页）由此可见，吐火罗语的研究虽然已经一个多世纪了，一些问题已经清晰，但还有许多问题有待更深入地探讨。

三

前已述及，吐火罗研究是伴随着历史比较语言学的兴起而发展起来的。它需要掌握多种通用的语言文字及民族语言和死文字，并能利用各种文字史料对种族氏族、语言文字及名物制度进行比勘和审订。徐文堪先生本人就是懂多种语言并能从事比较研究的著名学者，从他的许多回忆、怀念文章和书评可知，他与世界上许多从事历史比较语言的著名学者都有交往或联系，其感受也就更深。在《何处是故乡——印欧语和印欧人起源及其在中国的踪迹研究述评》中就阐述了历史比较语言学的兴起："在历史语言学中，比较方法就是对一系列语言进行系统比较，用来说明彼此之间的异同和历史关系……英国统治印度以后，欧洲学者对梵语产生了浓厚的兴趣，发现梵语与欧洲语言之间有惊人的相似之处。1786 年威廉·琼斯爵士在加尔各答亚洲学会印度学三周年纪念会上演讲，其中一段非常著名，被视为印欧语历史比较语言学开创的标志。"（第 150 页）在《略论汉藏语言与民族的起源及迁徙》中更明确指出："早在 16 世纪，人们就已经察觉欧洲使用的意大利语、凯尔特语、日耳曼语以及斯拉夫语、波罗的语等与印度使用的语言存在相似性。到了 1786 年，英国派往印度的法官威廉·琼斯在加尔各答亚洲学会成立三周年的纪念会上发表了一篇演讲，认为梵语与希腊语、拉丁语在动词词根及语法形式上有明显的类似，这三种语言来自现已不存在的共同的母语。根据同源语言的比较，可以重建或构拟已经消失的原始母语，这正

是历史比较语言学的发端。”（195 页）

由于印度是英国的殖民地，所以印度学在英国发展最早，其最初的研究者有印度总督哈斯汀斯（1732—1818 年）、殖民官员威尔金斯（1749—1836 年）、孟加拉最高法院判事琼斯（1746—1794 年）等。尤其是琼斯派强调从实地踏查和语言学习入手研究印度，对早期印度学的发展有很大影响。[①]

英国学者威廉·琼斯早年主要研究波斯和阿拉伯的语言文化，当英国占领印度后，他于 1783 年到了印度，很快掌握了梵文，并展开对印度学的研究。在琼斯的倡议下，1784 年 1 月 15 日，在加尔各答宣告成立了世界上第一个专门研究东方学的学术组织——亚洲学会。在琼斯创建亚洲学会之后，法、英等国也纷纷建立了自己的亚洲学会或东方学会，引发了一股世界范围内东方学研究的热潮。可以说，亚洲学会的建立是东方学兴起的重要标志之一。

据说威廉·琼斯是一位语言学天才，他学习了 28 种语言，精通其中的英语、拉丁语、法语、意大利语、希腊语、阿拉伯语、波斯语、梵语，粗通西班牙语、葡萄牙语、德语、希伯来语、孟加拉语、印地语、土耳其语，也在一定程度上懂藏语、巴利语、俄语、古叙利亚语、埃塞俄比亚语、瑞典语、荷兰语、汉语等，具有从事历史比较语言学的天然优势。琼斯“论证了梵语和希腊语、拉丁语以及哥特语、凯尔特语、古波斯语的相似性和亲缘关系，拉开了历史比较语言学的序幕”。[②]

从事历史比较语言学，需要多方面的语言才能，提出“敦煌学”“西夏学”的陈寅恪和日本学者石滨纯太郎[③]就是这方面的学者，为“吐火罗语”命名的缪勒和他的学生葛玛丽也是如此。另如已故中央民

① 参阅高山杉《佛书料简》，杭州：浙江大学出版社，2012 年，第 147—148 页。

② 参阅于俊青《威廉·琼斯与东方学的兴起——兼论其东方文学与世界文学观念》，载《山东社会科学》2011 年第 10 期。

③ 详见刘进宝《东方学背景下的敦煌学》，载《敦煌研究》2017 年第 3 期。

族大学耿世民先生，既懂英、俄、德、日等通用语言，还通许多民族文字和死文字。徐文堪先生在《从葛玛丽教授的著作看德国学者对西域研究的贡献》《耿世民〈西域文史论稿〉读后》的书评和《敬悼耿世民先生》[①] 中有比较全面的评价。葛玛丽女士曾“把耿世民先生所取得的成就与日本学者羽田亨（1882—1955 年）相提并论，认为耿先生可以称为真正意义上的语文学家”。（第 211—212 页）张广达先生也是如此，他和耿世民先生于 1980 年发表的《唆里迷考》[②]，依据 1959 年在哈密发现的回鹘文本《弥勒会见记》序文第 12 页反面的新材料，经过细密考证，令人信服地论证了常见于中世纪中外文献中神秘的“唆里迷”一名即焉耆或在焉耆附近，此说已经成了定论。（第 455—456 页）

再如美国学者梅维恒教授也是懂多种语言，具有从事历史比较语言研究的著名学者，徐文堪先生与他有多年的交往和密切的联系。兰州大学出版社出版的《欧亚历史文化文库》中的《梅维恒内陆欧亚研究文选》也是徐先生选编的，徐先生在该书的选编前言中说，梅维恒“研究范围很广，涉及中国古典文学（特别是俗文学），敦煌吐鲁番学，汉语语言学和词典编纂，中国和印度、伊朗文化交流史，中亚东部青铜和早期铁器时代考古学，印欧语比较语文学等众多领域和课题”。（第 277 页）

吐火罗作为丝绸之路上的民族和语言，属于西域史和中外关系史研究的领域，而该领域的研究，则需要多方面的学术训练。“已故旅法学者吴其昊（1915—2011 年）是一位对西域语文有深入研究的前辈，他在藏文、西夏文、梵文、希伯来文古文献方面都有著述。吴先生曾语重心长地说：‘希望将来教育当局多方鼓励青年学生研究此类学问，最好

① 徐文堪《敬悼耿世民先生》，见徐文堪《编余问学录》，杭州：浙江大学出版社，2014 年，第 268—272 页。

② 《历史研究》1980 年第 2 期，又见张广达《西域史地丛稿初编》，上海：上海古籍出版社，1995 年；《文书、典籍与西域史地》，南宁：广西师范大学出版社，2008 年；耿世民《西域文史论稿》，兰州：兰州大学出版社，2012 年。

先习英、法、德、俄、日诸语，次研梵文、波斯文以利其器，同时亦须略读佛教、摩尼教文献，如此计划亦非二十年不能办到。’”（第128—129页）徐文堪先生在《现代学术精品精读·西域研究卷》导读中也谆谆教诲说：“一般来说，从事西域研究，除汉文文献外，需要了解俄、英、德、法、日五种文字的文献资料，这五种语文基本被视为工具语文。此外，意大利文、土耳其文、波斯文著作中也有一些优秀的作品，研究者恐也不能忽视。”“对西域史研究的学术要求，概括起来就是三个方面，即掌握语言工具，具有全球史视野，运用跨学科方法。”（第145页）虽然现在的青年一代，外语成绩都比较好，也有许多便利的国际交流和学习渠道，但要真正达到徐先生的要求，还是很困难的。

徐先生认为，他只是“从前人和时贤的成果中略作比较分析，选取个人认为可能性较大者稍作归纳，离问题的解决尚很遥远”①。这虽然是徐先生的自谦，但也是真实情况的反映，如果我们的每一篇论文或每一本著作，能够将学术研究的进展向前推动一点点，那就非常非常了不起了。当我们认真读了《丝路历史语言与吐火罗学论稿》一书，看看其中的遣词造句，就能体会到徐先生的良苦用心。

我们虽然在西域和丝绸之路研究方面取得了巨大的成绩，但中国学者在西域民族文字的释读上还是存在空白的。如粟特文，“近年粟特研究很热，中国也有青年学者去国外学过，但独立的释读成果可以说还没有”；另如“吐火罗文在季羡林先生去世后，国内几乎就没有人能够释读”。② 年轻的学者们，可以说任重而道远，责任重大。

---

① 徐文堪先生2018年2月21日给笔者的邮件。

② 钱冠宇采写《徐文堪谈西域研究》，见《东方早报·上海书评》编辑部编《殊方未远：古代中国的疆域、民族与认同》，北京：中华书局，2016年，第90页。近年来，我国台湾的庆昭蓉女士和她的丈夫、日本人荻原裕敏专门从事吐火罗语的研究，庆昭蓉主要研究吐火罗世俗文书，2017年出版了《吐火罗语世俗文献与古代龟兹历史》（北京大学出版社）。

以上对徐文堪先生大著《丝路历史语言与吐火罗学论稿》所涉及的吐火罗问题进行了简单介绍。从以上介绍可知，从事吐火罗学这类高深的学问，需要多种语言能力作为基础，而我根本就不具有这方面的能力。只是在学习的过程中，将自己不懂又感兴趣的吐火罗资料摘出，权作学习笔记呈上，请徐先生和读者诸君指教。

第五节　继承、发展与创新

——读张国刚教授《中西文化关系通史》

说到中西关系史，大家自然会想到张骞出使西域，开通中西之间的经济、文化交流之路。早期的中西关系或丝绸之路研究中所说的“西”，就是指传统意义上的“西域”，也即陆上丝绸之路到达的地方，如中亚、西亚、南亚、欧洲、北非等。实际上，中西关系史并不仅仅是中原与西域，或中国与西方的关系，而是包括很广的范围，指中国与中国之外的关系。

《中西文化关系通史》

一

由于中西关系史涉及的面实在太广，前人都侧重于某一领域或某一专题，这是不得已而为之的。20 世纪 30 年代初，向达先生出版的《中西交通史》[①]，是国内第一部以“中西交通史”命名的著作，其范围是“中国同欧洲诸国在政治同文化方面初步的交通情形，作一鸟瞰的叙述”。全书共分 10 章，即中国民族西来说、古代中西交通梗概、景教与也里可温教、元代之西征、马可波罗诸人之东来、15 世纪以后中西交通之复兴、明清之际之天主教士与西学、18 世纪之中国与欧洲、十三洋行、鸦片战争与中西交通之大开。从目录可知，《中西交通史》所包含的范围非常广泛，即中国的对外关系史。但由于每位学者的知识面局限，或写作体例等方面的限制，不可能都面面俱到。如向达就知道自己的书“遗漏太多，如中俄的关系，就有不少的漏洞”。[②] 从《中西交通史》的内容可知，它与向达先生此前出版的《中外交通小史》[③] 的范围基本一致，也将时间“断限始于张骞之通西域，止于乾隆之禁西教”。[④] 由此可知，中西交通史实际上就是中外关系史。

张国刚先生的《中西文化关系通史》共 100 余万字，分为上下两卷，上卷的副题是“从张骞到郑和（1500 年以前）”，下卷的副题是“从利玛窦到马戛尔尼（1500—1800 年）”。通观全书，可知其研究的时段长、范围广。作者指出，中国人对“西”的认识是渐进式的，最早仅仅是“西域”，郑和时代又涵括了非洲东海岸。明清时期接触到欧洲人，知其所处地域比历史上所接触的地方更西，则“西”的概念又扩展为欧西，并称为“泰西”“远西”，以便与早期的“西”相区别。中国古代史书中的“西海”可能指波斯湾，也可能指黑海或地中海。明前期的“西洋”大体指今南海和印度洋地区。到了晚明盛清时期，“西洋”已特指欧洲。（第 3 页）所以，本书所研究的“中西文化关系

① 向达《中西交通史》，上海：中华书局，1934 年。
② 向达《中西交通史》，叙论第 1 页。
③ 向达《中外交通小史》，上海：商务印书馆，1930 年（万有文库）。
④ 向达《中外交通小史》“作者赘言”。

史或者交流史，并不是中国与中亚、南亚、西亚、北非和欧洲关系史的总和，而是中国文化与异域文明认识、交往和对话的历史，是中国文化和他者对话的历史”。国刚教授将中西文化关系分为两个大的发展时期：“前一个时期，从远古时代到郑和下西洋结束的15世纪前期，可以称为古典时期。又可以分为两个不同的阶段：汉唐盛世，陆上丝绸之路为主体；宋元时代的海上香瓷之路则有了更重要的地位。汉唐时期，西域的交流最活跃；宋元时代，南海的贸易最繁盛。”“后一个时期，主要是晚明前清时期，从1500年至1800年，相当于新航路开辟以来的三个世纪，我们可以称之为近代早期。就地区而言，这个时期中国与亚洲国家的交通往来依然频繁，但最具影响力的是中国与欧洲的交往。”“此时，欧洲人频频由海路造访中国，大多数绕过好望角斜插印度洋，抑或有人经由美洲贯穿太平洋。取道西北陆路来华几乎成为俄国人的专利”。（本书导论第5—6页）由此可知，本书所说的“西”并非狭义的“西域”，而是“广义的西，就是中国以外的异域，包括古代的西域、印度、阿拉伯，直到近代的西方（欧美）”。[①]

这样长时段、宽视野的著作，不是一般的学者所能完成的。我们这一代新三级学人（77、78、79级本科生和78、79级研究生）由于受教育的局限，研究的方向或重点大多聚焦于某一时段或某一问题，缺少全面、综合与长时段的学养。国刚教授早年随杨志玖先生学习隋唐史，其《唐代官制》[②]，尤其是《唐代藩镇研究》[③]，就奠定了他在唐史领域的学术地位，随后唐史研究的面不断拓宽，又出版了《佛学与隋唐社会》[④]《唐代家庭与社会》[⑤]等，在唐代政治、军事、社会、文化等各

① 本书马克垚序二。

② 张国刚《唐代官制》，西安：三秦出版社，1987年。

③ 张国刚《唐代藩镇研究》，长沙：湖南教育出版社，1987年；北京：中国人民大学出版社，2010年增订版。

④ 张国刚《佛学与隋唐社会》，石家庄：河北人民出版社，2002年。

⑤ 张国刚《唐代家庭与社会》，北京：中华书局，2014年。

方面都有比较突出的成果，这在新三级学人中是很难得的。

除了唐史研究外，国刚教授另一个有突出成就的领域，就是中外关系史研究。1989 年，应德国洪堡基金会的邀请，国刚教授“到德国各地访学，访问了包括汉堡大学、波恩大学、哥廷根大学、柏林自由大学、洪堡大学、慕尼黑大学、波鸿大学、海德堡大学、特里尔大学等在内的几乎所有的设有汉学系的德国大学，同德国同行们进行会谈、讨论、交流，参加他们的学术报告会，阅读他们的研究论文，还应聘在大学里讲授中国文史课程，因而对德国的中国学研究的历史与现状有所了解”。[①] 由此而进入了中外关系史领域，在南开大学招收隋唐史和中外关系史的博士研究生，开设相关课程，编著了《中西文化关系史》[②] 的教材。并将关注的重心从隋唐延伸到了明清，在出版了《德国的汉学研究》后，又出版了《明清传教士与欧洲汉学》[③]《从中西初识到礼仪之争：明清传教士与中西文化交流》[④]《启蒙时代欧洲的中国观：一个历史的巡礼与反思》[⑤] 等明清时代中西文化交流的学术论著，发表了一系列中西关系史的论文，其中结集的就有《文明的对话：中西关系史论》[⑥]。正如陈高华先生在本书序言中所说：“他在隋唐五代史研究方面卓有成就，同时对中西文化关系史亦怀有浓厚的兴趣。20 世纪八九十年代，国刚到欧洲著名大学讲学十年，对西方汉学有深入的了解，转而

---

① 张国刚《德国的汉学研究》，北京：中华书局，1994 年，第 2 页。

② 张国刚、吴莉苇《中西文化关系史》（教材），北京：高等教育出版社，2006 年。

③ 张国刚等《明清传教士与欧洲汉学》，北京：中国社会科学出版社，2001 年。

④ 张国刚《从中西初识到礼仪之争：明清传教士与中西文化交流》，北京：人民出版社，2003 年。

⑤ 张国刚、吴莉苇《启蒙时代欧洲的中国观：一个历史的巡礼与反思》，上海：上海古籍出版社，2006 年。

⑥ 张国刚《文明的对话：中西关系史论》，北京：北京师范大学出版社，2013 年。

以中西文化交流为主要研究方向。”

读国刚教授的学术论著，感觉比较亲切，即史实准确、材料充实、语言生动、通俗易懂。这是因为国刚教授善于做学术普及工作，写作中首先从读者的接受角度来考虑。早期在研究唐代官制时，其相关内容就曾在《文史知识》连载，《德国的汉学研究》《胡天汉月映西洋：丝路沧桑三千年》[①]，也是先在《文史知识》上连载后才整理结集的。此外他还有普及性的《中西交流史话》[②]《家庭史话》[③]《文明的边疆：从远古到近世》[④] 等。相对而言，普及性论著更难写。国刚教授在从事学术研究的初期，就注重普及性论著的写作，从而使他的语言通俗易懂，平易近人，这在当今是非常难得的。

二

人文科学的学习和研究主要是继承，在继承的基础上，可能会有所发展和创新。所谓继承，就是要对经典著作、主要史料和前人的研究成果认真研读，深刻领会。在此基础上，对有关的问题能够用自己的语言准确、通俗易懂地叙述（写）出来，这就要求概念清晰、史实准确、符合生活等基本常识。在继承的过程中，可能会有一点点思想的火花闪现，在某些方面有所发展，甚至创新，那就非常不错了。

《中西文化关系通史》就比较好地体现了继承、发展和创新的关系。在前人研究的基础上，对有关史实进行钩沉，进而提出自己的见解。如大月氏是最初居住在河西敦煌、祁连山之间的一个古老民族，秦汉之际被匈奴打败后西迁到伊犁河流域，后又迁到阿姆河上游，从而进

① 张国刚《胡天汉月映西洋：丝路沧桑三千年》，北京：生活 · 读书 · 新知三联书店，2019 年。

② 张国刚《中西交流史话》，北京：社会科学文献出版社，2012 年。

③ 张国刚《家庭史话》，北京：社会科学文献出版社，2012 年。

④ 张国刚《文明的边疆：从远古到近世》，北京：中信出版集团股份有限公司，2020 年。

入了中亚。张骞第一次出使西域，就是想联络大月氏共同对付匈奴。东汉初期，大月氏中五翕侯之一的贵霜翕侯丘就却，征服了其他翕侯后建立了贵霜帝国。据《后汉书·班超传》记载，公元78年班超到西域不久就与贵霜建立了正式联系。“据文献所载，佛教就是在东汉初期由贵霜传至中国。”（《中西文化关系通史》第72页。下面凡引用本书，只注明页码）

康居是中亚的古国，据《汉书·西域传》记载，它位于今撒马尔罕。河中地区在古代称索格底亚那（Sogdiana），简称为粟特，是中亚的中心。位于西亚的萨珊波斯于公元3世纪兴起后，不断进攻贵霜帝国，使其逐渐衰落。原居阿尔泰山一带的嚈哒人（中国文献称滑国，西方学者多称白匈奴）也在此时崛起，约在4世纪中叶（366—376年间）建国，并进入中亚，征服了粟特地区，导致粟特地区统一的康居王国消失，并在当地出现了一系列城邦国家。此后又南下攻灭了贵霜，并取代贵霜成为中亚的头号强国。

嚈哒在中亚的霸主地位约保持了两个世纪，突厥于公元6世纪中叶开始在北方崛起。公元554年，突厥木杆可汗（553—572在位）与波斯君主库斯老一世建立了反嚈哒的同盟，于558年打败了嚈哒。此后，突厥代替嚈哒成了中亚新的霸主，直到公元7世纪唐朝势力进入中亚。

由于嚈哒征服了河中地区，原来的“康居”这个国家就消失了，中文文献中也就再没有“康居”的记载了，但“同一时期关于粟特地区的文献记载表明，该地出现许多城邦国家，如粟特、悉万斤、迷密国、者舌国等，它们就是以前被康居统属的各小国，随着康居解体而获独立。这些小国在南北朝后期逐渐演变成康、安、石、米、何、史、曹等昭武诸国，其中最主要的是粟特和悉万斤，即后来的安国和康国”。（第74页）

大月氏、贵霜、粟特、康居、嚈哒、昭武九姓等，都是中亚历史上重要民族或邦国，其历史发展复杂多变，但国刚教授却用很少的笔墨将其发展活动轨迹简明准确地叙述出来。

关于隋唐时期与中亚的往来，本书的记述虽然简略，但很具体，即唐朝在中亚设立羁縻府州，只是名义上将这些地区划入中国的版图之内。“这一时期于中亚粟特地区正式出现的安、康、米、石、史、何、曹、火寻、戊地等昭武九姓国家也频繁与中原王朝发生联系，嗣后因阿拉伯人向中亚扩张及唐王朝与阿拉伯的势力在中亚交锋，这种联系更加密切。”（第 75 页）

隋朝时期，中亚在突厥控制之下。唐初平定西突厥后，在原隶属突厥的各地建立了羁縻府州以屏卫安西、北庭都护府，如康居都督府（康国，今撒马尔罕）、大宛都督府（石国，今塔什干）、休循州都督府（拔汗那，今费尔干纳）、安息州（安国，今布哈拉）、贵霜州（何国，今卡塔库尔干）、佉沙州（史国，今沙赫里·沙勃兹）等等。“唐朝政府对羁縻府州实行一种非常松散的控制形式，但因唐朝国力上升，国内经济贸易繁荣，国际交往频繁，在周边地区形成强大的向心力，为昭武诸国商人提供了更多的商业机会，因而这些国家主动而频繁地向唐王朝遣使朝贡。”（第 76 页）

当大食在西方崛起后，阿拉伯人就开始进军中亚。“中亚诸国都希望唐朝能直接出兵，但因路途遥远，大食也未危及安西、北庭，而唐朝的心腹之患始终是突厥残部，所以唐政府只是通过支持突骑施来帮助中亚诸国反抗大食。”不幸的是，公元 738 年，唐王朝支持的突骑施可汗苏禄被部下所杀，其子吐火仙即位后，改变了原来的亲唐政策，唐朝只得联合中亚诸国出兵突骑施。平定突骑施后，为了进一步加强与中亚诸国的联系，也为了声援中亚诸国抵抗大食，唐朝对中亚甚至西亚一些国家的首领进行大规模的封王举动，如封拔汗那王为奉化王、石国王为顺义王、西曹国王为怀德王、康国王为钦化王、米国王为恭顺王、安国王为归义王等。唐王朝的“封王之举同羁縻府州政策一样，仅是对这些地区的名义羁縻，但它至少反映了唐朝在中亚名义上的宗主地位和这时期

中亚与中国的紧密联系”。（第 77 页）

怛逻斯之战在唐朝与中亚历史上都具有重大意义，本书关于此次战争的记述比此前的论著更清晰明白。公元 750 年，中亚拔汗那国王与石国王不和，拔汗那求助于唐。安西都护高仙芝派兵讨伐石国，石国王请降，高仙芝假意接受，但却突然攻破石国，杀老弱、掳壮丁，搜刮财物，并于次年将石国王送往长安处死。石国王子求告于西域各国，各国皆怒，欲联合大食以攻唐安西四镇。于是次年（751 年）6 月，高仙芝率领数万大军进至中亚怛逻斯城（今哈萨克斯坦之江布尔），与大食呼罗珊总督穆苏里姆的大将济雅德·布·萨利赫的军队对峙五天。战斗中，臣属于唐的葛逻禄部突然叛变，与大食夹击唐军，致使唐军大败，两万余人为大食所俘，高仙芝仅带几千人撤回安西。“由于此次外交处置失当，唐在中亚粟特地区的原有优势不幸丧失殆尽。此后不久，安史之乱爆发，四镇边兵东调长安平叛，使西北边防空虚，吐蕃又乘机攻陷河西、陇右，切断安西、北庭与唐朝中央的联系。唐王朝无力西顾，自此逐渐丧失了对中亚的控制。贞元六年（790 年），吐蕃攻陷北庭，中亚诸国与中原的直接联系就此中断。”（第 77—78 页）

前已述及，人文科学的论著，首先就是史实准确，概念清晰，本书在这方面是比较好的。例如，当谈到中西文化交流时，首先要明确“西域”的概念和范围，历史上的“西域”有狭义和广义之分，而且其范围还在不断变动。除了地理概念的“西域”外，它还是一个政治概念，在两汉与匈奴的斗争、唐朝与阿拉伯人的斗争中，它是作为“内地”的屏藩。狭义的“西域”即塔里木盆地，由于处于亚洲中部，所以斯坦因将其称为“亚洲腹地”。因为这一地区四面环山，斯坦因就认为它“阻隔”了古代文明的联系。国刚教授则认为：“这道天然屏障并未完全隔离周围世界，一些翻越高山的进出口使它既保持与周围世界的联系，又得以利用自然的形势免遭彻底同化。所以，西域地区其实是世界文明的交汇点，两河流域的波斯文明、古希腊罗马文明、印度文明和中国文明都在这里汇聚。而在充分吸收这些文明的同时，西域也并没有被这些文化的洪流所吞没，而是经过自己的消化吸收，形成适合本地区本民族特点的独特文化。”（第 24 页）

同样，要谈郑和下西洋，就要明确“西洋”的概念和范围。国刚教授指出：“所谓‘西洋’，当时并没有严格界说，大体是以今加里曼丹岛为界，即今南海和印度洋及其沿岸国家和地区，与后来所说的‘大西洋’没有关系。”（第 138 页）至于《史记·大宛列传》称条支“临西海”的“西海”，其具体位置虽然在不同时期略有变化，但基本上是指波斯湾—阿拉伯海—红海—地中海及黑海。（第 143 页）“南海”之名历史悠久，“通常泛称中国南方及其附近海面，有时兼指今天之东海。到唐代，‘南海’除了指中国大陆以南的海域，也指东南亚和东印度洋诸地”。唐代史书中的“昆仑”就是“指东南亚和东印度洋诸地”。（第 144 页）这样简明扼要、提纲挈领的叙述，正是一部优秀的学术论著所必需的。

三

当然，笔者也并非完全赞同本书中的所有观点，如关于中国和大秦（罗马）之间的联系，作者引用《后汉书》卷四《和帝纪》所载永元十二年（100 年）“冬十一月，西域蒙奇、兜勒二国遣使内附，赐其王金印紫绶”。将其与公元 2 世纪罗马地理学家托勒密在《地理学》中引述同时期地理学家马利努斯《地理学知识》中所记马其顿商人梅斯相联系。认为：“无论从时间、地点还是人物看，《后汉书》所谓蒙奇和兜乐（勒）使臣无不与马利努斯所说之梅斯代理人的商团吻合。而这个商团会在公元 100 年来到中国，概与此前不久甘英出使一事在安息留下重要影响有关。梅斯商团很可能在甘英出使大秦时就从当地得知了东汉使者的消息，更或者他们曾在安息相遇，从而激发了罗马商团前往中国的热情。”（101 页）这样的推理虽然史料依据不是很充分，但还是值得肯定的，起码开阔了我们的思路。作者进行这个推论的前提是：“近来学者们研究认为，《后汉书》之‘蒙奇’就是马其顿的音译，而梅斯正是马其顿商人，‘兜勒’应为推罗之音译，那是马利努斯的老家、地中海滨的著名商埠，无疑也是梅斯从事商业活动的一个据点。”张星烺首先提出“蒙奇”即马其顿，林梅村同意这个看法，并指出“兜勒”就是“推罗”。[①] 对此也有不同看法，如杨共乐就认为这种解释很难成立，他提出“西域蒙奇兜勒”并非指“蒙奇”“兜勒”，两者不能分开，应该是“蒙奇兜勒”，它是指罗马属下的马其顿。[②] 又如，余太山认为，“蒙奇”为 Margiana 对译，即安息的边缘省份，“兜勒”即大夏，当时属于贵霜帝国。[③] 因为这涉及推论的前提，应该出注说明，使读者能够按图索骥，便于思考和取舍。

中国古代与罗马有着密切的联系，当然这个“罗马”经历了罗马共和国、罗马帝国、东罗马帝国和拜占庭帝国的演变。其中就涉及“大秦”“拂菻”等称谓。其中的“大秦”，有多种解说，《三国志》卷三十注引《魏略》称大秦：“其俗，人长大平正，似中国人而胡服，自云：本中国一别也。”[④]《后汉书》卷八十八《西域传》曰：“其人民皆长大平正，有类中国，故谓之大秦。”[⑤] 方豪先生认为，“《后汉书》显系抄袭《魏略》，惟《魏略》并未谓以其类似中国人，而称之曰‘大秦’。至《后汉书》，则‘大秦’与其民之貌似中国人，已由作者为之

---

① 详见林梅村《公元 100 年罗马商团的中国之行》，载《中国社会科学》1991 年第 4 期。

② 杨共乐《早期丝绸之路探微》，北京：北京师范大学出版社，2011 年，第 82 页。

③ 余太山《两汉魏晋南北朝正史西域传要注》，北京：商务印书馆，2013 年，第 243 页。

④ 《三国志》卷三十《乌丸鲜卑东夷传》注引《魏略·西戎传》，北京：中华书局，1959 年，第 860—861 页。

⑤ 《后汉书》卷八十八《西域传》，第 2919 页。

确定关系。”但考之史实，则“其说无据”。[①]《魏书》卷一百二《西域传》曰：“其人端正长大，衣服车旗拟仪中国，故外域谓之大秦。”[②]国刚教授通过对相关史实的排比后指出：“揆之历史，并不能确证中国人曾被外人称为‘秦’。”那么“大秦”从何而来？日本学者藤田丰八在《黎轩与大秦》中认为，大秦为古波斯语 dasina 的译音，原意为右，因罗马在安息之西，故被称为西方之国或西国，而右即西。中古波斯语省去了尾音 a 而为 dasin，即被汉译为“大秦”。《魏略》曰：“在安息、条枝西，大海之西。”“其国在海西，故俗谓之海西。”[③]《后汉书》说“以在海西，亦云海西国”。正因为有海西的记载，“故后人称罗马帝国曰大秦，实犹明末人之称欧洲为‘远西’‘极西’‘大西’，亦犹今人称欧洲为‘泰西’或‘西洋’”。正因为“大秦”称“西方”，“故其地域不定，远近难分：远则称欧洲，称罗马帝国，近则称印度，称印度附近诸国”。[④]张国刚先生认为，目前看来，藤田丰八的解释“似乎是最合理的一种说法”，（98 页）但未参阅方豪的辨析。

早期的“大秦”，隋唐时期又成了“拂菻”，关于“拂菻”的解说已经很多，林英有专著《唐代拂菻丛说》[⑤]进行研究，张绪山也对其名称语源作了辨析。[⑥]在这种情况下，作者没有必要在 102—103 页进行考辨。

另如“丝绸之路”名称的含义，目前学界普遍使用的是所谓引自李希霍芬 1877 年出版的《中国》第一卷第 454 页：“从公元前 114 年到公元 127 年间，连接中国与河中以及中国与印度，以丝绸之路贸易为媒介的西域交通路线。”这一说法在日本学者长泽和俊的《丝绸之路

---

① 方豪《中西交通史》，杭州：浙江大学出版社，2016 年，第 133—134 页。
② 《魏书》卷一百二《西域传》，第 2276 页。
③ 《三国志》卷三十《乌丸鲜卑东夷传》注引《魏略·西戎传》，第 860 页。
④ 方豪《中西交通史》，第 134 页。
⑤ 林英《唐代拂菻丛说》，北京：中华书局，2006 年。
⑥ 张绪山《“拂菻”名称语源研究述评》，载《历史研究》2009 年第 5 期。

史研究》[①] 中就有了，最有影响的当是林梅村先生的《丝绸之路考古十五讲》[②]。后来的许多学术论著都曾沿用此说，包括笔者本人也是如此。实际上，李希霍芬的《中国》书中不仅没有这样的表述，第454页甚至连“丝绸之路”一词都没有出现。国刚教授可能对此没有进行详细的探讨，在《胡天汉月映西洋：丝路沧桑三千年》中写道：“1877年，德国著名地理学家李希霍芬在其《中国》一书中，把‘从公元前114年至公元127年间，中国与河中地区（transoxiann指中亚锡尔河和阿姆河流域以及泽拉夫尚河流域，包括今乌兹别克斯坦全境和哈萨克斯坦西南部。中国古代称之为‘河中’），以及中国与印度之间，以丝绸贸易为媒介的这条西域交通路线’称为‘丝绸之路’。”[③] 即李希霍芬的“丝绸之路”定义出自《中国》。在本书中，国刚教授又做了修正：“1877年，德国著名地理学家李希霍芬在其《李希霍芬中国旅行日记》一书中，把‘从公元前114年到公元127年间，中国与河中地区以及中国与印度之间，以丝绸贸易为媒介的这条西域交通路线’称为‘丝绸之路’。”（第30页）则将出处从《中国》变成了《李希霍芬中国旅行日记》，并注明是2016年商务印书馆出版的李岩、王彦会译本，但未注明页码。实际上，《李希霍芬中国旅行日记》并非1877年出版，而是在李希霍芬去世后的1907年出版的，其中也没有这一段话。具体的辨析参阅刘进宝《关于李希霍芬“丝绸之路”命名的辨析》[④]。

以上是笔者阅读《中西文化关系通史》的读书札记。通过阅读可知，本书史料丰富、语言平实，既能将相关史实清晰明白地讲述出来，

---

① ［日］长泽和俊《丝绸之路史研究》，钟美珠译，天津：天津古籍出版社，1990年，第2页。

② 林梅村《丝绸之路考古十五讲》，北京：北京大学出版社，2006年，第2页。

③ 张国刚《胡天汉月映西洋：丝路沧桑三千年》，第26—27页。

④ 刘进宝《关于李希霍芬“丝绸之路”命名的辨析》，《中华文史论丛》2020年第2期。

又能提出自己的见解，还能够上升到理论的高度给予概括和总结，是一部在继承的基础上有创新的优秀学术著作。但由于本书涵盖的时段长、范围广，许多内容笔者并不熟悉，也没有能力提出意见。即便是提出的个别看法或意见，也不能说一定正确，即使是正确的部分，也不能证明笔者比国刚教授高明，只是研究的侧重点略有不同而已。

本书的编校质量比较好，但还是有个别的错误，如第 30 页正文和注释中的《李希霍芬中国旅行日记》，误为《李希霍芬旅行中国日记》；第 76 页倒 1 行“突骑师”应为“突骑施”；第 98 页日本学者藤田丰八《西北古地研究》的译者“杨鍊”误为“杨炼”，但第 796 页的参考文献又是正确的。希望再版时予以改正。

附录　一部有特色的地方史
——读《甘肃古代史》

《甘肃古代史》是一部 45 万字的通史性著作。全书三篇十二章，系统地叙述了旧石器时代中期到鸦片战争前的甘肃历史。对于所述每个问题都力求做到根据充分，信而有征，对少数有争议的问题，还进行了实地调查。如战国秦长城西端的起点究竟在今天的岷县，还是在今天的临洮，这是一个学术界有争论的重大问题。过去，一般倾向于起自岷县说。本书作者对甘肃境内的战国秦长城进行了详细检查，重要地段还徒步踏勘。结果查明它是战国时期秦昭襄王时所筑，起自今临洮北三十里墩，而不是岷县，从而使这桩历史悬案得到了圆满的解决。

本书最大的特色是突破了一般的“详今略古”的通史体例，着意突出了甘肃的特点。如：

第一，甘肃有灿烂的远古文化，地下发掘的彩陶，在全国首屈一指。1978—1982 年，在秦安县五营乡大地湾发现的新石器时代遗址，是全国新石器时代早期文化遗址之一，距今七千年。这一发现，为逐步

《甘肃古代史》

确立甘肃地区远古文化类型的发展序列提供了新的科学依据。本书《甘肃的远古文化》一章，吸收了这一考古发掘的最新成果，对甘肃东部仰韶文化以及马家窑文化、齐家文化等文化类型的详细叙述，充分表明了甘肃的远古文化既与中原文化有密切联系，又有自己鲜明的地方特色。

第二，甘肃是一个多民族的省份，其渊源很早。从殷周到唐宋元明，活动在甘肃境内的周人、秦人、氏、羌、月氏、乌孙、匈奴以及后起的鲜卑、吐谷浑、回纥、吐蕃、党项、沙陀、回族等，在甘肃境内迁徙、定居，对祖国和甘肃历史的发展都有贡献。另外，甘肃周围还有不少兄弟民族，为了使这些民族与中央王朝保持一种比较融洽的关系，中央王朝的统治者除采取军事、政治等措施外，自唐以后，往往还在沿边设立榷场，进行茶马互市以及其他生活必需品的贸易。而茶马互市的重要市场大都在甘肃地区。本书用大量篇幅叙述了各个历史时期各民族在甘肃的活动，以及它们对甘肃地区政治、经济、文化和民族关系所作出的历史贡献。

第三，甘肃是古代中西交通的必由之路，不仅河西走廊，而且整个甘肃从泾河流域到渭河流域以及洮河流域，都是古代中西交通的要道。我们知道，在宋代“海上丝绸之路”畅通之前，中西交通主要是靠汉代开辟的“丝绸之路”。古“丝绸之路”， 自长安出发以后，西去有好几条道路。但不论走哪条道路，河西走廊都是必经之地。所以，古代甘肃在中西交通方面占有相当重要的地位。本书分别叙述了自汉至明，尤其是隋唐时期的“丝绸之路”及其对甘肃社会经济和文化昌盛的影响。

另外，随着“丝绸之路”的开通以及中西经济、文化交流的频繁，为佛教服务的印度石窟艺术，也随着佛教的传入而传入了中国。石窟寺艺术这颗“丝绸之路”上璀璨夺目的明珠，是中西文化交流的结晶。它传入中国后，与我国传统的艺术熔为一炉，发展为精美绝伦的艺术风格。分布在甘肃境内的大大小小的石窟，特别是敦煌莫高窟，不仅是中华民族的艺术宝藏，而且是世界各民族共同的文化财富。本书特列《甘肃的石窟寺艺术》专章，用浓墨描绘了敦煌莫高窟、永靖炳灵寺以及天水麦积山等石窟寺的辉煌艺术成就。

《甘肃古代史》一书由金宝祥教授任顾问，郭厚安、陈守忠教授主编，参加撰稿的有（按姓氏笔画排列）王永曾、王励勤、刘进宝、许孝德、伍德煦、陈守忠、李清凌、侯丕勋、赵向群、郭厚安、曹怀玉、潘策等同志。

本书已由兰州大学出版社出版，是作者献给国庆四十周年以及西北师范大学校庆五十周年的丰硕成果。

附录：作者已发表与本书相关的文章目录

[1]《东方学视野下的“丝绸之路”》，载《清华大学学报》2015年第4期。

[2]《“丝绸之路”概念的形成及其在中国的传播》，载《中国社会科学》2018年第11期。

[3]《关于李希霍芬“丝绸之路”命名的辨析》，载《中华文史论丛》2020年第2期。

[4]《东方学视野下的西北史地学》，载《社会科学战线》2017年第4期。

[5]《“西城”还是“西域”？——〈史记·大宛列传〉辨析》，载《中国史研究》2017年第4期；全文（或未删节稿）载沈祯云、陈志刚主编《刘光华先生、李蔚先生八五华诞纪念文集》，兰州：兰州大学出版社，2021年。

[6]《“五凉文化”孕育下的敦煌学》，载乌云高娃、张国才主编《“凉州与中国的文化交流与文明嬗变”学术研讨会论文集》，上海：中西书局，2021年。

[7]《古代兰州的交通》，载杨重琦主编《兰州经济史》，兰州：兰州大学出版社，1991年。

[8]《略论林则徐对西北边患的预见》（与吴廷桢老师合写），载《西北史地》1984年第2期。

［9］《霍去病与河西之战》，载《理论学习》1987 年第 2 期。

［10］《法显西行述论》，载《社会科学》1987 年第 5 期。

［11］《开拓西域贸易的裴矩》，载台湾《历史月刊》1997 年第 11 期。

［12］《丝路交流的功能和特征：双向交流与转输贸易》，载《中国史研究》2019 年第 1 期。

［13］《关于吐蕃统治经营河西地区的若干问题》，载《中国边疆史地研究》1994 年第 1 期。

［14］《甘州回鹘漫谈》（署名牛新军），载《西北师大学报》1994 年第 1 期。

［15］《中瑞西北科学考查团及其成就》，载《西北史地》1993 年第 1 期。

［16］《居延汉简的发现及其学术价值》，载《文史知识》1994 年第 4 期。

［17］《〈丝路探险记〉与大谷光瑞考察队》，载《丝绸之路》1999 年第 5 期。

［18］《我读〈西域的愤怒〉》，载《丝绸之路》1996 年第 1 期。

［19］《历史比较语言学视野下的吐火罗——徐文堪〈丝路历史语言与吐火罗学论稿〉读后》，载《丝路文明》第三辑，上海：上海古籍出版社，2018 年。

［20］《继承、发展与创新——读张国刚教授〈中西文化关系通史〉》，载《丝路文明》第六辑，上海：上海古籍出版社，2021 年。

［21］《一部有特色的地方史——读〈甘肃古代史〉》（署名刘靖），载《西北师大学报》1989 年第 6 期。

后　记

《西北史地与丝路文明》即将出版，不由使我回想到自己的学习、研究历程。我是1979年考入甘肃师范大学（原西北师范学院，今西北师范大学）历史系的。由于我们上两级（77、78级）的外语都是学英语，到我们入学时，英语老师已经很紧张，而俄语老师却无事可干。在这种情况下，学校决定我们79级的文科系外语全部学俄语。再加上当时史学界的热点之一是中俄关系史，西北地区相关学术单位正在联合编著《沙俄侵略中国西北边疆史》，我学习的甘肃师范大学历史系承担了沙俄侵略帕米尔部分的编写任务，给我们讲授中国近代史的吴廷桢老师承担了此项工作。为此，吴老师将主要的精力放在帕米尔问题和中俄关系史研究上，并在1977年第6期的《历史研究》上发表了《沙俄武装侵占我国帕米尔地区的历史真相》一文，主持编辑了《帕米尔资料汇编》。正是由于这一机缘，大学初期我对中俄关系史比较关注，并在吴老师的指导下，撰写了《“终为中国患者，其俄罗斯乎”——略论林则徐对沙俄侵华的预见》。这篇习作经吴老师精心修改后，我们联合署名在《西北史地》1984年第2期发表，这就是收入本书第二章第五节的《略论林则徐对西北边患的预见》。

后来我学习的热情虽然转向了敦煌学，但对中俄关系史和西北史地仍然多有关注，撰写了《法显西行印度试探》一文，由于吴廷桢、郭厚安老师的提携，在西北师院历史系主办的内部刊物《历史教学与研究》1983 年第 3 期刊出，署名是“83 级学生刘进宝”，也是本期作者中唯一的学生。后来由于阅读范围的广泛和认识的加深，尤其是章巽先生的《法显传校注》于 1985 年初由上海古籍出版社出版后，所见史料更多，我就将这篇习作修改增补后，在甘肃省社会科学院主办的《社会科学》发表，这就是收入本书第三章第四节的《法显西行述论》。

正是因为大学阶段的学习兴趣是包括敦煌学在内的西北史地，所以本科毕业论文的选题是西汉王朝对河西地区的经营，在潘策老师的精心指导下，阅读了一些基本的史料和前人研究成果，影响最深的是安作璋先生的《两汉与西域关系史》（山东人民出版社 1959 年）。在阅读本书期间，恰好看到报纸上的广告，安先生的《两汉与西域关系史》由齐鲁书社重印，立即给出版社汇款购买，不久出版社将购书款退回，并说无书（后来得知，出版社改变了出版计划，没有重印出版）。20 世纪 90 年代后期在武大读博士时，在武汉的旧书店遇到此书后，便毫不犹豫地购买了，作为自己大学求学时代的纪念。我在南京师范大学工作期间，2003 年去济南出差时，曾专门拜访过安先生，并谈到了学习、购买此书的经历。2006 年 5 月安作璋先生来南京时，我专门请安先生在书上签名留念。

大学毕业留校工作后，由于教学、科研工作的需要，对汉代河西历史和西域经营问题，还是有所关注，在《理论学习》1987 年第 2 期发表了《霍去病与河西之战》，同时参加了郭厚安、陈守忠先生主编的《甘肃古代史》的撰稿。本书第三章的第一节、第二节和第三节，就是在原稿基础上增补修订的。

大学毕业后，我留校到刚成立的敦煌学研究所工作，教学与科研的重点自然是敦煌学。但由于跟随金宝祥先生攻读隋唐五代史的硕士学位，再加上参加一些集体项目，还曾在《丝绸之路》杂志社做过一段兼职编辑，所以对丝绸之路和西北史地仍然比较关注，也断断续续写过一些文章和书评。

2013年调到浙江大学后，恰好浙江大学对口支援塔里木大学，浙江大学、塔里木大学、浙江省文物局、新疆文物局两方四家签署协议，合作研究新疆历史文化。随着国家“一带一路”倡议的提出，浙江大学牵头成立“一带一路”合作与发展协同创新中心，以此为契机，我们主编出版《浙江学者丝路敦煌学术书系》（计划出版40本，已经出版25本），创办《丝路文明》学刊。由于主编丛书，主办刊物，尤其是将个人的学术研究与国家的需要紧密结合，研究的重点也从敦煌学扩展到丝绸之路，本书的主体就是这一阶段完成发表的。

本书所收文章，最早的写于大学学习阶段的1982年，最晚的写于2021年，前后恰好是40年。其中既有学术性较强的论述，也有知识性的普及文章。收入本书时，尽可能进行了增补修订，并统一体例，规范注释，但时代的痕迹是无法抹除的。所以在书后附了“作者已发表与本书相关的文章目录”，以便存真。

本书史料的核对主要是赵大旺、宋翔两位年轻教师承担的，同时，我的研究生也参与了部分工作。书稿的文字录入、图版的扫描和校对，主要是张晓莹老师承担的。对他们的帮助，表示衷心的感谢。当然，如有任何的不足或错误，自然由我承担。

刘进宝

2022年12月15日